プリント形式のリアル過去問で本番の臨場感！

神奈川県

# 逗子開成中学校

## 1次

2025年春受験用

# 解答集

本書は，実物をなるべくそのままに，プリント形式で年度ごとに収録しています。
問題用紙を教科別に分けて使うことができるので，本番さながらの演習ができます。

## ■ 収録内容

・解答集（この冊子です）

書籍ＩＤ番号，この問題集の使い方，最新年度実物データ，リアル過去問の活用，
解答例と解説，ご使用にあたってのお願い・ご注意，お問い合わせ

・2024（令和６）年度 ～ 2020（令和２）年度　学力検査問題

JN132598

| ○は収録あり　年度 | '24 | '23 | '22 | '21 | '20 | |
|---|---|---|---|---|---|---|
| ■ 問題(1次) | ○ | ○ | ○ | ○ | ○ | |
| ■ 解答用紙 | ○ | ○ | ○ | ○ | ○ | |
| ■ 配点 | | | | | | |

全教科に解説
があります

◎2･3次は別冊で販売中
注)国語問題文非掲載:2024年度の【二】, 2021年度の【二】と【三】

### 問題文の非掲載につきまして

著作権上の都合により，本書に収録している過去入試問題の本文の一部を掲載しておりません。ご不便をおかけし，誠に申し訳ございません。

本文の一部を掲載できなかったことによる国語の演習不足を補うため，論説文および小説文の演習問題のダウンロード付録があります。弊社ウェブサイトから書籍ＩＤ番号を入力してご利用ください。

なお，問題の量，形式，難易度などの傾向が，実際の入試問題と一致しない場合があります。

教英出版

## ■ 書籍ＩＤ番号

入試に役立つダウンロード付録や学校情報などを随時更新して掲載しています。

教英出版ウェブサイトの「ご購入者様のページ」画面で，書籍ＩＤ番号を入力してご利用ください。

書籍ＩＤ番号　109414

（有効期限：2025年9月30日まで）

**【入試に役立つダウンロード付録】**

「要点のまとめ(国語／算数)」

「課題作文演習」ほか

## ■ この問題集の使い方

年度ごとにプリント形式で収録しています。針を外して教科ごとに分けて使用します。①片側，②中央のどちらかでとじてありますので，下図を参考に，問題用紙と解答用紙に分けて準備をしましょう（解答用紙がない場合もあります)。

針を外すときは，けがをしないように十分注意してください。また，針を外すと紛失しやすくなりますので気をつけましょう。

① 片側でとじてあるもの

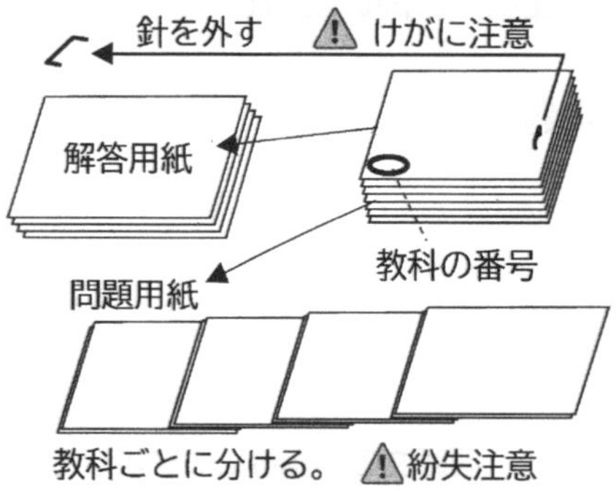


② 中央でとじてあるもの

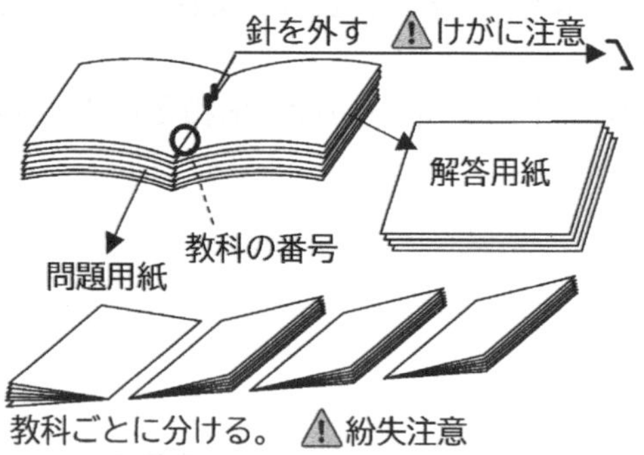


※教科数が上図と異なる場合があります。
　解答用紙がない場合や，問題と一体になっている場合があります。
　教科の番号は，教科ごとに分けるときの参考にしてください。

## ■ 最新年度 実物データ

実物をなるべくそのままに編集していますが，収録の都合上，実際の試験問題とは異なる場合があります。実物のサイズ，様式は右表で確認してください。

| | |
|---|---|
| 問題用紙 | Ｂ５冊子(二つ折り) |
| 解答用紙 | Ｂ４片面プリント |

# リアル過去問の活用

～リアル過去問なら入試本番で力を発揮することができる～

### 本番を体験しよう！

問題用紙の形式（縦向き／横向き），問題の配置や余白など，実物に近い紙面構成なので本番の臨場感が味わえます。まずはパラパラとめくって眺めてみてください。「これが志望校の入試問題なんだ！」と思えば入試に向けて気持ちが高まることでしょう。

### 入試を知ろう！

同じ教科の過去数年分の問題紙面を並べて，見比べてみましょう。

**①　問題の量**

毎年同じ大問数か，年によって違うのか，また全体の問題量はどのくらいか知っておきましょう。どのくらいのスピードで解けば時間内に終わるのか，大問ひとつにかけられる時間を計算してみましょう。

**②　出題分野**

よく出題されている分野とそうでない分野を見つけましょう。同じような問題が過去にも出題されていることに気がつくはずです。

**③　出題順序**

得意な分野が毎年同じ大問番号で出題されていると分かれば，本番で取りこぼさないように先回りして解答することができるでしょう。

**④　解答方法**

記述式か選択式か（マークシートか），見ておきましょう。記述式なら，単位まで書く必要があるかどうか，文字数はどのくらいかなど，細かいところまでチェックしておきましょう。計算過程を書く必要があるかどうかも重要です。

**⑤　問題の難易度**

必ず正解したい基本問題，条件や指示の読み間違いといったケアレスミスに気をつけたい問題，後回しにしたほうがいい問題などをチェックしておきましょう。

### 問題を解こう！

志望校の入試傾向をつかんだら，問題を何度も解いていきましょう。ほかにも問題文の独特な言いまわしや，その学校独自の答え方を発見できることもあるでしょう。オリンピックや環境問題など，話題になった出来事を毎年出題する学校だと分かれば，日頃のニュースの見かたも変わってきます。

こうして志望校の入試傾向を知り対策を立てることこそが，過去問を解く最大の理由なのです。

### 実力を知ろう！

過去問を解くにあたって，得点はそれほど重要ではありません。大切なのは，志望校の過去問演習を通して，苦手な教科，苦手な分野を知ることです。苦手な教科，分野が分かったら，教科書や参考書に戻って重点的に学習する時間をつくりましょう。今の自分の実力を知れば，入試本番までの勉強の道すじが見えてきます。

### 試験に慣れよう！

入試では時間配分も重要です。本番で時間が足りなくなってあわてないように，リアル過去問で実戦演習をして，時間配分や出題パターンに慣れておきましょう。教科ごとに気持ちを切り替える練習もしておきましょう。

### 心を整えよう！

入試は誰でも緊張するものです。入試前日になったら，演習をやり尽くしたリアル過去問の表紙を眺めてみましょう。問題の内容を見る必要はもうありません。どんな形式だったかな？受験番号や氏名はどこに書くのかな？…ほんの少し見ておくだけでも，志望校の入試に向けて心の準備が整うことでしょう。

そして入試本番では，見慣れた問題紙面が緊張した心を落ち着かせてくれるはずです。

※まれに入試形式を変更する学校もありますが，条件はほかの受験生も同じです。心を整えてあせらずに問題に取りかかりましょう。

2024 解答例
令和6年度

# 逗子開成中学校【1次】

## 《国　語》

【一】問一．①気配　②深刻　③圧倒　④団結　⑤警戒　⑥服従　⑦微妙　⑧独特　⑨株　⑩責
⑪ちゅうかい　⑫せいぎょ　⑬なご　⑭おか　⑮いきどお
問二．［ｉ／ⅱ］　①［カ／花］　②［イ／水］　③［ア／笛］　④［ウ／皮］　⑤［オ／長］

【二】問一．ｉ．ｃ　ⅱ．エ　　問二．エ　　問三．開発で不満と貪欲さを刺激され、新しい欲求がつくられたから。
問四．開発はラダックの人びとにとってよくないもので、伝統的な生活のほうがいいはずだと思っていたところ、開発による急激な変化を目の当たりにして、ラダックのよさが失われてしまうと思ったから。
問五．ア　　問六．ウ　　問七．ア

【三】問一．ａ．ア　ｂ．エ　　問二．イ　　問三．人は利のみ　　問四．イ　　問五．ア　　問六．口では義を唱えながら利にふり回されていた自分とはちがい、恩がえしに命がけでかくまい看病するという義を実行できる与次郎大夫に感服している。　　問七．豊臣家の恩に報いるという正義のために戦ったが結局は利に敗れ、自分が信じてきた義を、与次郎大夫の恩に報いることで最期に果たそうと思ったから。

## 《算　数》

1　(1)0　(2)8　(3)2024

2　(1)525600 分　(2)6 分　(3)8157Ｌ　(4)2024 ㎝　(5)2068　(6)250，300，350，400，450

3　(1)55 ㎝　(2)51 枚目　(3)34

4　(1)655　(2)415　(3)ヒダリー Ｔ３ Ｋ３ Ｂ２，ミギギ Ｔ３ Ｋ１ Ｂ３，ミギギ Ｔ２ Ｋ２ Ｂ０

5　(1)411　(2)30 種類　※(3)112793

**※の考え方は解説を参照してください。**

## 《理　科》

【１】(1)ア．おそ　イ．運ぱん　ウ．たい積　エ．せん状地　(2)ウ　(3)ウ
(4)右図　(5)イ　(6)土石流　(7)川のかたむきが小さくなるから。

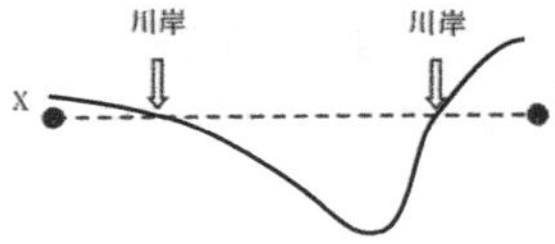


【２】(1)①じん臓　②イ　(2)門脈　(3)エ　(4)ｇ→ａ→ｂ→ｃ→ｄ→ｆ
(5)①Ⅰ．右心房　Ⅱ．左心房　②ウ　③胎児はたいばんを通して酸素を受けとっているため，肺に血液を送る必要がないから。

【３】(1)ウ　(2)Ａ．イ　Ｂ．カ　Ｃ．エ　Ｄ．ア　(3)二酸化炭素　(4)①オ　②14　③塩酸Ｙ／18

【４】(1)①7.0　②$\frac{12}{7}$　(2)4　(3)0.9　(4)8　(5)9

## 《社　会》

【1】問1．1．火砕流　2．やませ　　問2．Ⅰ．エ　Ⅱ．ウ　　問3．イ　　問4．ウ　　問5．リアス海岸
問6．Ⅰ．ア　Ⅱ．ウ　　問7．資料1…オ　資料2…ア　資料3…エ　　問8．長良川　　問9．a．短時間で急激に増加する　b．森林や水田が減り，地表がアスファルトやコンクリートでおおわれた　　問10．イ
問11．Ⅰ．1923年9月1日　Ⅱ．ウ

【2】問1．ウ　　問2．ア　　問3．天皇名…聖武　目的…仏教の力により，伝染病や不作などの不安をしずめ，国家を守るため。　　問4．蝦夷　　問5．厳島神社　　問6．1185　　問7．イ→エ→ア→ウ　　問8．イ
問9．ウ　　問10．ア　　問11．ア，エ　　問12．名称…下田　位置…ウ　　問13．エ　　問14．Ⅰ．エ
Ⅱ．国家総動員法に基づき，情報が政府の統制下に置かれるなか，地震によって軍需工場などにも被害が出ていて，戦局に不利にはたらく内容であるとされ，新聞掲載が制限されたから。　　問15．ア

【3】問1．ア　　問2．Ⅰ．リコール　Ⅱ．国庫支出金　　問3．イ　　問4．ウ　　問5．防衛省
問6．Ⅰ．問題点…案内放送が日本語のみなので，外国人に内容が伝わらない。　解決策…スマートフォンの自動翻訳機能を活用して，外国人に放送の内容を伝える。　Ⅱ．問題点…乳幼児を受け入れる体制が整っていない。
解決策…安心して授乳やおむつ交換ができるように間仕切りを設置する。

## 《2024　1次　国語　解説》

**【一】**

**問二**①「高嶺《たかね》の花《はな》」は、遠くからながめるだけで手に入れることができないもの、自分にはほど遠いもののたとえ。②「寝耳《ねみみ》に水《みず》」は、まったく思いがけない、とつぜんの出来事や知らせにおどろくことのたとえ。　③「笛吹《ふえふ》けど(も)踊《おど》らず」は、人に何かをさせようと手をつくして働きかけても、人がそれに応じて動かないことのたとえ。④「取らぬ狸《たぬき》の皮算用《かわざんよう》」は、手に入るかどうかわからないものに期待をかけて計画を立てることのたとえ。⑤「無用《むよう》の長物《ちょうぶつ》」は、あっても役に立たず、かえってじゃまになるもの。

**【二】**

著作権上の都合により文章を掲載《けいさい》しておりませんので、解説も掲載しておりません。ご不便をおかけし、誠に申し訳ございません。

**【三】**

**問二**　「『三成《みつなり》をかくまう者がいたら一村ごと処刑《しょけい》する』とのおふれが回っていた」のだから、自分の寺に逃《に》げこんできた三成をかくまえば、老僧《ろうそう》自身に危険が及《およ》ぶのである。三成が自分の寺に逃げこんできたのは「悪運であった」と言えるが、その運に逆らって、つまり、「善悪ともに運命には人間はさからえない～さからえぬ以上甘受《かんじゅ》せよ」という仏の教えに反して、三成がいると徳川方に訴《うった》え出れば、老僧は来世で報いを受けることになる。この究極の二択《にたく》をせまられて悩《なや》み、ずっとかくまい続けるのは無理だとしても「来世での幸《よ》き運をつくるために～三成を、せめてかれの健康が回復するまで」かくまうことにしたのである。しかし、三成が寺にかくまわれていることが村中の話題になってしまい、「村と三成を、同時に救おう」と考えた与次郎大夫《よじろうだゆう》が動き出した。与次郎大夫の申し出を聞いて「老僧は、吻《ほっ》とした」とある。ここから、イの内容が読みとれる。

**問三**　「なんとそれは空論であった～」の「それ」は、三成が信じてきた「豊臣家の秩序《ちつじょ》をたもつ道は孟子《もうし》の義である」ということ。「空論」は、現実とかけはなれた役に立たない理論のこと。つまり、「義」が通用しなかったということを言っている。このことが具体的に述べられているのは、――線部①の４行前の「人は利のみで動き、利がより多い場合は、豊臣家の恩義を古わらじのように捨てた。」という一文である。

**問四**　――線部②の直前に「空論であると気づきつつも」とあることに着目する。三成が「権力社会には、所詮《しょせん》は義がない」と気づいたのと同じように、孟子自身も、権力社会で「義」を説いても役には立たない、むだだとわかっていただろうが、それでも「無いものねだり」をしていたのだろうと言っている。「無いものねだり」は、無いものをほしがること。ここから、孟子も実現できないとわかっていながらみずからの信念を捨てきれなかったのだろうという意味が読みとれるので、イが適する。

**問五**　孟子が「義のみが、世を立て乱をふせぐ道である」「義は不義に勝ち、義のあるところかならず栄える」と説いた「義」を信じる三成だが、権力社会で生きてきて、その中でも高い地位にあって「口では義を唱えながら、実際には～諸侯《しょこう》に利を喰《くら》わせ、巨封《きょほう》を約束することによって味方につけようとした」ということもしてきた。そのような過去についてだけでなく、「もし～勝った場合」と想像したときに、自分は「義」をつらぬくまつりごとができただろうかと「不安」を感じたのである。そして、「利」で動いて「鎌倉《かまくら》幕府における北条執権《しっけん》政権」のように強大な権力を手に入れたのではないかと想像している。ここから、アのような内容が読みとれる。

**問六**　――線部②の直後で三成が「(しかし人間には義の情緒《じょうちょ》はある)そこに、与次郎大夫がいる」と思っていることに着目する。与次郎大夫が「あのとき百石を頂戴《ちょうだい》～その御恩《ごおん》がえし」だとして「死と一家の滅亡《めつぼう》を賭《か》けて三成をかくまい～看病してくれている」ことは、まさに「義」の実行である。「利に敗れ」「義」を達成できなかった自分とくらべて、感心、感動しているのだ。

**問七**　「関ヶ原の合戦を戦った理由」は、前書きに「豊臣家の恩に報いるという正義のため」とある。この「義」のために戦ったのであるが、三成は「合戦なかばにして～利があるだけである」と気づき、「義」を果たせず「利に敗れた」のである。だからこそ「そのほう(与次郎大夫)の義を、義で返したい」と思った、つまり、与次郎大夫の恩に報いることで、人生の最後に、これまで果たせずにきた「義」を実行したいと思ったのである。

## 《2024　1次　算数　解説》

1　(1)　与式＝4×16＋18×2×8＋2×16－24×16＝(4＋18＋2－24)×16＝0×16＝**0**

(2)　与式＝$(\frac{20}{4}-\frac{1}{4})\times 2-\frac{35-6}{15}\times\frac{75}{29}+\frac{10}{7}\times 98\times\frac{1}{40}=\frac{19}{2}-5+\frac{7}{2}=$ **8**

(3)　与式の{　　}の部分をAとすると，9999－7600－A$\times\frac{5}{9}$＝2024　　2399－A$\times\frac{5}{9}$＝2024

A$\times\frac{5}{9}$＝2399－2024　　A＝375$\times\frac{9}{5}$＝675　　よって，(260－□÷8)×111－102＝675

(260－□÷8)×111＝675＋102　　260－□÷8＝777÷111　　□÷8＝260－7　　□＝253×8＝**2024**

2　(1)　365日＝(365×24)時間＝8760時間＝(8760×60)分＝**525600分**

(2)　**【解き方】仕事全体の量を30と5の最小公倍数の30とする。**

1分で行う仕事量は，子どもが30÷30＝1，2人だと30÷5＝6だから，お母さんは6－1＝5である。よって，お母さん1人だと30÷5＝**6(分)**かかる。

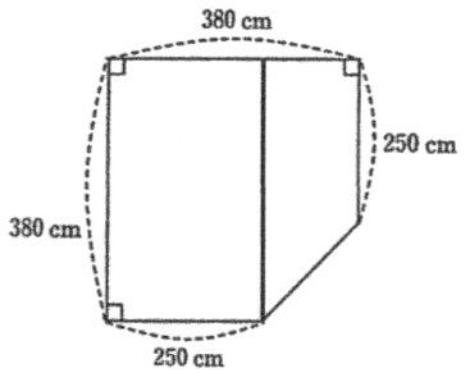


(3)　右図のように長方形と台形に分ける。長方形の面積は，380×250＝95000(㎠)

台形の面積は，(250＋380)×(380－250)÷2＝40950(㎠)

よって，お風呂の容積は，(95000＋40950)×60＝8157000(㎤)→$\frac{8157000}{1000}$L＝**8157L**

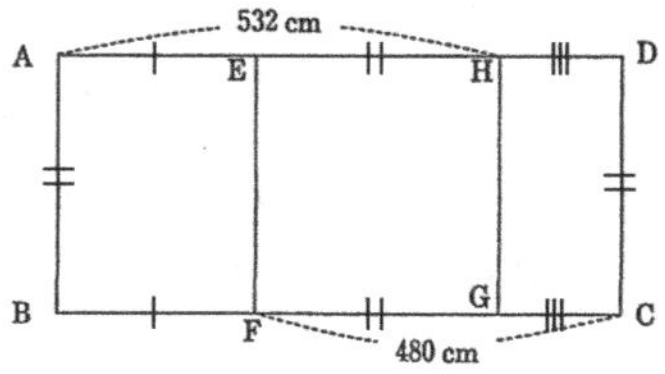


(4)　右図のように等しい線の長さがわかるので，

AB＋BF＝532㎝，CD＋DH＝480㎝である。

よって，長方形ABCDの周りの長さは，(532＋480)×2＝**2024(㎝)**

(5)　**【解き方】Kを11で割った数は，整数aを用いて11×a＋1と表せる。したがって，K＝(11×a＋1)×11＝121×a＋11と表せる。**

121×a＋11が2024に近くなるaを探すために，2024から11を引いて121で割ると，(2024－11)÷121＝16余り77となる。したがって，2024に近い数として，121×16＋11＝1947と，1947＋121＝2068が見つかる。より2024に近いのは，**2068**である。

(6)　**【解き方】赤玉は最初500×$(1-\frac{99}{100})$＝5(個)入っている。残った赤玉の個数で場合分けをして考える。**

赤玉が5個残る場合，全体の100－98＝2(%)が赤玉だから，全体の個数は，5÷$\frac{2}{100}$＝5×50＝250(個)

赤玉が4個残る場合，全体の個数は，4×50＝200(個)　　赤玉が3個残る場合，全体の個数は，3×50＝150(個)

赤玉が2個残る場合，全体の個数は，2×50＝100(個)　　赤玉が1個残る場合，全体の個数は，1×50＝50(個)

残った赤玉を0個にすることはできないから，場合分けは以上である。よって，取り出した玉の合計の個数は，500－250＝**250**(個)，500－200＝**300**(個)，500－150＝**350**(個)，500－100＝**400**(個)，500－50＝**450**(個)のいずれかである。

3　(1)　のりしろを作らないとすると，ミゾを2枚並べた長さは85＋5＝90(㎝)となる。

よって，ミゾ１枚の長さは90÷２＝45(㎝)だから，長方形の長い辺の長さは，45＋５＋５＝**55(㎝)**

(2)　**【解き方】１枚目のミゾの長さは45㎝で，その後ミゾを１枚はるごとに長さは45－５＝40(㎝)長くなる。**

2024㎝はミゾ１枚よりも2024－45＝1979(㎝)長いから，１枚目に追加してはるミゾの枚数が，1979÷40＝49余り19より，50枚以上のとき全長が2024㎝を超える。よって，求める枚数は，１＋50＝**51(枚目)**

(3)　**【解き方】７㎝ののりしろ３つと８㎝ののりしろ２つをセットで考える。**

すべてののりしろを５㎝にした場合よりも，全長が45＋40×(100－１)－3801＝204(㎝)短くなった。５㎝ののりしろと比べると，７㎝ののりしろ１つで全長が７－５＝２(㎝)短くなり，８㎝ののりしろ１つで全長が８－５＝３(㎝)短くなる。７㎝ののりしろ３つと８㎝ののりしろ２つを１セットとすると，１セットで２×３＋３×２＝12(㎝)全長が短くなる。よって，セットの数は204÷12＝17だから，８㎝ののりしろの数は，２×17＝**34**

**4**　(1)　ミギギ　Ｔ１　Ｋ２　Ｂ０　は，Ｔ＝３，Ｋ＝８，Ｂ＝５だから，強さのポイントは，

３×20＋８×65＋５×15＝**655**

(2)　**【解き方】強さのポイントへの影響《えいきょう》はＫが最も強いので，ポイントが最大のモンスターはＫがより高いミギギがもとになり，最小のモンスターはＫがより低いヒダリーがもとになる。**

強さのポイントが最大のモンスターはミギギ　Ｔ３　Ｋ３　Ｂ３　であり，ポイントは，５×20＋９×65＋８×15＝805

強さのポイントが最小のモンスターはヒダリー　Ｔ０　Ｋ０　Ｂ０　であり，ポイントは，３×20＋３×65＋９×15＝390

よって，求めるポイントの差は，805－390＝**415**

(3)　強さのポイントが最大のヒダリーは，ヒダリー　Ｔ３　Ｋ３　Ｂ３　であり，そのポイントは，

６×20＋６×65＋12×15＝690である。ここからポイントが690－675＝15下がればよい。そのようなボーナス値の組み合わせは，Ｂを１だけ下げた，**ヒダリー　Ｔ３　Ｋ３　Ｂ２**　だけである。

強さのポイントが最大のミギギは，ミギギ　Ｔ３　Ｋ３　Ｂ３　であり，そのポイントは(2)より805である。ここからポイントが805－675＝130下がればよい。

130÷65＝２だから，Ｋを２下げて**ミギギ　Ｔ３　Ｋ１　Ｂ３**　とすれば，ポイントがちょうど675となる。

Ｋを１だけ下げた場合，残り130－65＝65をＴとＢによって下げる。そのような下げ方は，Ｔを１，Ｂを３下げる下げ方だけである。このとき，**ミギギ　Ｔ２　Ｋ２　Ｂ０**　となる。

**5**　**【解き方】百の位は１，２，３，４，５，６，６，５，４，３，２，１の12個の数がくり返されている。十の位は１，２，３，４，５，５，４，３，２，１の10個の数がくり返されている。一の位は１，２，２，１の４個の数がくり返されている。**

(1)　100番目の数の百の位は，100÷12＝８余り４より，９回目の周期の中の４つ目の数だから４である。

十の位は，100÷10＝10より，10回目の周期の中の最後の数だから１である。

一の位は，100÷４＝25より，25回目の周期の中の最後の数だから１である。

よって，100番目の数は**411**である。

(2)　**【解き方】百の位も十の位も一の位も，周期の中の数が，最初から見ても最後から見ても同じ並びになることに注意する。つまり，数の並びが対称性をなしている。**

12と10と４の最小公倍数は60だから，60個ごとに同じ並びがくり返される。60個の並びをちょうど真ん中の30番目までで２つに分けて，対称性をなしていないか考える。

30＝12×２＋６だから，百の位は，１番目から30番目までと30番目から60番目までが対称になっている。

30＝10×５だから，十の位は，１番目から30番目までと30番目から60番目までが対称になっている。

30＝４×７＋２だから，一の位は，１番目から 30 番目までと 30 番目から 60 番目までが対称になっている。

したがって，１番目から 60 番目までの数の並びは対称性をなしている(例えば 54 番目から 60 番目までの並びは，642，652，551，441，332，222，111 となる)。よって，３けたの数は全部で **30 種類**ある。

**(3)　【解き方】Ｘ＝652 であり，(2)より，３けたの数の並び 30 個を１グループとする(奇数番目のグループと偶数番目のグループは並びが逆であり，対称性をなしている)と，１グループの中にＸは１個ある。グループ 10 個分の数の和を求めてから，10 個目のＸより後の数の和を引く。**

１つのグループにおいて，百の位の数の和は，$\frac{(1+6)\times 6}{2}\times 5=105$，十の位の数の和は，$\frac{(1+5)\times 5}{2}\times 6=90$，一の位の数の和は，(１＋２)×15＝45 だから，３けたの数の和は，105×100＋90×10＋45＝11445

したがって，グループ 10 個分の数の和は，11445×10＝114450

10 個目のＸの後に並ぶ数は，１番目から５番目の並びと同じだから，それらの和は，111＋222＋332＋441＋551＝1657

以上より，求める値は，114450－1657＝**112793**

## 《2024　1次　理科　解説》

【１】

(1)　ア．平地に出ると川のかたむきが小さくなるので，水の流れる速さはおそくなる。　イ，ウ．水の流れが速いほどしん食や運ぱんのはたらきが大きくなり，水の流れがおそいところではたい積のはたらきが大きくなる。

エ．山から平地に出るところにできるのはせん状地，同じようなでき方で河口付近にできるのは三角州である。

(3)(4)　川の曲がったところでは，川の内側(Ｘ側)より外側(Ｙ側)の方が流れが速い。流れのおそい内側には川原ができやすく，流れの速い外側にはがけができやすい。

(5)　泥《どろ》，砂，小石はつぶの大きさが大きいものほど，河口に近い海底にたい積する。また，地層は古いものほど下にたい積する。Ｚ地点が河口に近い海底に変化したとき，下の地層ほどつぶの小さい土砂がたい積している。泥，砂，小石のつぶの大きさは大きい順に小石＞砂＞泥だから，下から泥，砂，小石がたい積しているイが正答となる。

【２】

(1)　じん臓はこしの背中側に１対あり，血液中の二酸化炭素以外の不要物をこしとり，尿《にょう》をつくる。なお，②のアは小腸，ウはかん臓，エは肺のはたらきである。

(2)　小腸で吸収された養分は，門脈を通ってかん臓に送られる。

(3)　血液は，全身→ａ(大静脈)→Ⅰ(右心房)→右心室→ｂ(肺動脈)→肺→ｃ(肺静脈)→Ⅱ(左心房)→左心室→ｄ(大動脈)→全身と流れる。また，肺で酸素を血液中に取りこむから，肺に流れこむ前のａやｂに流れる血液より，肺を通った後のｃやｄに流れる血液の方が酸素を多くふくむ。

【３】

(1)　ろ過するとき，液体が飛び散るのを防ぐために，そそぐ液体はガラス棒を伝わらせ，ろうとの先はビーカーのかべにつける。

(2)(3)　水にとけたＡは砂糖か食塩であり，加熱して黒い物質になるのは炭素をふくむ砂糖である。水酸化ナトリウム水よう液を加えて気体を発生してとけるＢはアルミニウムである(気体Ｅは水素)。塩酸を加えて，水素以外の気体を発生してとけるＣは石灰石である(気体Ｆは二酸化炭素)。塩酸を加えてとけなかったＤは銅である。なお，鉄とアルミニウムにそれぞれ塩酸を加えると，水素を発生してとける。

(4)①　ＸとＹの濃度《のうど》の比は，同じ体積のＸとＹを完全に中和するのに必要なＺの体積の比に等しい。図２より，15

㎤のXを完全に中和するのに必要なZは30㎤，15㎤のYを完全に中和するのに必要なZは20㎤だから，XとYの濃度の比は30：20＝３：２である。　②　塩酸を完全に中和するのに必要なZの体積は，XやYの体積に比例するから，X３㎤を完全に中和するのに必要なZは$30\times\frac{3}{15}$＝６(㎤)，Y６㎤を完全に中和するのに必要なZは$20\times\frac{6}{15}$＝８(㎤)である。よって，６＋８＝14(㎤)である。　③　X８㎤を完全に中和するのに必要なZは $30\times\frac{8}{15}$＝16(㎤)である。したがって，X８㎤とZ40㎤を混ぜ合わせた水よう液にはZが40－16＝24(㎤)余っているから，Yを$15\times\frac{24}{20}$＝18(㎤)加えればよい。

【４】

⑴　表より，Xが４(＝２×２)倍になると，地面に衝突《しょうとつ》する直前の速さと地面に衝突するまでの時間はそれぞれ２倍に，Xが９(＝３×３)倍になると，地面に衝突する直前の速さと地面に衝突するまでの時間はそれぞれ３倍になるとわかる。　①　Xが0.1の25(＝５×５)倍の2.5ｍになると，地面に衝突する直前の速さは1.4ｍ/秒の５倍の7.0ｍ/秒になる。　②　Xが0.1の36(＝６×６)倍の3.6ｍになると，地面に衝突するまでの時間は$\frac{1}{7}$秒の６倍の$\frac{6}{7}$秒である。地面に衝突してから最高点に上がるまでの時間も$\frac{6}{7}$秒だから，Aを落としてから最高点に上がるまでの時間は$\frac{6}{7}\times2=\frac{12}{7}$(秒)である。

⑵　表より，Aだけを落としたとき，地面に衝突する直前の速さ(衝突した直後の速さ)が２倍になると，はじめの高さ(衝突した後の最高点の高さ)は２×２＝４(倍)になる。２段のすっとびボールでは，一体となったAとBが地面に衝突する直前の速さの２倍の速さでBだけがはね上がったから，Bははじめの高さの２×２＝４(倍)まで上がる。

⑶　Bははじめの高さの４倍まではね上がるから，Bが3.6ｍまではね上がるとき，はじめの高さ(一体となったAとBを落とす高さ)は3.6÷４＝0.9(ｍ)である。

⑷　Bの重さはAの$\frac{1}{3}$倍だから$80\times\frac{1}{3}=\frac{80}{3}$(ｇ)，Cの重さはBの$\frac{2}{4}$倍だから$\frac{80}{3}\times\frac{2}{4}=\frac{40}{3}$(ｇ)，Dの重さはCの$\frac{3}{5}$倍だから$\frac{40}{3}\times\frac{3}{5}$＝８(ｇ)である。

⑸　４段のすっとびボールでは，D(最上段の球)が衝突する直前の４倍の速さではね上がったから，はね上がる高さははじめの高さの４×４＝16(倍)になる。はじめの高さが0.4ｍで，最上段の球が30ｍをこえる高さまで上がるとき，はね上がる高さははじめの高さの30÷0.4＝75(倍)より大きくなる。８×８＝64，９×９＝81より，はね上がる高さがはじめの高さの75倍より大きくなるためには，少なくとも９段のすっとびボールを作ればよい。

## 《2024　１次　社会　解説》

【１】

**問１**　１＝火砕流　２＝やませ　　１．1991年に長崎県の雲仙普賢岳で大規模な火砕流が発生し，多くの犠牲者が出たことは覚えておきたい。２．やませは，東北地方の太平洋側に初夏から夏にかけて吹く冷たく湿った北東風である。そのため，霧や雲が発生して日照時間が少なくなり，気温が上がらず，冷害が起きる。

**問２**　Ⅰ＝エ　Ⅱ＝ウ　　Ⅰ．山地は61％，低地は14％，丘陵地は12％，台地は11％，内水域等は２％を占める。
Ⅱ．熱帯夜…夜間の最低気温が25℃以上の夜。夏日…最高気温が25℃以上の日。真夏日…最高気温が30℃以上の日。

**問３**　イ　　南アフリカ共和国にあるドラケンスバーグ山脈は，古期造山帯に属する。南アフリカ共和国は，大西洋とインド洋の間にあり，太平洋に面していないことからも判断できる。

**問４**　ウ　　Xは鹿児島県であり，鹿児島県は豚肉や牛肉の生産がさかんである。アは福岡県，イは佐賀県，エは熊本県。

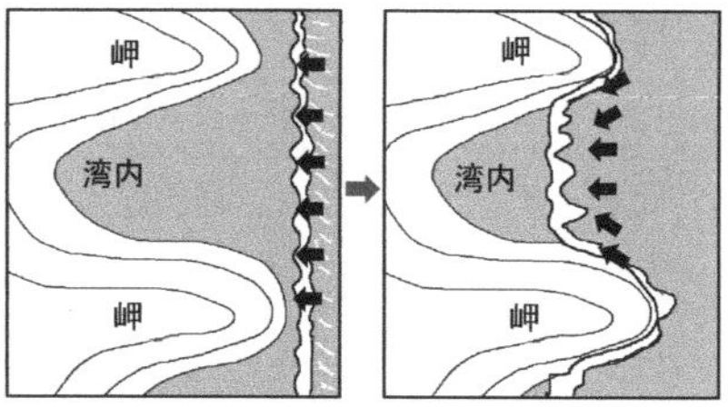


**問５**　リアス海岸　　入り組んだ海岸線をもつリアス海岸では，右図のように両側の岬までの津波が湾内に集まってくるため，周辺より２倍～３倍の高さの津波が襲うこともある。リアス海岸は，土地が沈降することで山地の谷の部分に海水が流れ込んでできた複雑な海岸地形である。

**問６**Ⅰ　ア　　2011 年に発生した東日本大震災における福島第一原子力発電所の事故を受けて，全国の原子力発電所は稼働を停止し，厳しい審査に合格した原子力発電所だけが稼働を許されているため，2022 年時点での原子力発電の発電割合は少なくなっている。　Ⅱ　ウ　　X．誤り。円安になると輸入製品の価格は上がるため，国内の物価上昇につながる。Y．正しい。

**問７**　【資料１】＝オ　【資料２】＝ア　【資料３】＝エ　　【資料１】「世界最大級のカルデラ」「外輪山に囲まれており，その内部には町や村」とあることから，阿蘇山をふくむ阿蘇くじゅう国立公園である。

【資料２】「日本で最も透明度の高い湖」＝摩周湖，「マリモが生息する湖」＝阿寒湖などから阿寒摩周国立公園である。【資料３】「世界遺産にも指定された火山」＝富士山，「５つの湖」＝富士五湖などから，富士箱根伊豆国立公園である。イには十和田八幡平国立公園，ウには日光国立公園がある。

**問８**　長良川　　長良川は，岐阜県を水源として濃尾平野を流れ，三重県を経て揖斐川と合流し，伊勢湾に注ぐ。

**問９**　都市化後の方が，多くの雨が降った直後に急激に流量が増えていることを読み取る。

**問10**　イ　　ア．誤り。米は自由販売になっている。ウ．誤り。米を１年間に２回作るのは二期作であり，二期作は温暖な地域だけでおこなわれている。エ．誤り。日本は世界有数の米の生産国だが，国内消費が多く，輸出量は多くない。

**問11**Ⅰ　1923 年９月１日　　大きな地震による災害として，1923 年９月１日の関東大震災，1995 年１月 17 日の阪神・淡路大震災，2011 年３月 11 日の東日本大震災を覚えておきたい。　Ⅱ　ウ　　養蚕が衰退し，蚕のえさとなる桑が育てられなくなって桑畑が激減したため，桑畑の地図記号は使用されなくなった。アは老人ホーム，イは果樹園，エは消防署の地図記号である。

**【２】**

**問１**　ウ　　天智天皇の弟である大海人皇子は，天智天皇の子である大友皇子に壬申の乱で勝利し，天武天皇として即位した。アは中大兄皇子（天智天皇），イは文武天皇，エは元明天皇。

**問２**　ア　　舎人親王は，天武天皇の皇子である。古くから宮廷に伝わった「帝紀」と「旧辞」に天武天皇自らが検討を加え，稗田阿礼によみならわせ，太安万侶が筆録したものが『古事記』である。

**問３**　聖武天皇　　ききんや疫病による社会の動揺が激しくなり，藤原広嗣の乱が起きると，かねてよりあつく仏教を信仰していた聖武天皇は，仏教の鎮護国家の思想によって政治や社会の不安をしずめようと考え，国ごとに国分寺・国分尼寺を建てさせ，護国の経典を写させた。

**問４**　蝦夷　　「えみし」と読む。平安時代初頭に坂上田村麻呂が征夷大将軍に就任すると，蝦夷の反乱の鎮圧に成功し，朝廷の勢力範囲は現在の秋田県や岩手県のあたりまで広がった。

**問５**　厳島神社　　平治の乱に勝利した平清盛は，武士として初めて太政大臣に就いた。娘の徳子を高倉天皇のきさきとし，生まれた子が安徳天皇として即位すると，外戚として権力をにぎった。また，大輪田泊や瀬戸内海の航路を整備し，厳島神社に海路の安全を祈願して，宋とさかんに貿易を行った。

**問６**　1185　　1185 年は，源頼朝が朝廷に守護と地頭の設置を認めさせた年でもある。

**問7**　イ→エ→ア→ウ　　イ(関連事項：承久の乱・1221 年)→エ(元寇・1274 年・1281 年)→ア(永仁の徳政令・1297 年)→ウ(正長の土一揆・1428 年)

**問8**　イ　　ア．誤り。桶狭間の戦いで織田信長が破ったのは今川義元である。ウ．誤り。豊臣秀吉は，南蛮貿易を認めていたために，キリスト教の禁止は徹底されなかった。エ．誤り。内容は合っているが，鉄砲が伝わったのは，天正年間より前の 1543 年である。

**問9**　ウ　　第５代将軍徳川綱吉は，金の含有量を減らした元禄小判を発行した。質の悪い貨幣は物価上昇を引き起こし，人々の生活を圧迫した。

**問10**　ア　　イは葛飾北斎，ウは黒田清輝，エは狩野永徳の作品である。

**問11**　ア，エ　　カは田沼意次の政治，ウとオは松平定信の寛政の改革，イは水野忠邦の天保の改革の内容。

**問12**　下田／ウ　　安政の東海・南海地震が起きた 1854 年は，日米和親条約が結ばれ，下田と函館が開かれた。

**問13**　エ　　シベシア出兵は 1918 年のことである。

**問14**Ⅰ　エ　　1944 年 12 月７日の翌日の３年前は，1941 年 12 月８日である。　Ⅱ　太平洋戦争中は，国民の士気が下がるような内容や，戦局に不利にはたらく機密事項は，報道規制の対象となった。

**問15**　ア　　エのカラーテレビが普及するとともに，普及率が下がっているアを白黒テレビと判断する。

**【３】**

**問１**　ア　　衆議院の優越の１つである。イ．誤り。公聴会は必要に応じて開かれる。ウ．誤り。憲法改正の発議には，各議院の総議員の３分の２以上の賛成が必要である。エ．誤り。内閣不信任決議をおこなうことができるのは衆議院だけである。

**問２**Ⅰ　リコール　　直接請求権については，右表を参照。　Ⅱ　国庫支出金　　国から配分される依存財源のうち，使い道を指定されるのが国庫支出金，使い道を指定されないのが地方交付税交付金である。

| | 必要な署名数 | 請求先 |
|---|---|---|
| 条例の制定・改廃請求 | 有権者の50分の１以上 | 首長 |
| 監査請求 | | 監査委員 |
| 議会の解散請求 | ※有権者の３分の１以上 | 選挙管理委員会 |
| 首長・議会の議員の解職請求 | | |
| 副知事・副市長村長・選挙管理委員・公安委員・監査委員の解職請求 | | 首長 |

※有権者数が 40 万人以下の場合。

議会と首長・議会の議員については，住民投票を行い，その結果，有効投票の過半数の同意があれば解散または解職される。

**問３**　イ　　X．正しい。健康で文化的な最低限度の生活を営む権利を生存権という。Y．誤り。公務員のストライキは認められていない。

**問４**　ウ　　2023 年度の予算の歳出は，総額が 114.4 兆円で，社会保障関係費(32.3%)＞国債費(22.1%)＞地方交付税交付金等(14.3%)＞防衛費(5.9%)＞公共事業関係費(5.3%)＞文教及び科学振興費(4.7%)であった。

**問６**Ⅰ　「共助」の視点とあるので，コミュニティの中で互いに助け合う内容にしたい。解答例以外に，「日本語のわかる外国人を探して通訳をしてもらう」などでもよい。　Ⅱ　赤ちゃん連れの家庭がもつ心配は，「まわりに迷惑になっていないか」「授乳するときにまわりから見られていないか」などである。避難所の中に，授乳室やおむつ交換室を設けることでこれらは解決できる。避難所の中に施設をつくることは公助にあたる。

**2023 解答例**
令和5年度

# 逗子開成中学校【1次】

## 《国　語》

【一】問一．①絵札　②根底　③豊富　④岸辺　⑤水平　⑥姿勢　⑦歌詞　⑧絹糸　⑨暮　⑩退
⑪あんうん　⑫せんとう　⑬じゅひょう　⑭ふる　⑮たわら　問二．ａ．三　ｂ．五　ｃ．十
問三．Ⅰ．百　Ⅱ．立つ

【二】問一．ａ．オ　ｂ．カ　ｃ．エ　問二．ｉ．男性　ⅱ．女性　問三．ＡＩに与えられたデータに偏りがあり、偏った判断が下された。　問四．ア　問五．イ　問六．Ⅰ．多様性　Ⅱ．ＡＩの想定する定義に合わせて、自分自身を作り変えてしまう

【三】問一．イ　問二．亡くなった男性はまだ若く、妻と小さい子供がいると聞いていて、心が重くなっているから。
問三．ウ　問四．Ｘ．責任　Ｙ．悲しみ　Ｚ．最初…まるで　最後…します　問五．１．子供を不安にさせないように明るく振る舞い、頑張ってきたことをほめてほしかった　２．父親をきれいにしてくれたことへの感謝の気持ちを伝えるため。　問六．ア

## 《算　数》

1 (1)22　(2)$\frac{5}{13}$　(3)$1\frac{1}{2}$

2 (1)4：3　(2)11 秒間　(3)$\frac{9}{11}$　(4)10 日　(5)6㎝　(6)152.4㎠

3 (1)時速 44㎞　(2)$11\frac{5}{11}$秒間　(3)時速 58.5㎞

4 (1)12 通り　(2)120 通り　(3)720 通り

5 (1)18　(2)21　※(3)729

※の途中の考え方は解説を参照してください。

## 《理　科》

【１】(1)①ア　②ア，オ　(2)①ア，ウ　②エ　③右図

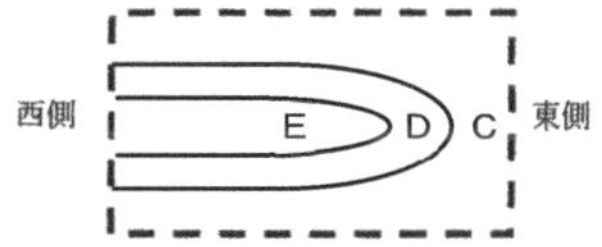


【２】(1)ア　(2)光合成　(3)③，④，⑤　(4)イ　(5)ア　(6)夏は光合成が盛んに行われることで二酸化炭素濃度が低くなるが，冬は光合成が盛んに行われず二酸化炭素濃度が高くなるから。

【３】(1)B　(2)水の温度が変化しても，食塩の水 100ｇに溶ける重さはほとんど変化しないから。　(3)55　(4)①75　②10
(5)右グラフ

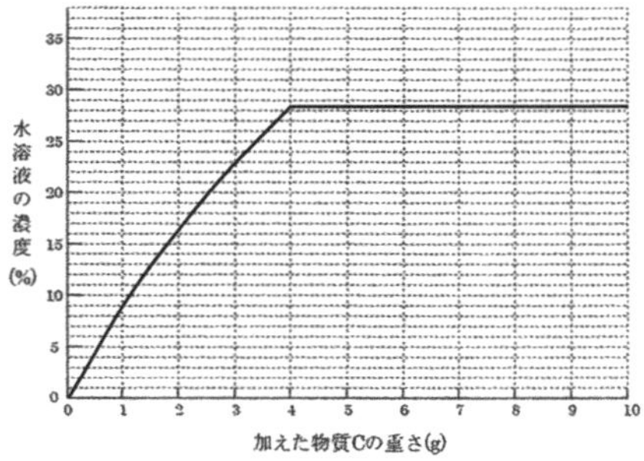


【４】(1)333　(2)400　(3)(ア)同じ　(イ)350　(ウ)343　(4)ウ
(5)345　(6)396

## 《社　会》

問１．１．与那国　２．薩摩　３．ベトナム　４．佐藤栄作　　問２．Ⅰ．a．オ　b．エ　Ⅱ．ア　　問３．Ⅰ．エ　Ⅱ．ウ　　問４．Ⅰ．エ　Ⅱ．地熱　　問５．線状降水帯　　問６．河川が短く，降った雨がすぐに海に流れ出してしまうため。　　問７．ウ　　問８．Ⅰ．合計特殊出生率　Ⅱ．イ　　問９．総務省　　問10．イ　　問11．エ　　問12．３　　問13．遺跡名…岩宿　位置…イ　　問14．ウ→イ→エ→ア　　問15．イ　　問16．Ⅰ．扇状地　Ⅱ．御勅使川の流れを２つに分け，それぞれの流量を減らすことで，釜無川と合流する地点での急激な増水をさけるため。
問17．中国，日本，東南アジアなどと貿易しやすい位置にあることを生かし，それぞれの国と貿易を行い，貿易で得た品物を他の国に売る中継貿易をしていた。　　問18．カ　　問19．ア　　問20．エ→ア→ウ→イ　　問21．大限重信
問22．Ⅰ．15，25　Ⅱ．４　　問23．(第一次)護憲　　問24．エ　　問25．ゴルバチョフ　　問26．樺太
問27．Ⅰ．1946，11，３　Ⅱ．a．臣民　b．国民　Ⅲ．イ　　問28．ア　　問29．沖縄の県民総所得が増えていく中で，日本に返還される以前と比べて県民総所得に占める基地関連収入の割合は低い状態が続いており，日本に返還されたアメリカ駐留軍用地跡地では，返還後に経済効果や雇用者数が大きく増加しているから。

# 逗子開成中学校【１次】

## 《2023　1次　国語　解説》

【一】

**問二 a**　順に「一矢を報いる」「二の足を踏《ふ》む」となる。　**b**　順に「二足のわらじをはく」「三拍子《びょうし》そろう」となる。　**c**　順に「一石を投じる」「四の五の言う」となる。

【二】

**問二 i**　直後に「このジェンダーバランスに倣《なら》ったために」とあり、その前に、「女子」「Ｗｏｍａｎ」という言葉が入っている履歴書《りれきしょ》をＡＩが「低く評価する傾向《けいこう》」があったと書かれている。このことから、アマゾンは男性の方が多い職場であり、「過去 10 年間の採用実績にもとづいた」データを与えられたＡＩは、男性を多く採用するために、応募《おうぼ》者が女性である可能性が高い履歴書を低く評価したと考えられる。　**ii**　ｉの解説にあるように、応募者が女性である可能性が高い履歴書を低く評価するというのは、女性を差別する採用システムだと言える。

**問三**　２段落目に、ＡＩに与えられた「データに偏《かたよ》りがあれば、偏った判断を下すＡＩになってしまう。結果として、人間の社会に含まれる偏見《へんけん》が、写し鏡のように、ＡＩに移行してしまうことがある」と書かれている。米アマゾン社と「複数の米大手企業」の採用試験の話は、このことを説明するための具体例である。米アマゾン社の採用試験では女性を差別する結果となり、「複数の米大手企業」の採用試験は「流暢《りゅうちょう》な発語が難しい応募者をあらかじめ排除するもの」となった。こうした採用試験は、ＡＩに与えられたデータに偏りがあり、人間の社会に存在する偏見が反映された、偏った判断が下されたという問題点を含んでいる。

**問四**　直前の「ここ」が指す内容は、前の段落に書かれている、ＡＩのバイアスをなくすために、さまざまな人間のデータをＡＩに学習させ、改善をはかろうとする考え方である。しかし、人間は「パラメータに還元できない、その人だけの世界を持ってい」る。そのため、さまざまな人間のデータをＡＩに学習させてもうまくはいかないのである。よって、アが適する。

**問五**　「横断歩道のない場所で道を渡る」のは、規則を破る行動であり、ＡＩはこのことを想定していなかった。この段落で言いたいことは、「人間とは」「自由な存在なのだ」ということ。また、前の段落に「生きているということは～その人だけの世界を持っているということだ」とある。つまり、人間は自由な存在で、どのように行動するかは人によって異なるということ。よって、イが適する。

**問六Ⅰ**　文章中に、「さまざまな人間がいることをＡＩに知ってもら」うために、「学習に用いるデータに多様性をもたせ」るとある。　**Ⅱ**　――線部③の「違う未来」とは、直後にある、「ＡＩが想定する定義に合わせて、人間が横断歩道以外の場所では絶対に道を渡らなくなる未来」である。「人間が横断歩道以外の場所では絶対に道を渡らなくなる」というのは、パソコンやスマホが登場した時と同じように、人間がＡＩという新しいテクノロジーに合わせて自分の方を作り変えるということ。

【三】

**問一**　次の行に、「葬儀《そうぎ》会社の担当者さんは怪訝《けげん》そうな顔のまま」とある。怪訝そうな顔とは、注にあるように、わけがわからなくて納得がいかない表情のこと。葬儀会社の担当者さんは、喪主《もしゅ》さんの気持ちがわからず、このような表情をしているのである。よって、イが適する。エは「天国のご主人を心配させないためにあえて笑う」の部分が文章から読み取れず、適さない。

**問二**　３行前の「大きなメイクバッグは心なしか、いつもより重い気がします」に着目する。バッグが重く感じるのは、作者の心が重いからである。作者の心が重いのは、「亡くなったご主人」がまだ若く、「奥様」と小さな子供を残して亡くなったことを知っていることと関係がある。こうした事実そのものや、この後の遺族への対応などが、作者の心を重くし、安置室への入口へと続く、雪が固く張り付いた階段が、「行く手を阻《はば》んでいるように見え」たのである。

**問三**　４行前に「子供が不安がっているから泣いていられない」とある。「私」は、「奥様」からこのことを聞き、誰にも気をつかう必要がない時間を作ろうとして、「ご主人とおふたりだけの時間を作りませんか？」と提案したのである。よって、ウが適する。

**問四Ｘ**　親として、自分が子供を育てていかなければならないというのは、責任感である。　Ｙ　――線部③の少し前に「子供が不安がっているから泣いていられないこと、笑ってないと泣いてしまいそうになること」とある。Ｚ　「笑う」こと以外の、「奥様」の振《ふ》る舞《ま》いを探す。――線部③の 10 行前に、「奥様はお子さんに、まるでお父さんが生きているように話します」とある。

**問五⑴**　頭を撫《な》でられた「奥様」は、「『私、頑張ったよね』とご主人に語りかけ」た。このことから、今まで頑張ってきたことをほめてほしかったことがわかる。　**⑵**　「娘さん」は「私」に、「パパをきれいにしてくれてありがとう」と言い、折り紙で作った金メダルをかけた。つまり、「娘さん」は「私」に感謝の気持ちを伝えようとしている。

**問六**　子供が不安がっているから泣けないと言い、「ご主人に頭を撫でて」もらってようやく泣くことができた「奥様」や、父親のまねをして「私」の頭を撫でてくれた「娘さん」のエピソードから、アの「家族の絆《きずな》」が適する。

## 《2023　１次　算数　解説》

**1**　⑴　与式$=2.75\times5+2.75\times10\times0.7-0.55\times5\times3-2.75=2.75\times(5+7-3-1)=2.75\times8=$**22**

⑵　与式$=4\frac{2}{5}\times\frac{1}{5}\div\frac{11}{10}-\frac{33}{20}\div(1\frac{20}{36}+2\frac{15}{36})=\frac{22}{5}\times\frac{1}{5}\times\frac{10}{11}-\frac{33}{20}\div3\frac{35}{36}=\frac{4}{5}-\frac{33}{20}\times\frac{36}{143}=\frac{52}{65}-\frac{27}{65}=\frac{25}{65}=\mathbf{\frac{5}{13}}$

⑶　与式より，$\frac{7}{3}\times\{(\square-\frac{1}{4})\div\frac{25}{12}\}=7\frac{3}{5}-6\frac{1}{5}$　　$(\square-\frac{1}{4})\div\frac{25}{12}=1\frac{2}{5}\times\frac{3}{7}$　　$(\square-\frac{1}{4})\div\frac{25}{12}=\frac{3}{5}$

$\square-\frac{1}{4}=\frac{3}{5}\times\frac{25}{12}$　　$\square=\frac{5}{4}+\frac{1}{4}=\frac{3}{2}=\mathbf{1\frac{1}{2}}$

**2**　⑴　Ａのコップ５－２＝３(はい)の量と，Ｂのコップ５－１＝４(はい)の量が等しい。

よって，ＡとＢの容積の比は，**４：３**である。

⑵　**【解き方】赤は１＋２＝３(秒)ごとに，青は３＋３＝６(秒)ごとに同じつき方をするので，３と６の最小公倍数の６秒間で１周期となる。**

２つのランプの６秒間の点滅の様子は，右図のようになり，２つとも消えている時間は色をつけた部分だから，２秒間である。

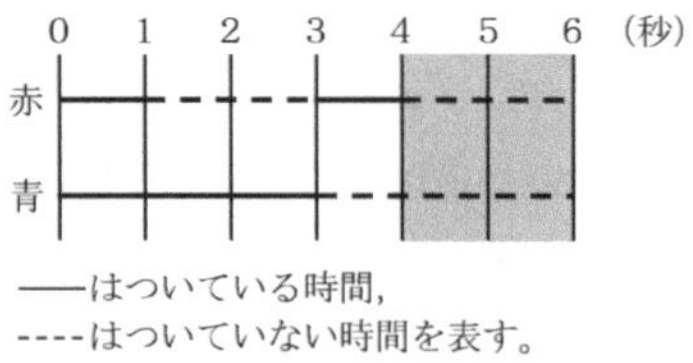


35 秒間でともに消えている時間は，35÷６＝５余り５より，30 秒までに２×５＝10(秒間)あり，最後の５秒は最初の５秒と同様に１秒間ある。よって，求める時間は，10＋１＝**11(秒間)**

⑶　**【解き方】(和)＋(差)は大きい方の数の２倍になる。**

大きい方の分数は，$(\frac{1}{15}+\frac{1}{150})\times\frac{1}{2}=\frac{11}{300}$，小さい方の分数は，$\frac{11}{300}-\frac{1}{150}=\frac{9}{300}$だから，求める値は，$\frac{9}{300}\div\frac{11}{300}=\mathbf{\frac{9}{11}}$

⑷　**【解き方】仕事全体の量を 16 と 28 の最小公倍数の 112 とする。**

兄の１日の仕事量は 112÷16＝７，弟の１日の仕事量は 112÷28＝４である。よって，兄と弟が２人で仕事をすると，１日の仕事量は，$7\times(1-\frac{20}{100})+4\times(1+\frac{40}{100})=5.6+5.6=11.2$ となるから，112÷11.2＝**10(日)**かかる。

⑸　**【解き方】長方形ＡＤＦＣが底面になるように置いたとき，三角形ＡＢＣは側面になり，水の高さは右図のＧＣの長さと等しい。したがって，ＢＧの長さを求める。**

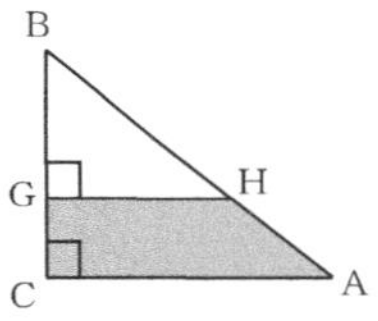


水が入っていない空間を，三角形ＡＢＣに接する面が底面の角柱と考えると，三角柱の容器をたおす前とたおした後で，水が入っていない空間の容積は変わらず，高さの比は(40－25.6)：40＝９：25となるから，底面積の比はこの逆比の25：９である。
したがって，三角形ＡＢＣと三角形ＨＢＧの面積比は25：９で，２つの三角形は同じ形だから，対応する辺の比は，25：９＝(５×５)：(３×３)より，５：３である。
よって，ＢＧ＝ＢＣ×$\frac{3}{5}$＝15×$\frac{3}{5}$＝９(㎝)だから，求める高さは，15－９＝**６(㎝)**

⑹　**【解き方】右のように作図する(Ｏは半円の中心)。おうぎ形ＯＡＢの面積から，三角形ＯＡＢの面積を引けばよい。**

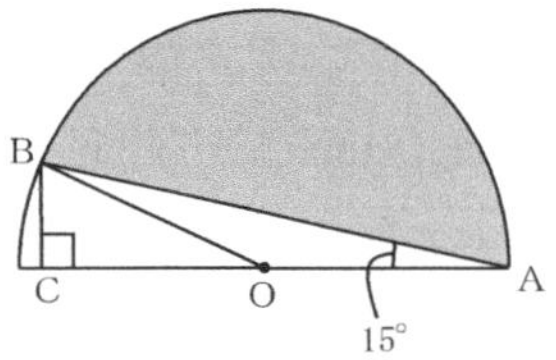


三角形ＯＡＢは二等辺三角形だから，
角ＢＯＣ＝15°＋15°＝30°，角ＡＯＢ＝180°－30°＝150°
三角形ＯＢＣは１辺がＯＢ＝12㎝の正三角形を半分にしてできる直角三角形だから，ＢＣ＝12÷２＝６(㎝)
よって，色のついた部分の面積は，12×12×3.14×$\frac{150°}{360°}$－12×６÷２＝60×3.14－36＝**152.4(㎠)**

3　⑴　**【解き方】Ｘは，60＋160＝220(m)進むのに18秒かかる。**
Ｘの速さは，秒速$\frac{220}{18}$m＝秒速$\frac{110}{9}$m，つまり，時速($\frac{110}{9}\times 60\times 60\times\frac{1}{1000}$)㎞＝**時速44㎞**

⑵　**【解き方】Ｘが防音壁によって完全に見えないのは，Ｘが右図の矢印の長さだけ進む間である。**

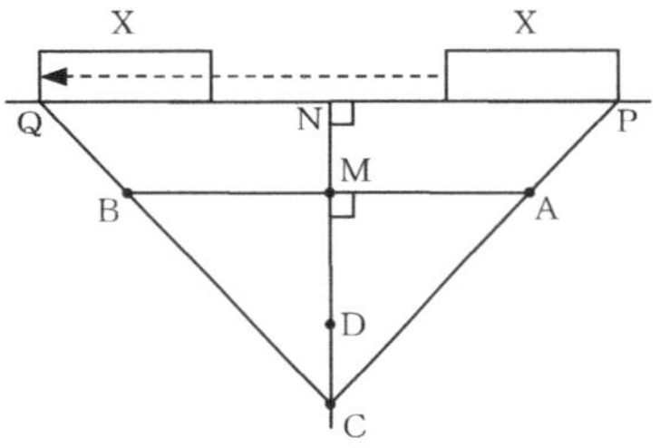


三角形ＣＭＡはＣＭ＝ＭＡ＝80ｍの直角二等辺三角形だから，
三角形ＣＮＰも直角二等辺三角形である。
したがって，ＮＰ＝ＣＮ＝80＋20＝100(ｍ)，ＮＱ＝ＮＰ＝100ｍ
よって，Ｘが100×２－60＝140(ｍ)進むのにかかる時間を求めるので，
140÷$\frac{110}{9}$＝$\frac{126}{11}$＝**$11\frac{5}{11}$(秒間)**

⑶　**【解き方】太郎さんが進み始めたとき，Ｙは右図のＹ$_1$の位置にあり，太郎さんがＤに来たとき，ＹはＹ$_2$の位置にあった。この間にＹが進んだ道のりは矢印の長さである。**

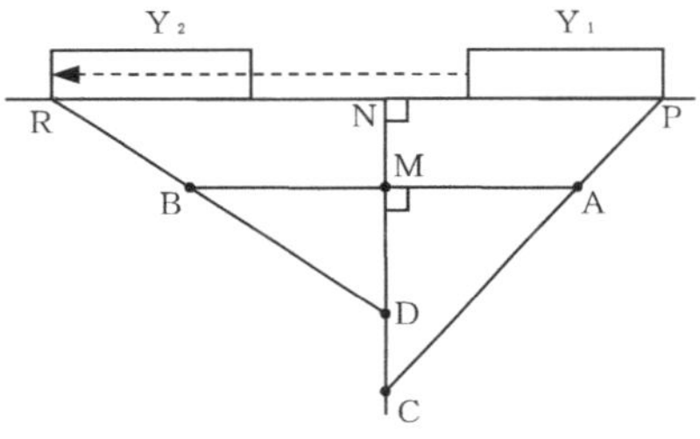


三角形ＤＭＢと三角形ＤＮＲは同じ形で，ＤＭ：ＭＢ＝(80－16)：80＝４：５だから，ＮＲ＝ＤＮ×$\frac{5}{4}$＝(64＋20)×$\frac{5}{4}$＝105(ｍ)
したがって，Ｙは100＋105－75＝130(ｍ)進んだ。
時速7.2㎞＝秒速$\frac{7.2\times 1000}{60\times 60}$ｍ＝秒速２ｍだから，太郎さんは16÷２＝８(秒)進んだ。
よって，Ｙの速さは，秒速$\frac{130}{8}$ｍ＝時速$\frac{130\times 60\times 60}{8\times 1000}$㎞＝**時速58.5㎞**

4　⑴　**【解き方】正三角形は三角形ＡＣＥか三角形ＢＤＦである。どちらにせよ，２回目と３回目に２ずつ進むか，４ずつ進めば，正三角形ができる。**
正三角形ができるとき，１回目の出方は６通りあり，２回目と３回目の出方は２通りずつある。
よって，求める出方の数は，６×２＝**12(通り)**

⑵　**【解き方】サイコロを３回投げて三角形ができるのは，２回目と３回目にそれまでに止まっていない頂点に止まったときである。**

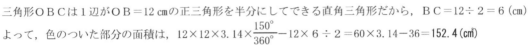

サイコロを３回投げて三角形ができるとき，１回目の出方は６通りある。２回目は１回目の頂点以外の５通りに止まればよいから，５通りある。３回目は１回目と２回目に止まっていない頂点に止まればよいから，４通りある。よって，求める出方の数は，６×５×４＝**120(通り)**

(3)　**【解き方】サイコロを４回投げて三角形ができるのは，２～４回のうち１回だけ，今までに止まったことのある頂点に止まるときである。**

２回目に１回目と同じ頂点に止まる場合，１回目の出方は６通り，２回目は１通り，３回目はまだ止まっていない５個の頂点のいずれかだから５通り，４回目はまだ止まっていない４個の頂点のいずれかだから４通りある。したがって，６×１×５×４＝120(通り)ある。

３回目にこれまでと同じ頂点に止まる場合，１回目の出方は６通り，２回目は５通り，３回目は１回目の頂点か２回目の頂点だから２通り，４回目はまだ止まっていない４個の頂点のいずれかだから４通りある。したがって，６×５×２×４＝240(通り)ある。

４回目にこれまでと同じ頂点に止まる場合，(2)で求めた120通りのあとに，これまで止まった３個の頂点のいずれかに止まればよいので，120×３＝360(通り)ある。

以上より，求める出方の数は，120＋240＋360＝**720(通り)**

5　(1)　180の約数は，１と180，２と90，３と60，４と45，５と36，６と30，９と20，10と18，12と15だから，≪180≫＝**18**

(2)　**【解き方】ある整数Mの約数は，Mの素因数をかけあわた数になることを利用する。**

まず，素因数が１種類の数の約数を考える。例えば４＝２×２の約数は，２を０個～２個(３通り)かけあわせてできる数である(０個かけあわせてできる数は１と考える)。したがって，４の約数は３個ある。つまり，Mの素因数がａだけのとき，≪M≫＝４となるのは，M＝ａ×ａ×ａのときである。このようなMのうち小さい数は，２×２×２＝８や３×３×３＝27がある。

次に，素因数が２種類の数の約数を考える。例えば，15＝３×５の約数は，３を０個～１個(２通り)と５を０個～１個(２通り)かけあわせてできる数である(両方とも０個のときできる数は１と考える)。したがって，15の約数は２×２＝４(個)ある。つまり，Mの素因数がｂとｃだけのとき，≪M≫＝４となるのは，M＝ｂ×ｃのときである。このようなMのうち小さい数として，右表の中の数が考えられる。

| | 2 | 3 | 5 | 7 | 11 | … |
|---|---|---|---|---|---|---|
| 2 | | 6 | 10 | 14 | 22 | |
| 3 | | | 15 | 21 | 33 | |
| 5 | | | | 35 | 55 | |
| 7 | | | | | 77 | |
| 11 | | | | | | |
| ⋮ | | | | | | |

このように考えると，素因数が３種類の数の約数の個数は，少なくとも２×２×２＝８(個)なので，素因数が３種類以上の数については考える必要がない。

よって，≪M≫＝４となる整数Mは小さい方から，６，８，10，14，15，21，……となるので，６番目は**21**である。

(3)　**【解き方】整数Mの約数の個数が奇数になるのは，Mが平方数《へいほうすう》(整数を２つかけあわせてできる数)のときだが，(2)のように考えれば平方数であることを意識する必要はない。(2)の考え方を利用して，≪M≫＝７となるときMの素因数が何種類あるかを考える。**

７を２数の積で表す方法は１×７の１通りしかないので，≪M≫＝７となるとき，Mの素因数は１種類だけで，Mはその素因数を７－１＝６(回)かけあわせてできる数である。

このようなMは小さい方から，２×２×２×２×２×２＝64，３×３×３×３×３×３＝729，５×５×５×５×５×５＝15625，……だから，求める整数は**729**である。

## 《2023　1次　理科　解説》

【1】

⑴　地層の逆転がないのであれば，下にある地層ほど古い時代にたい積したものである。また，図2の不整合面は，Bの地層が海底などでたい積した後，一度陸上に現れて侵食《しんしょく》されてできる。

⑵①　たい積した当時の環境《かんきょう》を知る手がかりとなる化石を示相化石という。その生物または似ている生物が現在も生きていて，生息している環境を限定できる生物の化石が示相化石となり得る。　②　含《ふく》まれる化石から，Eは古生代，Dは新生代にたい積したものである。2つの地層の間に中生代にたい積した地層が見られず，Eがたい積してからDがたい積するまでには時間的に大きなへだたりがある。このように，上下に重なる2つの地層に時間的な連続性がない重なり方を不整合という。　③　図4の西側のように，古い時代の地層(E)の上下にそれよりも新しい時代の同じ地層(D)が重なっているときには，地層が折りたためられるように曲がった可能性が考えられる。地層に横から押す力がゆっくりはたらくと，断層にならず，地層が折れ曲がったしゅう曲になることがある。

【2】

⑵　植物が大気中の二酸化炭素を取り込《こ》んで行うはたらきは光合成である。植物の葉に日光が当たると，二酸化炭素と水を材料にしてでんぷんと酸素をつくり出す光合成が行われる。

⑶　菌類《きんるい》・細菌類は，呼吸によってかれ葉などを分解し，エネルギーを得ている。よって，植物，草食動物，肉食動物のそれぞれが呼吸によって大気中に二酸化炭素を放出する③，④，⑤を選べばよい。

⑷　イ○…二酸化炭素には，地表から宇宙に出ていこうとする熱を吸収し，その一部を再び地表に向けて放出するという温室効果がある。このため，二酸化炭素が増えたことで，地球温暖化がおこると考えられている。なお，二酸化炭素のように，温室効果がある気体を温室効果ガスという。

⑸　ア×…10℃のときも30℃のときも，光の強さを強くしていくとグラフが途中《とちゅう》で折れ曲がり，二酸化炭素の吸収量が一定になる。

⑹　日本では，夏に植物が光合成を盛んに行うため，材料となる二酸化炭素を大量に取り込んで大気中の二酸化炭素濃度《のうど》が低くなる。一方，冬になると，葉を落とす植物もあり，光合成が盛んに行われなくなる。よって，植物による二酸化炭素吸収量が減るため，大気中の二酸化炭素濃度が高くなる。

【3】

⑴　50ｇの水に20ｇの物質が溶《と》ける温度は，図で，100ｇの水に溶ける最大の重さが40ｇになるときの温度と同じである。Bだけは，0℃でも溶ける重さが40ｇより大きいことがわかる。

⑵　水の温度によって水100ｇに溶ける重さが大きく変化する物質は，高い温度の水に物質を溶けるだけ溶かし，その後，水溶液《すいようえき》を冷やすことで，溶けきれなくなった物質が結晶《けっしょう》となって出てくる。この操作では，食塩のように水100ｇに溶ける重さが水の温度によってほとんど変化しない物質の結晶を多く取り出すことができない。食塩の結晶を多く取り出すには，水溶液を加熱して水を蒸発させる操作が適する。

⑶　図より，Bは60℃の水100ｇに120ｇまで溶けるので，60℃の水40ｇには$120\times\frac{40}{100}=48$(ｇ)まで溶ける。よって，〔濃度(%)$=\frac{\text{溶けているものの重さ(g)}}{\text{水溶液の重さ(g)}}\times100$〕より，$\frac{48}{40+48}\times100=54.5\cdots\rightarrow55$%となる。加えた物質がすべて溶けるかどうかを考える必要があることに注意しよう。

⑷①　飽和《ほうわ》させるとは，物質を溶ける限度まで溶かすということである。図より，60℃の水100ｇにAは100ｇまで溶けて，200ｇの飽和水溶液になる。つまり，60℃の飽和水溶液200ｇに溶けているAは100ｇだから，60℃の飽和水溶液150ｇに溶けているAは$100\times\frac{150}{200}=75$(ｇ)である。　②　溶けきれなくなったAは62ｇだから，溶けてい

るAは75－62＝13(g)である。図より，10℃の水100gにAは20gまで溶けるから，13g溶かすのに必要な10℃の水は100×$\frac{13}{20}$＝65(g)である。①解説より，はじめの水溶液150gに含まれる水は150－75＝75(g)だから，蒸発した水は75－65＝10(g)である。

(5) 図より，40℃の水100gにCは40gまで溶けるから，40℃の水10gには4gまで溶ける。よって，Cを1gずつ加えていくとき，4gになるまでは濃度が高くなっていくが，5g以上加えたときの濃度は4gのときと同じである。加えたCが1～4gのときの濃度は順に，$\frac{1}{10+1}$×100＝9.09…(%)，$\frac{2}{10+2}$×100＝16.6…(%)，$\frac{3}{10+3}$×100＝23.0…(%)，$\frac{4}{10+4}$×100＝28.5…(%)である。

【4】

(1) 光の速さは音の速さと比べて非常に速いため，光の速さについては考えなくてよい。よって，音は700mを2.1秒で伝わったので，その速さは700÷2.1＝333.3…→毎秒333mである。

(2) 音はBとKの間を2.4秒で1往復したので，音が伝わった距離は333×2.4＝799.2(m)であり，BからKまでの距離はその半分の799.2÷2＝399.6→400mである。

(3) (イ)700÷2.0＝(毎秒)350(m)　(ウ)音と同じ向きに吹《ふ》く風の速さが毎秒7.0mだから，風がないときの音の速さは350－7.0＝(毎秒)343(m)である。

(4) 音がCに向かうとき，音が進む向きと風の向きは反対になるので，音の速さは遅《おそ》くなる。この遅くなった音の速さは343－7.0＝(毎秒)336(m)だから，Cで音が聞こえたのは，懐中電灯の光が見えてから700÷336＝2.08…→2.1秒後である。

(5) 速くなった音の速さは360÷1.0＝(毎秒)360(m)で，音と同じ向きに吹く風の速さが毎秒15mだから，風がないときの音の速さは360－15＝(毎秒)345(m)である。

(6) 反射した音がLからEに向かうときの遅くなった音が伝わる速さは345－15＝(毎秒)330(秒)である。音が伝わった距離が同じであれば，かかった時間の比は音の速さの逆比と等しくなる。つまり，(EからLに向かう速さ)：(LからEに向かう速さ)＝360：330＝12：11だから，(EからLまでの時間)：(LからEまでの時間)＝11：12であり，EとLの間の往復にかかった時間は2.3秒だから，EからLまでの時間は2.3×$\frac{11}{11+12}$＝1.1(秒)である。よって，EからLまでの距離は360×1.1＝396(m)である。

## 《2023　1次　社会　解説》

**問1**　1＝与那国　2＝薩摩　3＝ベトナム　4＝佐藤栄作

| 最北端 | | 最東端 | |
|---|---|---|---|
| 島名 | 所属 | 島名 | 所属 |
| 択捉島 | 北海道 | 南鳥島 | 東京都 |
| 最西端 | | 最南端 | |
| 島名 | 所属 | 島名 | 所属 |
| 与那国島 | 沖縄県 | 沖ノ鳥島 | 東京都 |

1．日本の端については，右表を参照。　2．琉球王国は，薩摩藩の支配下におかれ，将軍の代替わりごとに慶賀使，琉球国王の代替わりごとに謝恩使を江戸に送ることが義務付けられた。また，清との朝貢貿易を認められたが，貿易の実権は薩摩藩が掌握《しょうあく》した。　3．ベトナム戦争は，1960年代後半からアメリカが本格的に軍事介入し，いわゆる北爆を行った。　4．佐藤栄作首相は，沖縄返還交渉と非核三原則の提唱で知られる。

**問2**Ⅰ．a＝オ　b＝エ　長崎県は離島が多いため，海岸線延長が長くなる。　Ⅱ．ア　リマン海流は寒流，日本海流(黒潮)は暖流である。

**問3**Ⅰ．エ　アはタイなど，イはインド，ウは南アフリカ共和国。　Ⅱ．ウ　キャンベラは南半球に位置するから，北半球の日本と季節が逆になる。よって，7月・8月が寒く，12月・1月が暖かいウを選ぶ。アは東京，イはモスクワ，エはパリ。

問４Ⅰ．エ　県北西部の日本有数の林業地＝日田，日本を代表する温泉＝別府・湯布院から，大分県と判断する。

Ⅱ．地熱　大分県には，日本最大の地熱発電所である八丁原地熱発電所がある。

問７　ウ　三重県の志摩半島，愛媛県の宇和海沿岸は，入り組んだリアス海岸を形成しているため，波がおだやかで養殖に適している。こんぶの養殖は，東北地方の太平洋側や北海道，かきの養殖は，広島県や宮城県，わかめの養殖は，宮城県や岩手県で盛んに行われている。

問８Ⅱ．イ　X．正しい。Y．誤り。日本の現在の人口ピラミッドは，つりがね型より少子高齢化が進んだつぼ型になっている。

問９　総務省　総務省は，国勢調査の実施・行政組織管理のほか，選挙・消防防災・情報通信・郵政行政なども担う。

問10　ウ　早くから工業が発達していたアメリカに対して，1980年代に日本からの自動車の輸出が増えたことで，日本とアメリカの間に貿易摩擦が生じたことを考えれば，(a)が日本，(b)がアメリカと判断できる。

問11　エ　人口の多い神奈川県は就業者数の総数が多くなる。東海工業地域を形成する静岡県は，自動車などの製造業が盛んだから，第二次産業の割合が高くなる。野菜の栽培や畜産が盛んな宮崎県は，第一次産業の割合が高くなる。

問12　３　百舌鳥・古市古墳群－古代日本の墳墓群－は大阪府，石見銀山遺跡とその文化的景観は島根県にある。

問13　岩宿遺跡／イ　相沢忠洋が関東ロームの中から黒曜石でできた打製石器を発見した。アは三内丸山遺跡(縄文時代)，ウは登呂遺跡(弥生時代)，エは吉野ケ里遺跡(弥生時代)の位置を示している。

問14　ウ→イ→エ→ア　ウ『漢書』地理志→イ『後漢書』東夷伝→エ『魏志』倭人伝→ア『宋書』倭国伝

問15　イ　1156年に起きた保元の乱の記述である。アは11世紀の後三年の役，ウは13世紀の承久の乱，エは９世紀。

問16Ⅰ．扇状地　扇状地は水はけがよいため，稲作に向かず，果樹栽培に適している。　Ⅱ．旧御勅使川と釜無川の合流地点での急激な増水が洪水の原因と考える。

問17　中継貿易の説明ができていればよい。

問18　カ　米の生産はアジアに集中していることからＢとＣにはアジアの国があてはまる。中国の米の生産量は世界で最も多いが，人口が多いために米の消費量も多くなり，輸出量は少ない。よって，Ｂが中国，Ｃがインドである。

また，日本はミニマムアクセス米を，アメリカやタイから輸入している。

問19　ア　朝鮮との貿易は，対馬の宗氏が担当し，釜山に倭館が設置された。

問20　エ→ア→ウ→イ　それぞれの政策を行った将軍で考えるとよい。エ(徳川家光③)→ア(徳川綱吉⑤)→ウ(徳川吉宗⑧)→イ(徳川慶喜⑮)

問21　大隈重信　「イギリス流」「総理大臣を２度経験」より，大隈重信と判断する。板垣退助はフランスの人権思想に基づいて自由党を結成し，総理大臣には就任したことがないので，間違えないようにしよう。

問22Ⅱ．４　条約締結の承認・内閣総理大臣の指名・予算の先議権・内閣不信任の決議の４つである。

問23　(第一次)護憲　桂太郎と西園寺公望が交互に政権を担当する桂園時代が続く中，第三次桂内閣が発足した後，尾崎行雄や犬養毅らが起こした運動を第一次護憲運動と呼ぶ。

問24　エ　ソ連が破棄したのは，日ソ共同宣言ではなく日ソ中立宣言である。

問25　ゴルバチョフ　ソ連のゴルバチョフ書記長とアメリカのブッシュ大統領が冷戦の終結を宣言した。

問26　樺太　ポーツマス条約では，南樺太の権利のほか，韓国に対する日本の優位・旅順大連の租借権・長春以南の鉄道の利権・沿海州とカムチャツカの漁業権などを獲得した。

問27Ⅰ．1946年11月３日　日本国憲法は，1946(昭和21)年11月３日に公布され，翌年５月３日に施行された。

Ⅱ．ａ＝臣民　ｂ＝国民　臣民…君主に支配される国民のこと。　Ⅲ．イ　表現の自由は自由権にあてはまる。社会権には生存権・勤労の権利・教育を受ける権利などがある。アは生存権，ウは教育を受ける権利，エは勤労の権利と関係する。

**問 28**　ア　　X．正しい。四大公害病については右表を参照。Y．正しい。公害対策基本法は，1993 年に環境基本法が成立するとともに廃止された。

| 公害名 | 原因 | 発生地域 |
|---|---|---|
| 水俣病 | 水質汚濁<br>（メチル水銀） | 八代海沿岸<br>（熊本県・鹿児島県） |
| 新潟水俣病 | 水質汚濁<br>（メチル水銀） | 阿賀野川流域<br>（新潟県） |
| イタイイタイ病 | 水質汚濁<br>（カドミウム） | 神通川流域<br>（富山県） |
| 四日市ぜんそく | 大気汚染<br>（硫黄酸化物など） | 四日市市<br>（三重県） |

**問 29**　２つの資料から，基地関連収入の割合が低い状態が続いていること，日本に返還されているアメリカ駐留軍用地跡地の経済効果と雇用者数がともに大きく増えていることを読み取ろう。

# ★逗子開成中学校【１次】

## 《国　語》

【一】問一．①意外　②希望　③祝福　④達成　⑤伸縮　⑥博覧　⑦開放　⑧悲劇　⑨浴　⑩唱
⑪はくじゃく　⑫びんじょう　⑬しわざ　⑭かま　⑮こころざし　　問二．①ク　②オ　③ア　④コ　⑤キ

【二】問一．ａ．ア　ｂ．オ　ｃ．イ　　問二．エ　　問三．生物の個体が、それぞれ自分だけは子孫を残そうとして利己的にふるまうことで、結果的に保たれているだけだ　　問四．ウ　　問五．進化　　問六．人間は、自然破壊を行えば、自然からしっぺ返しを食って損をするということが予見できずに利己的にふるまってきた点でおろかだったということ。　　問七．ア．○　イ．×　ウ．×　エ．×　オ．○

【三】問一．ｘ．イ　ｙ．ウ　　問二．誰が賞を　　問三．イ　　問四．Ａ．鼓くらべに負けたくない　Ｂ．自分が、人を負かそうとしたり、人を押し退けて自分だけの欲を満足させたりしたいという思いに、すっかりとらわれてしまっている　　問五．エ　　問六．人と腕前を競おうというような不純な心のまじっていない、人の心をたのしませ、清くし、高めるような美しいもの。

## 《算　数》

1　(1)81　　(2)3　　(3)$3\frac{1}{3}$

2　(1)７回　　(2)11. 3 ㎝　　(3)23　　(4)毎時 32 ㎞　　(5)36. 48 ㎠　　(6)①，②

3　(1)７人　　(2)26 分 24 秒　　(3)10 分 30 秒

4　(1)189，252　　(2)180，243　　(3)225

5　(1)120　　(2)48　　※(3)36 通り

※の途中の考え方は解説を参照してください。

## 《理　科》

【１】(1)①二酸化炭素　②Ｃ，Ｇ　③Ｃ．石灰水　Ｅ．砂糖水　Ｆ．塩酸
(2)①食塩　②16　③Ｘ．18　Ｙ．108　④130

【２】(1)①地球が西から東へ約１日に１回自転しているから。　②15　　(2)午前９時 45 分　　(3)エ
(4)午後３時 45 分　　(5)２

【３】(1)ア．直列　イ．暗く　　(2)①イ　②ウ　③オ　　(3)消えている。　理由…どちらもき数であり，スイッチ１は接続２，スイッチ２は接続１になるから。　　(4)右図

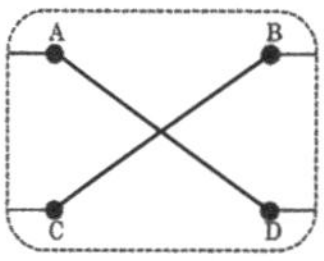


【４】(1)ア，ウ　　(2)背骨　　(3)イ　　(4)2010　　(5)魚や鳥などは，一か所に長時間とどまっていることがなく，よく移動するから。　　(6)ア，オ　　(7)Ｘ．９　Ｙ．18

## 《社　会》

問１．１．イギリス　２．夏目漱石　３．国家総動員法　４．青函　　問２．ア　　問３．ペリー

問４．Ⅰ．朱雀　Ⅱ．エ→ウ→ア→イ　　問５．生糸　　問６．Ⅰ．ウ　Ⅱ．イ　　問７．ウ　　問８．法然

問９．Ⅰ．ａ．ドイツ　ｂ．フランス　（ａとｂは順不同）　Ⅱ．エ　Ⅲ．３→１→４→２　　問10．Ⅰ．南満州　Ⅱ．ア

問11．北上山地〔別解〕北上高地　　問12．ア　　問13．イ　　問14．疎開　　問15．朝鮮戦争

問16．Ⅰ．Ａ．滋賀　Ｂ．岐阜　Ⅱ．イ　　問17．イ　　問18．ａ．カ　ｂ．ウ　ｃ．オ　ｄ．ア　　問19．ア

問20．バブル経済の崩壊によって景気が後退し，値引きをほとんどしない百貨店を利用する消費者が減ったから。

問21．イ　　問22．ウ　　問23．冬の積雪が多く，除雪作業に時間と費用がかかるため。

問24．Ⅰ．ａ．委員会　ｂ．本会議　Ⅱ．イ　　問25．イ　　問26．Ⅰ．エ　Ⅱ．条例

問27．Ⅰ．ウ　Ⅱ．高齢化が進み，車が自由に使えない人が増えてきたこと。

Ⅲ．どのような行動を促すためか…市外からの転入者を増やすため。　富山市の利点…人々の暮らす地域の人口密度が高くなり，十分な行政サービスが供給できる点。　富山市民の利点…公共交通機関が維持されることで，子どもから高齢者まで，だれもが自由に移動できる環境が整備される点。

←解答例は前のページにありますので，そちらをご覧ください。

## 《2022　１次　国語　解説》

**【一】**

**問二**　①「奇想天外」は、ふつうの人には思いつかないほどきばつなことという意味。　②「頭角を現す」は、すぐれた様子が目立ってくるという意味。　③「石の上にも三年」は、根気よく続ければ成功するという意味。④「義を見てせざるは勇無きなり」は、正しいことだとわかっていながら実行しないのは、勇気がないからだという意味。　⑤「栄枯盛衰」は、人の一生などは、栄えるときもあれば、おとろえるときもあるという意味。

**【二】**

**問一 a**　前の「人間の意図にもとづいて」につけ加える形で、後の「人間の論理にしたがって」が続いているので、アの「そして」が適する。　b　前に書いてあることを受けて、後に「人里をつくるにはどうしたらよいのか」と続けているので、オの「では」が適する。　c　前にある「浅はかに利己《りこ》的」と後の「賢く利己的」は意味が反対なので、イの「しかし」が適する。

**問二**　エの「村人が家畜《かちく》を襲《おそ》う狼《おおかみ》を駆除《くじょ》した」は、人間が「人間の論理にしたがって、自然に変化を加える」ことの例にあたり、「狼によって適度に間引《まび》きされていた鹿《しか》が～農作物を食い荒《あ》らし」は、自然が「自然の論理にもとづいて押《お》し戻《もど》してくる」ことの例にあたる。よって、エが適する。アは「遊泳禁止区域であるにも関わらず～泳いでいた」が「人間の論理にしたがって、自然に変化を加える」ことの例にあたらない。イは「果物の内部に～残ってしまっていることが発覚」が「自然の論理にもとづいて押し戻してくる」ことの例にあたらない。ウは「人間の論理にしたがって、自然に変化を加える」ことの例しか述べられていない。

**問三**　「自然界のバランス」に関しては、次の段落に「個体がそれぞれ他人を蹴落《けお》としてもいいから～きわめて利己的にふるまっている結果として、種族が維持《いじ》され、進化も起こるのである」「結果的にバランスが保たれているにすぎないのだ」とある。これらの部分を使ってまとめる。

**問四**　「共生」にカギかっこが付けられている点に着目する。「共生」という言葉からは、お互《たが》いに協力し合うようなおだやかな関係が連想されるが、筆者はそれを否定して「花と昆虫《こんちゅう》が『お互いうまく生きていきましょう』と言ってやっていることではないらしい」と述べている。そして「花は昆虫に花粉を運んでもらえばよいのであって～昆虫は昆虫で～花粉など運んでやるつもりは毛頭ない」というように、花と昆虫の「利己的」なふるまいを具体的に説明している。つまり、筆者は「共生」にカギかっこを付けることで、実際の関係はその言葉から連想されるようなものではないと、皮肉をこめて述べているのである。よって、ウが適する。

**問五**　――線部④の「花の構造ができあがっていったのである」に着目する。「できあがっていった」は、元の構造から別の構造へ変化したことを示している。このような生物の変化が「進化」なのである。

**問六**　「浅はか」の意味は、「おろかしい。おろかだ」。したがって、「浅はかに利己的であった」とは、おろかなあり方で利己的だったということである。「利己的であるがゆえに、損することを極端《きょくたん》に嫌《きら》う」動物たちは、「浅はかに利己的にふるまいすぎてしっぺ返しを食ったときに、やっとそれをやめるのではなく、もっと『先』を読んでいるらしい」とある。ここから考えると、人間は自然からしっぺ返しを食って損をすることを予見できないような「おろか」なあり方で「利己的」にふるまっているということになる。「自然破壊《はかい》」という言葉は、自然破壊を行うことで、自然からしっぺ返しを食うといった流れで使えばよい。

問七　アは、本文の「人間はしばしば自然の巻き返しを嫌い～今、あちこちでつくられている『自然の森』や『水と緑の公園』は、そのほとんどすべてがこのような人里もどきであると言ってよい」に合っているので○。イは、「調和が崩《くず》れ～互いに連携《れんけい》し、協力し合うことがある」が本文からは読み取れない内容なので×。ウは、「人里」について「疑似《ぎじ》自然の枠《わく》を超えるものではなく」、「自然の論理が入り込むことはできない」と述べている点が、本文の内容と異なるので×。エは、「人間以外の動物の多く」について「本能的に自然への負担を考慮《こうりょ》し、行動を慎《つつし》む傾向《けいこう》がある」と述べている点が、本文の内容と異なるので×。オは、本文の「昔の生態学は、自然界のバランス～結果的にバランスが保たれているにすぎないのだ」に合っているので○。

【三】

問一ｘ　「躍起《やっき》」は、あせりのあまり、むきになることという意味なので、イが適する。　ｙ　「思いあがる」は、いい気になる、うぬぼれるという意味なので、ウが適する。

問二　――線部①からは、鼓《つづみ》くらべに勝って賞を受けることに対する強い期待やこだわりが読み取れる。しかし、その後お留伊《るい》の心からは、そうした期待やこだわりが消えてしまう。そのことは、「誰《だれ》が賞を貰《もら》ったかということももう興味がなかった」に、はっきりと表現されている。

問三　直前の「仁右衛門《じんうえもん》は自分の方でおろおろしながら」に着目する。おろおろしているのは、仁右衛門が御簾《みす》の奥にいる殿様を恐れ多く思い、緊張しているからだと考えられる。「御簾の方を見ないで」と言ったのは、お留伊も自分と同じように感じているにちがいないと思っていたからである。「いつも稽古《けいこ》するときと同じ気持ちで～きっと勝ちますから」と言ったのは、お留伊の緊張をほぐしてやろうとしていたのである。よって、イが適する。

問四Ａ　お留伊が見たお宇多《うた》の顔については、「蒼白《あおざ》め、その唇《くちびる》はひきつるように片方へ歪《ゆが》んでいた」などと表現されている。鼓くらべに勝ちたい、負けたくないという必死な思いから、そのような表情になったと考えられる。

Ｂ　ミチ君は「お留伊にとってお宇多の姿は鏡のような役割を果たしたんじゃないかな」と言っている。ということは、お留伊はお宇多の姿に、自分の姿を見たということになる。また、「老人の姿が思い浮《う》かんだという箇所に着目すべきだと思うよ」というミチ君の言葉からは、お留伊の見た自分の姿とは、老人の言った言葉の中にある「誰かを負かそうとしたり、人を押し退《の》けて自分だけの欲を満足させたりする」という、本来の芸術にはあってはならない心にとらわれた姿だったと考えることができる。以上の内容をふまえてまとめる。

問五　お留伊が鼓を打つのをやめたのは、「音楽はもっと美しいものでございます、人の世で最も美しいものでございます」という老人の言葉を思い出し、これまでの自分の演奏はそうした美しい音楽とはちがっていたということに気づいたからである。その気づきから、お留伊はこれまでの自分の鼓に対する考え方はまちがっていたと考え、「打ち違えたのです」と言ったのである。しかし、仁右衛門はその言葉を演奏でミスをしたという意味だと思いこみ、ミスはしていなかったという意味で、「あなたは打ち違えなかった、そんな馬鹿なことはない」と繰り返しているのである。以上から、エが適する。アは、お留伊の言葉を「その場しのぎの嘘《うそ》」としている点が適さない。イは、「失敗を潔く認めて観念しているお留伊」や「諦《あきら》めが胸に広がり始めている」が適さない。ウは、「不慮《ふりょ》の事《じ》故《こ》として済まそうとするお留伊」や「怒りを感じている」が適さない。

問六　お留伊は、亡くなった老人に向かって「わたくしお教《おしえ》で眼《め》が明きましたの」と言っている。したがって、ここでお留伊の奏でた音楽は、老人の語った音楽の理想に沿ったものであったと考えられる。老人は「すべて芸術は人の心をたのしませ、清くし、高めるために役立つべきもの」と語っていた。また、「誰かを負かそうとしたり、人を押し退けて自分だけの欲を満足させたりする道具にすべきではない」と言って、人と競う心をいましめていた。これらの老人の言葉をふまえてまとめる。

## 《2022　1次　算数　解説》

**1** (1)　**【解き方】AからBまでの等間隔に並ぶN個の数の和は，$\frac{(A+B)\times N}{2}$で求められることを利用する。**

与式$=25+45+65+85+105+125-(59+60+61+62+63+64)=\frac{(25+125)\times 6}{2}-\frac{(59+64)\times 6}{2}=450-369=81$

(2)　与式$=9-3\times\frac{15}{7}\div\{2-(\frac{17}{7}-\frac{3}{2})\}=9-3\times\frac{15}{7}\div\{2-(\frac{34}{14}-\frac{21}{14})\}=9-3\times\frac{15}{7}\div(2-\frac{13}{14})=$
$9-3\times\frac{15}{7}\div\frac{15}{14}=9-3\times\frac{15}{7}\times\frac{14}{15}=9-6=3$

(3)　与式より，$(11\frac{1}{2}\times\frac{4}{5}-2\frac{1}{4}\times\square)\div\frac{17}{15}=\frac{3}{2}$　　$\frac{23}{2}\times\frac{4}{5}-\frac{9}{4}\times\square=\frac{3}{2}\times\frac{17}{15}$　　$\frac{9}{4}\times\square=\frac{92}{10}-\frac{17}{10}$
$\square=\frac{75}{10}\div\frac{9}{4}=\frac{15}{2}\times\frac{4}{9}=\frac{10}{3}=3\frac{1}{3}$

**2** (1)　**【解き方】面積図で考えると，右のようになる。**

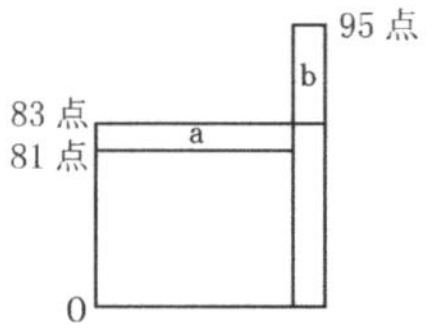


aとbの面積は等しく，bの面積は$(95-83)\times 1=12$，aのたては$83-81=2$
だから，aの横は$12\div 2=6$
よって，今回受けたテスト以外で6回受けているので，全部で7回受けた。

(2)　入っている水の体積は，$20\times 20\times 3.14\times 10=12560$(㎤)　　おもりを入れた後は，水が入っている部分の底面積は，$20\times 20\times 3.14-12\times 12=1112$(㎠)だから，求める高さは，$12560\div 1112=11.29\cdots$より，11.3 ㎝である。

(3)　**【解き方】となり同士の偶数と奇数の差は1となる。24個と23個に分けられ，グループの和の差が46で偶数だから，24個あるグループが奇数となる。**

連続した47個の整数のうち，もっとも小さい整数を除く46個の整数は，偶数と奇数が$46\div 2=23$(個)ずつあるので，偶数と奇数の差は23となる。

もっとも小さいは$46-23=23$となり，47個の整数のうち，奇数の方が多くなるので，条件に合う。

(4)　**【解き方】右のようにまっすぐな道に記号をおく。Aの位置で初めて次郎君がバスに追い越されるとして，そのときの1つあとのバスの位置をB，16分後の次郎君の位置をCとする。このとき，1つあとのバスはBA間を10分で移動するから，AC間を16−10＝6(分)で移動する。**

16分$=\frac{16}{60}$時間$=\frac{4}{15}$時間なので，AC間は$12\times\frac{4}{15}=\frac{16}{5}$(㎞)である。
6分$=\frac{6}{60}$時間$=\frac{1}{10}$時間なので，バスの速さは，毎時$(\frac{16}{5}\div\frac{1}{10})$㎞＝毎時32㎞

(5)　**【解き方】右のように記号をおく。アの面積とイの面積の差は，アとウの面積の和とイとウの面積の和との差に等しい。**

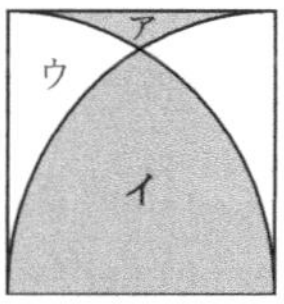


イとウの面積の和は，$8\times 8\times 3.14\times\frac{1}{4}=50.24$(㎠)
アとウの面積の和は，$8\times 8-50.24=13.76$(㎠)
よって，求める面積の差は，$50.24-13.76=36.48$(㎠)

(6)　正八面体は，1つの頂点に対して4つの面が重なっている。図3より，①，②の正三角形を補うと，1つの頂点に対して4つの面が重なるので，正しい。③，④，⑤の正三角形を補うと，1つの頂点に対して5つの面が重なるところがあるので，ふさわしくない。

**3** (1)　窓口を3つにすると，受付け開始から60分で，全部で$660+10\times 60=1260$(人)の受付けができる。
よって，1つの窓口では，60分間で$1260\div 3=420$(人)，1分間で$420\div 60=7$(人)の受付けができる。

(2)　窓口を5つにすると，1分間で$7\times 5=35$(人)の受付けができるから，受付けを待つ人数は1分間で$35-10=25$(人)だけ減る。よって，求める時間は，$660\div 25=26.4$(分)，つまり，26分$(0.4\times 60)$秒＝26分24秒

⑶　**【解き方】つるかめ算を用いる。**

18 分間すべて窓口を５つで受付けをすると，受付けを待つ人数はあと 660－25×18＝210(人)となる。

窓口を４か所増やして５＋４＝９(つ)で受付けをすると，受付けを待つ人は１分間で７×９－10＝53(人)だけ減る。よって，18 分間のうち，１分間だけ窓口を５つから９つに増やすと，受付けを待つ人数は 53－25＝28(人)だけ多く減るので，窓口を９つで受付けをしていた時間は 210÷28＝7.5(分)，５つで受付けをしていた時間は 18－7.5＝10.5(分)，つまり，10 分 30 秒である。

**4**　⑴　アメの個数は９と７の最小公倍数である，63 の倍数となる。アメの個数は 150 個以上 300 個以下なので，考えられる数は，63×３＝189 と 63×４＝252 である。

⑵　**【解き方】アメの個数は，９の倍数であり，７の倍数より７－５＝２小さい数である。**

７の倍数より２小さい数は，５，12，19，…，54，61，…であり，このうち９の倍数となる最小の数は 54 である。

９と７の最小公倍数は 63 だから，次に条件に合う数は，54＋63＝117，117＋63＝180，180＋63＝243，243＋63＝306，…となる。よって，考えられる数は，180 と 243 である。

⑶　**【解き方】アメが最後に９，７，５，１とつめられる場合と，９，７，１とつめられる場合でわけて考える。アメの個数が９の倍数であることに変わりはない。**

アメが最後に９，７，５，１とつめられる場合，アメは「９，７，５，５」とつめられることを何回か繰《く》り返し，最後に「９，７，５，１」とつめられるので，アメの個数は９＋７＋５＋５＝26 の倍数より９＋７＋５＋１＝22 大きい数となる。

アメが最後に９，７，１とつめられる場合，アメの個数は 26 の倍数より９＋７＋１＝17 大きい数となる。

このような数のうち，150 以上 300 以下となる数を探すと，152，173，178，199，204，225，230，251，256，277，282 が見つかる。９の倍数は各位の数の和が９の倍数となるので，条件に合う数は，225 である。

**5**　⑴　左から１番目の並べ方は，１～５の５通りある。左から２番目の並べ方は，１～５のうち左から１番目の数を除く４通りある。同様に考えると，左から３，４，５番目の並べ方はそれぞれ３通り，２通り，１通りとなるので，カードの並べ方は全部で，５×４×３×２×１＝120(通り)ある。

⑵　**【解き方】４と５のカードがとなり合うので，４と５のカードを合わせてＡとして，１，２，３，Ａのカードの並べ方をまず考える。Ａは４，５と並ぶ場合と５，４と並ぶ場合の２通りあることに注意する。**

１，２，３，Ａの並べ方は，４×３×２×１＝24(通り)で，Ａには２通りの並べ方があるのだから，Ｍが 20 になる並べ方は全部で，24×２＝48(通り)ある。

⑶　**【解き方】となり合った数字の積を大きい順に考えると，５×４＝20，５×３＝15，４×３＝12…だから，(Ｍが 12 以下になる並べ方)＝(カードの並べ方)－(Ｍ＝20 になる並べ方)－(Ｍ＝15 になる並べ方)で求められる。**

⑴，⑵より，カードの並べ方は 120 通り，Ｍ＝20 になる並べ方は 48 通りある。

Ｍ＝15 になるのは，３と５のカードがとなり合い，４と５のカードがとなり合わないときである。

３と５のカードがとなり合う並べ方は，⑵と同様に考えると 48 通りあるとわかる。そのうち，「３，５，４」「４，５，３」のように，４と５のカードもとなり合う場合を除く。「３，５，４」「４，５，３」をＢとすると，１，２，Ｂの並べ方は３×２×１＝６(通り)あり，Ｂの並べ方は２通りあるから，３と５，４と５がともにとなり合う並べ方は，６×２＝12(通り)ある。よって，Ｍ＝15 になる並べ方は，48－12＝36(通り)ある。

したがって，Ｍが 12 以下になる並べ方は，120－48－36＝36(通り)ある。

## 《2022　1次　理科　解説》

【１】

(1)　実験１より，Ｄは気体の二酸化炭素を水に溶《と》かした炭酸水(酸性)である。実験２より，ＦとＧは塩酸かアンモニア水で，実験４より，Ｆが酸性の塩酸だから，Ｇはアンモニア水(アルカリ性)である。実験３より，Ｅは砂糖水(中性)である。また，ＡとＣは石灰水か食塩水で，実験４より，Ａが中性の食塩水だから，Ｃは石灰水(アルカリ性)である。残ったＢは水(中性)である。ＢＴＢ溶液《ようえき》を加えて青色に変化するのはアルカリ性の水溶液である。

(2)①　酸性の塩酸とアルカリ性の水酸化ナトリウム水溶液を混ぜると，たがいの性質を打ち消し合う中和が起こり，食塩(塩化ナトリウム)と水ができる。　②　アルミニウムは塩酸にも水酸化ナトリウム水溶液にも溶け，気体(水素)を発生するが，食塩水には溶けないから，発生した気体の体積が０mLのＫのとき，塩酸と水酸化ナトリウム水溶液はちょうど中和している。よって，塩酸24mLをちょうど中和するのに必要な水酸化ナトリウム水溶液は$80\times\frac{24}{120}=16$(mL)である。　③　表より，塩酸60mLが反応すると気体72mLが発生し，水酸化ナトリウム水溶液60mLが反応すると気体36mLが発生することがわかる。また，ここで加えたアルミニウムがすべて反応すると気体108mLが発生する(塩酸や水酸化ナトリウム水溶液がどれだけ残っていてもアルミニウムが不足するから気体は108mLまでしか発生しない)ことがわかる。塩酸と水酸化ナトリウム水溶液は体積比120：80＝３：２で反応するから，Ｌでは，塩酸90mLと水酸化ナトリウム水溶液60mLが反応し，水酸化ナトリウム水溶液30mLが残る。よって，発生した気体は$36\times\frac{30}{60}=18$(mL)である。また，Ｍでは，塩酸30mLと水酸化ナトリウム水溶液20mLが反応し，塩酸が120mL残る。よって，残った塩酸120mLがすべて反応すれば，気体は$72\times\frac{120}{60}=144$(mL)発生するが，ここではアルミニウムが不足するので，気体は108mLまでしか発生しない。　④　発生した気体が30mLになるのは，塩酸が$60\times\frac{30}{72}=25$(mL)反応したときか，水酸化ナトリウム水溶液が$60\times\frac{30}{36}=50$(mL)反応したときのどちらかであり，ここでは塩酸を100mL以上使用したので，水酸化ナトリウム水溶液が50mL以上残ることはない。よって，塩酸が25mL残るときを考えると，水酸化ナトリウム水溶液70mLとちょうど中和する塩酸は$70\times\frac{3}{2}=105$(mL)だから，混ぜた塩酸は105＋25＝130(mL)である。

【２】

(1)①　太陽の動きは，地球の自転によって起こる見かけの動きである。地球が西から東へ自転しているため，太陽は東から西へ動いて見える。　②　地球は約24時間で360度自転するから，１時間では360÷24＝15(度)である。

(2)　影《かげ》は太陽と反対方向にできる。図２の棒の影は真北より30度西にずれているから，このとき太陽は真南より30度東にずれた位置にある。よって，このときの時刻は，太陽が南中した午前11時45分より30÷15＝２(時間)早い午前９時45分である。

(3)　北にいくほど太陽の高さが低くなるので，影の長さは長くなる。また，真北に移動した地点では太陽の方向はほとんど変化しないので，影ができる向きは変わらない。なお，実際に図１のような日時計で，影ができる角度が１時間で15度ずれるようにするには，棒が地軸《ちじく》に対して平行になるようにかたむける必要がある。このとき，真北に移動した地点でも影の長さは変わらない。

(4)　図３と４より，棒の影は真北より60度東にずれているから，このときの時刻は，太陽が南中した午前11時45分より60÷15＝４(時間)おそい午後３時45分である。

(5)　正午に太陽があった方向を南とすると，午後４時の太陽は南より15×４＝60(度)西にずれた位置にある。アナログ時計の文字ばんの数字は360÷12＝30(度)ごとにかかれているから，短針を４時の太陽がある方向に向けたとき，南は４時より２つ分左側の２時の方向である。短針を太陽の方向に向けたとき，短針が指す数字と文字ばんの

12のちょうど真ん中の方向が南である。

【3】

⑴　電池の数が変わらなければ，直列つなぎの豆電球の数がふえるほど回路に流れる電流は小さくなり，豆電球の明るさは暗くなる。

⑵　①図3の接続1は，電池と豆電球が1個ずつの回路である。イのようにすると，電池2個が直列つなぎになり，上の豆電球と下の右側の豆電球が直列つなぎになるので，電池と豆電球が2個ずつの直列回路になり，同じ明るさになる。　②ウのようにすると，電池1個に対し，上の豆電球と下の左側の豆電球が直列つなぎになるので，同じ明るさになる。　③アのようにすると，直列つなぎの電池2個に対し，上の豆電球だけに電流が流れるので，最も明るくなる。また，エのようにすると，上の電池と豆電球3個が直列つなぎになるので，最も暗くなる。よって，一つも豆電球がつかないスイッチの組み合わせはない。

⑶　上下どちらを押《お》したかに関わらず，スイッチを1回押すごとに，つく，消えるがくり返されるから，スイッチが押された回数の合計が奇数《きすう》であれば最初の状態と逆の状態になり，偶数《ぐうすう》であれば最初の状態と同じ状態になると考えることもできる。

【4】

⑴　水中で卵をうむアやウが体外受精を行う。

⑵　背骨のある動物をセキツイ動物，背骨のない動物を無セキツイ動物という。

⑶　アとウとエは植物と同じように光合成を行うことで養分を得ている。

⑷　図1で，数字が書かれている5マス(5㎡)に生息している二枚貝の個体数の合計が82＋58＋95＋102＋65＝402だから，5×5＝25(㎡)には402×$\frac{25}{5}$＝2010(個体)が生息していると考えられる。

⑹　ア○…1月から4月は，表1の貝がらの大きさの平均値がほぼ等しく，図2の貝がらの大きさの分布が同じようであることから，この時期には冬眠(冬ごし)をし，成長しないと考えられる。　イ，キ×…最も大きい貝を採取したのは8月で，その大きさは15㎜より大きい。　ウ×…貝がらを持ってからは約1年で入れかわっていると考えられるが，幼生のころの情報がないので，この貝の寿命は読み取れない。　エ×…メスとオスに関する情報はない。オ○…図2より，8月には2.5㎜より小さい貝がらが採取されている。　カ×…図3では，平均海水温が28℃以上の月がない。　ク×…表1は，同じ個体の成長記録ではないので，採取した月ごとの個体差があると考えられる。よって，1月から2月，または3月から4月の貝がらの大きさの平均値のわずかな減少を，この生物全体の性質として考えることはできない。

⑺　X．8月に，7月には見られなかった小さな貝がらを採取しているのは，6月に産卵されたものが2か月後に砂浜に定着したためだと考えられる。同様に，11月には，10月より小さな貝がらをたくさん採取しているので，11月に採取した小さな貝がらはその2か月前の9月に産卵されたものだと考えられる。表1で，8月と11月は貝がらの大きさの平均値が前の月よりも大きく減少していることからも読み取れる。　Y．表1で，1月から4月の貝がらの大きさの平均値がほとんど変化していないことに着目する。また，前の月の平均海水温で生活した影響《えいきょう》が，次の月の1日に採取した貝がらの大きさにあらわれるということに注意すると，1月に採取した貝がらの大きさは12月より平均的に大きくなっているから，12月の平均海水温である18℃では貝がらが大きくなるということである。同様に考えると，1月から3月は平均海水温が18℃より低かったため，2月から4月の貝がらの大きさの平均値はほとんど変化せず，4月は平均海水温が18℃であったため，5月に採取した貝がらは4月より平均的に大きくなったということである。

## 《2022　1次　社会　解説》

**問1⑴**　蒸気機関の発達によって，18 世紀の後半のイギリスでは産業革命が始まった。また，日英同盟は，ロシアの南下政策に対抗するために結ばれた。　**⑵**　夏目漱石は『坊ちゃん』『こころ』などを書いた小説家である。
**⑶**　1938 年に国家総動員法が制定されたため，食料は通帳，砂糖・マッチ・衣服は切符による配給となった。
**⑷**　津軽半島と渡島《おしま》半島の間の津軽海峡で，青函トンネルを結ぶ。

**問2**　アの蛮社の獄(1839 年)が正しい。異国船打払令によってアメリカのモリソン号が砲撃され，これを批判した渡辺崋山・高野長英らが蛮社の獄で弾圧された。イは 18 世紀初期，ウは 19 世紀末期，エは 17 世紀前半。

**問3**　1853 年にペリー率いる黒船が浦賀に来航し，翌年の日米和親条約締結で，寄港地として下田・函館の２港を開かせた。

**問4Ⅰ**　朱雀門から羅城門までを通る朱雀大路を境に，東を左京，西を右京と言う。　Ⅱ　エ．飛鳥時代・奈良時代→ウ．鎌倉時代→ア．安土桃山時代→イ．江戸時代

**問5**　開国以来，生糸は日本の主要な輸出品だった。蚕《かいこ》は桑の葉を食べて成長し，さなぎになるとき繭をつくる。この繭からとれる生糸が絹糸の原料になる。なお，桑畑(Y)の地図記号は，桑畑の減少とともに 2013 年以降使われなくなった。

**問6Ⅰ**　松山は瀬戸内の気候だから，比較的温暖で１年を通して降水量が少ないウと判断する。アは秋田(日本海側の気候)，イは那覇(南西諸島の気候)，エは高知(太平洋側の気候)。　Ⅱ　イの愛媛県が正しい。宇和海沿岸は，複雑に入り組んだ海岸線をもつリアス海岸である。アは徳島県，ウは高知県，エは香川県。

**問7**　平将門の乱は関東でおこったからウを選ぶ。10 世紀中頃，下総国の豪族であった平将門が自らを新皇と称しておこした。

**問8**　法然は，「南無阿弥陀仏」と念仏を唱える教えを広め，浄土宗を開いた。

**問9Ⅰ**　ロシア・ドイツ・フランスによって三国干渉が行われたため，日清戦争後の下関条約で日本に割譲された遼東半島は清に返還された。　Ⅱ　エ．寺内正毅内閣がシベリア出兵をおこなったため，米騒動が発生した。
Ⅲ　３．大日本帝国憲法の発布(1889 年)→１．三国干渉(1895 年)→４．伊藤博文の暗殺(1909 年)→２．米騒動(1918 年)

**問10Ⅰ**　日露戦争後のポーツマス条約の締結でロシアから譲渡された長春・旅順間の鉄道を，1906 年に南満州鉄道株式会社として運営し始めた。　Ⅱ　アが正しい。1971 年に環境庁が発足し，2001 年に環境省に格上げした。イは 2008 年に国土交通省の外局として設置された。ウは 1949 年に宮内省から格上げした。エは 2000 年に発足した。

**問11**　盛岡駅・釜石駅は岩手県にあることから，北上山地と判断する。

**問12**　アが誤り。【資料１】より，関東大震災がおこった 1923 年度は，前年度よりも旅客輸送量が増加している。

**問13**　イが正しい。1937 年の盧溝橋事件をきっかけに日中戦争が始まり，その中で南京事件が起きた。　ア．国際連盟がリットン調査団を送ったのは，柳条湖事件をきっかけとして始まった満州事変であり，日中戦争開戦以前の出来事である。　ウ．陸軍内の皇道派の青年将校らが起こした二・二六事件後に，軍国主義体制が強められて日中戦争が始まった。　エ．日本が国際連盟を脱退したのは，リットン調査団の報告を受けた国際連盟が満州国の建国を認めなかったためで 1933～1935 年のことであった。

**問14**　太平洋戦争末期，大都市での空襲をさけるため，子どもたちは安全な地域に一時移住させられた(学童疎開)。

**問15**　朝鮮戦争がおこったのは 1950 年で，アメリカによる物資の買いつけ，在日アメリカ軍人やその家族の日本

国内での支出によって好景気(特需景気)となった。

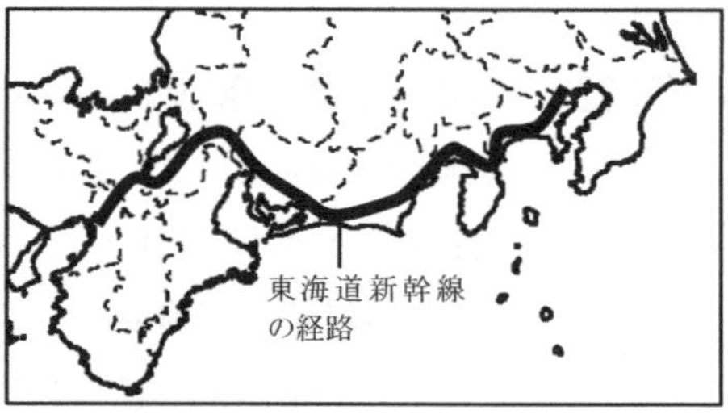


問 16 I　右図参照　　Ⅱ　阪神工業地帯は金属の割合が高いイと判断する。アは中京工業地帯，ウは京浜工業地帯，エは東海工業地域。

問 17　イが誤り。日本と朝鮮民主主義人民共和国(北朝鮮)の間で国交は結ばれていない。

問 18(a)　カ．新潟県燕市はナイフやスプーンなどの産地である。　(d)　ア．新潟水俣病は，化学工場がメチル水銀を含む廃水を阿賀野川に流したため，そこでとれた魚介類を常食していた人々の神経がおかされ，手足のまひや言語・目・耳の障害がおこった。

問 19　ア．2005 年，小泉純一郎首相は郵政民営化をめざして衆議院を解散し，総選挙で圧勝した。その結果，2007 年の郵政民営化で国営の郵便事業が終了した。

問 20　1980 年代後半は，バブル景気と呼ばれた好景気の時期であった。バブル崩壊後は長期にわたり不景気となっているため，物価が下がり続けるデフレーションが発生している。

問 21　イが誤り。火砕流の原因は火山噴火である。

問 22　ウを選ぶ。関東ローム層は水はけが良いため，日本なしの生産が盛んである。アは山梨県・長野県，イは山梨県・福島県，エは茨城県・熊本県が上位になる。

問 23　【資料１】より，冬の寒さが厳しく降雪量が多いこと，【資料２】より，線路を除雪してもすぐに積もる状態であることが読み取れるから，豪雪地帯では多額の除雪費用がかかると導ける。

問 24 I　法律案は，議長→委員会→本会議の順に提出される。委員会は，法律案などを審議するために国会に置かれている。　Ⅱ　「国民が日常生活及び社会生活を営むにあたって必要不可欠な…移動を円滑におこなうことができる」が，イの生存権(25 条)にあたる。アは団結権，エは自由権。ウは納税の義務であり権利ではない。

問 25　イが正しい。社会保障関係費は最も割合が高いＡ，防衛関係費は最も割合が低いＤと判断する。年金や医療保険給付を受ける高齢者が増えているため，社会保障関係費と国債の返済費用である国債費が増加している。Ｂは地方交付税交付金，Ｃは公共事業関係費。

問 26 I　エが誤り。司法権の独立により，裁判所は他の機関から影響を受けない。また，地方裁判所では民事裁判以外にも，刑事裁判が行われることもある。　Ⅱ　都道府県や市区町村の議会が法律の範囲内で条例を制定する。

問 27 I　ウが正しい。　ａ．【資料１】より，2000 年の富山市人口集中地区の面積は，1970 年の約２倍に拡大した。　ｂ．【資料１】より，(人口密度)＝(人口)÷(面積)で求める。1970 年は 5934.7 人／㎢，1980 年は 4680.3 人／㎢，1990 年は 4239.5 人／㎢，2000 年は 4117.9 人／㎢なので，低くなっている。　ｃ．【資料２】より，人口密度が低いほど行政の維持費用が増えている。　Ⅱ　【資料１】より，総人口が減っているにもかかわらず，65 歳以上の割合が増えているので，高齢化が進んでいることが読み取れる。【資料２】より，60 代以上の２割程度は車を使えないため，他の移動手段が必要となることが読み取れる。　Ⅲ　＜文章＞より，富山市の課題は「人口減少によって経済が縮小し，それに伴って税収も減少すること」である。よって，反対の「人口増加によって経済が拡大し，それに伴って税収も増加すること」が富山市の利点となる。それを踏まえて【資料】を見ると，駅や停留所の近くに住む人に対して補助金を支給し，転入者(移住者)を増やすことで公共交通機関を維持しようとしていることが導ける。

# ★逗子開成中学校【１次】

## 《国　語》

【一】問一．①値段　②過激　③看過　④参拝　⑤同盟　⑥就任　⑦歴訪　⑧従　⑨憲法　⑩吹奏
⑪ぎょうてん　⑫きぼ　⑬つく　⑭ひっし　⑮こくもつ　　問二．①イ　②エ　③エ　　問三．ア，ウ

【二】問一．A．オ　B．ア　C．エ　　問二．著者が一方的に語るものであり、対話でないと考えてしまう場合。
問三．イ→エ→ウ→ア　　問四．肩　　問五．I　　問六．著者が語っている内容を理解した上で、それについて自分でよく考えて判断を下すという、積極的読書。

【三】問一．ウ　　問二．エ　　問三．ア　　問四．イ　　問五．うらやましく思っているが、みじめったらしいと思われないように、意地を張っている。　　問六．ウ　　問七．自分のみじめな気持を癒してくれたお嫁さんのやさしさが心に刻まれていて、他のどんな笹団子をもらっても、その時のうれしさにはかなわないと感じている。

## 《算　数》

1　⑴6.5　⑵$\frac{1}{5}$　⑶3

2　⑴7分15秒　⑵600円　⑶10秒　⑷12　⑸9.42㎠　⑹14

3　⑴1753.6㎤　⑵4.8　⑶1663.36㎤

4　⑴30日目　⑵①15　②18日間

5　⑴8　⑵13　※⑶89

※の途中の考え方は解説を参照してください。

## 《理　科》

【１】⑴海王星　⑵明るさが周期的に変化する現象。　⑶ア　⑷①１　②ア，エ

【２】⑴ア＞オ＞カ＞ウ＞イ＞エ　⑵A＞C＞B＞D　⑶0.86　⑷260　⑸55　⑹32

【３】⑴エ　⑵①しょう点　②60　③15　④ろうそくの位置…左／10　スクリーンの位置…30
⑤イ　⑶右図

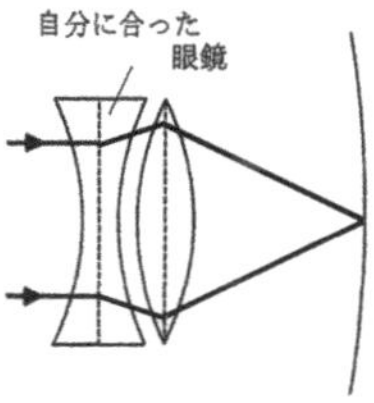


【４】⑴ア，オ　⑵秋　⑶イ，エ　⑷他の生物にも影響が出る点。　⑸ウ，オ
⑹精子　⑺X．2　Y．14　Z．6

## 《社　会》

問1．ウ　問2．Ⅰ．ア　Ⅱ．本初子午線　Ⅲ．鉄鉱石　Ⅳ．一国二制度　問3．Ⅰ．ウ　Ⅱ．イ

問4．Ⅰ．60　Ⅱ．ウ　問5．Ⅰ．政令指定都市　Ⅱ．ウ　問6．Ⅰ．ア　Ⅱ．エ　Ⅲ．モーダルシフト

問7．Ⅰ．ア　Ⅱ．イ　問8．イ　問9．エ　問10．①ワカタケル　②ヤマト政権は，九州から関東北部までを支配していた　問11．a．口分田　b．公地公民　問12．イ　問13．ウ　問14．ア

問15．Ⅰ．分国法　Ⅱ．武家諸法度　問16．イ　問17．Ⅰ．大津　Ⅱ．利根　Ⅲ．ア

問18．Ⅰ．エ→ウ→ア→イ　Ⅱ．伊能忠敬　問19．Ⅰ．イ　Ⅱ．カルスト　Ⅲ．長崎県は海岸線が複雑なうえに離島も多いから。　問20．授業料の負担が重いうえに，子どもは重要な働き手だったから。

問21．夏の冷涼な気候を利用して，他県の出荷量が減る夏から秋にかけてレタスを生産・出荷している。

問22．福沢諭吉　問23．Ⅰ．ウ　Ⅱ．記号…イ　語句…吉田茂　問24．労働組合　問25．ア　問26．1895

問27．イ　問28．1．封建　2．寺子屋　3．学制　4．教育勅語　5．9

問29．日本国籍の生徒の通学目的…戦争などによって中学校に通えなかった人が，時間に余裕ができた頃に，中学校の学力を身につけ，社会生活をしていくため。　日本国籍を有しない生徒の通学目的…日本に働きにきた若者が，日本語を話せたり，読み書きができるようになったりするため。

# 2021 解説 令和３年度 逗子開成中学校【１次】

←解答例は前のページにありますので，そちらをご覧ください。

## 《2021　国語　解説》

**【一】**

問二①　「静かな」がくわしく説明しているのは「部屋で」という文節である。よって、イが適する。

②　「たぶん」は、「～だろう」といった言葉と結びついて推量の意味を表す。よって、エが適する。

③　「品物が」と「届いた」は、主語と述語の関係になっている。よって、エが適する。

問三　「何もない空間」の「ない」は、形容詞の「ない」であり、存在しない、持っていないなどの意味を表す。アは「はかない」という形容詞の一部であり、ウは、打消しの意味を表す助動詞の「ない」である。

**【二】**

著作権に関係する弊社《へいしゃ》の都合により本文を非掲載《ひけいさい》としておりますので、解説を省略させていただきます。ご不便をおかけし申し訳ございませんが、ご了承《りょうしょう》ください。

**【三】**

著作権に関係する弊社の都合により本文を非掲載としておりますので、解説を省略させていただきます。ご不便をおかけし申し訳ございませんが、ご了承ください。

## 《2021　算数　解説》

1 (1)　**【解き方】２つのかっこの中は，どちらも数が等間隔《とうかんかく》に奇数個並んでいるので，５つの数の和は，(真ん中の数)×５で求められる。**

与式＝(52×５)÷(８×５)＝52÷８＝6.5

(2)　与式$=\frac{3}{5}\times\frac{13}{9}-\frac{1}{3}\div\{\frac{17}{12}-(\frac{15}{12}-\frac{4}{12})\}=\frac{13}{15}-\frac{1}{3}\div(\frac{17}{12}-\frac{11}{12})=\frac{13}{15}-\frac{1}{3}\div\frac{1}{2}=\frac{13}{15}-\frac{2}{3}=\frac{13}{15}-\frac{10}{15}=\frac{3}{15}=\frac{1}{5}$

(3)　「＝」の左側を整理すると，$3\div\{\frac{12}{5}+\frac{24}{5}+(\frac{28}{5}-\frac{14}{3})\times\square\}=3\div\{\frac{36}{5}+(\frac{84}{15}-\frac{70}{15})\times\square\}=3\div(\frac{36}{5}+\frac{14}{15}\times\square)$

$3\div(\frac{36}{5}+\frac{14}{15}\times\square)=0.3$ より，$\frac{36}{5}+\frac{14}{15}\times\square=3\div0.3$　$\frac{36}{5}+\frac{14}{15}\times\square=10$　$\frac{14}{15}\times\square=10-\frac{36}{5}$　$\square=\frac{14}{5}\div\frac{14}{15}=3$

2 (1)　**【解き方】できる角材の本数と切る回数と準備の回数がそれぞれ異なることに注意する。**

４m＝400 cmを 50 cmずつに切り分けると，角材は 400÷50＝８(本)できるから，切る回数は８－１＝７(回)である。切る作業と切る作業の合間は７－１＝６(回)あるから，準備は６回ある。

よって，求める時間は，45×７＋20×６＝435(秒)，つまり７分 15 秒である。

(2)　**【解き方】太郎君の所持金の６割であり次郎君の所持金の４割にあたる金額を$\boxed{1}$とする。**

太郎君の所持金は$\boxed{1}\div\frac{6}{10}=\boxed{\frac{5}{3}}$，次郎君の所持金は$\boxed{1}\div\frac{4}{10}=\boxed{\frac{5}{2}}$だから，$\boxed{\frac{5}{2}}-\boxed{\frac{5}{3}}=\boxed{\frac{5}{6}}$が 300 円にあたる。

よって，$\boxed{1}$は $300\div\frac{5}{6}=360$(円)にあたるから，太郎君の所持金は，$360\times\frac{5}{3}=600$(円)

(3)　**【解き方】電車Ａと電車Ｂの先頭がすれちがってから最後尾どうしがはなれるまでに，電車Ａの最後尾と電車Ｂの最後尾が進んだ道のりの和は，２台の電車の長さの和に等しい(右図参照)。**

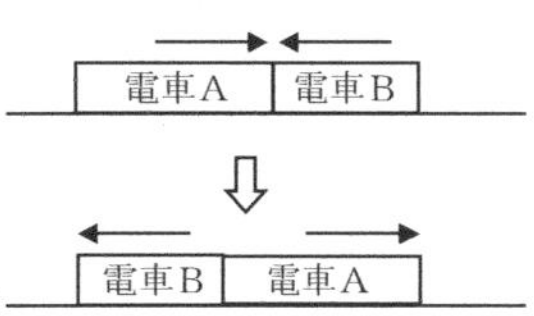


２台の電車の長さの和は 200＋150＝350(m)，速さの和は，時速(54＋72)km＝時速 126 km である。時速 126 km＝秒速$\frac{126\times1000}{60\times60}$m＝秒速 35mだから，求める時間は，350÷35＝10(秒)

⑷　**【解き方】一の位の数だけを考えればいいので，（ａ，ｂ）について，ａを何回かかけあわせていくとき，計算結果の一の位だけにａをかけることをくり返し，一の位の数の変化を調べる。**

（７，３）について，７を何回かかけあわせていくときの一の位の数は，７→７×７＝49→９×７＝63と変化するので，（７，３）＝３である。（３，$x$）について，一の位の数は，３→３×３＝９→９×３＝27→７×３＝21→１×３＝３→…，と変化するので，３，９，７，１という４つの数がくり返される。

よって，４回かけあわせるごとに１になるので，$x$は４の倍数だから，求める数は12である。

⑸　**【解き方】正方形の面積はひし形の面積の公式を使って，（対角線）×（対角線）÷２で求められることを利用して，ＯＤ×ＯＤの値《あたい》を求める。**

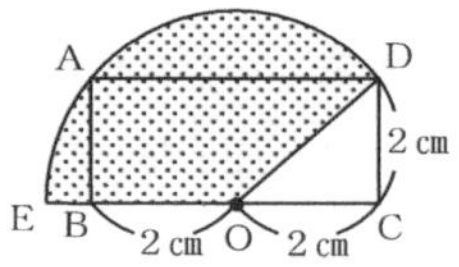


右図のように長さがわかるから，三角形ＯＣＤは直角二等辺三角形なので，

角ＢＯＤ＝180°－45°＝135°

ＯＤを対角線とする正方形の面積は２×２＝４(㎠)だから，

ＯＤ×ＯＤ÷２＝４なので，ＯＤ×ＯＤ＝４×２＝８

よって，おうぎ形ＯＤＥの面積は，ＯＤ×ＯＤ×3.14×$\frac{135°}{360°}$＝８×3.14×$\frac{3}{8}$＝３×3.14＝9.42(㎠)

⑹　**【解き方】各位にア，イ，ウが何回ずつ現れるかを考える。**

百の位がアの３けたの数は右図のように６通りできる。百の位がイ，ウの数もそれぞれ６通りできるから，百の位にはア，イ，ウが６回ずつ現れる。

ア０イ
ア０ウ
アイ０
アイウ
アウ０
アウイ

百の位がアのとき十の位にイ，ウが２回ずつ現れるから，百の位がイのとき十の位にア，ウが２回ずつ，百の位がウのとき十の位にア，イが２回ずつ現れる。したがって，十の位にア，イ，ウは２＋２＝４(回)ずつ現れる。十の位と同様に，一の位にはア，イ，ウが４回ずつ現れる。

以上より，ア＋イ＋ウ＝Ｘとすると，できるすべての３けたの整数の和は，Ｘ×６×100＋Ｘ×４×10＋Ｘ×４＝Ｘ×(600＋40＋４)＝Ｘ×644と表すことができ，これが9016と等しいから，Ｘ＝9016÷644＝14

よって，ア＋イ＋ウ＝14

3　⑴　**【解き方】(円柱Ａの体積)＋(直方体Ｂの体積)－(重なっている部分の体積)で求める。**

円柱Ａの体積は，４×４×3.14×20＝320×3.14(㎤)，直方体Ｂの体積は，10×20×５＝1000(㎤)，重なっている部分は高さが５㎝の円柱だから，その体積は，４×４×3.14×５＝80×3.14(㎤)

よって，求める体積は，320×3.14＋1000－80×3.14＝(320－80)×3.14＋1000＝753.6＋1000＝1753.6(㎤)

⑵　**【解き方】図３において右のように作図する。ＤＦの長さがわかればよい。**

**三角形ＤＥＦと三角形ＧＥＤは，角ＤＥＦ＝角ＧＥＤ，角ＤＦＥ＝角ＧＤＥだから，同じ形の三角形である。**

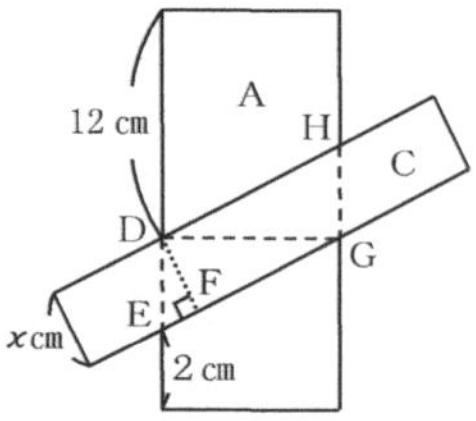


ＤＥ＝20－12－２＝６(㎝)，ＤＧ＝４×２＝８(㎝)で，ＤＥ：ＤＧ＝６：８＝３：４だから，三角形ＧＥＤは３辺の比が３：４：５の直角三角形である。したがって，三角形ＤＥＦも同様なので，ＤＦ＝ＤＥ×$\frac{4}{5}$＝６×$\frac{4}{5}$＝4.8(㎝)　　よって，$x$＝4.8

⑶　**【解き方】(円柱Ａの体積)＋(直方体Ｃの体積)－(重なっている部分の体積)で求める。**

⑴より円柱Ａの体積は320×3.14(㎤)，直方体Ｃの体積は，10×20×4.8＝960(㎤)

⑵の図の三角形ＧＥＤにあたる部分の立体と，三角形ＤＨＧにあたる部分の立体を合わせると，底面の半径が４㎝で高さがＤＥ＝６㎝の円柱ができるから，重なっている部分の体積は，４×４×3.14×６＝96×3.14(㎤)

よって，求める体積は，320×3.14＋960－96×3.14＝(320－96)×3.14＋960＝703.36＋960＝1663.36(㎤)

4 (1) 最初からある2700枚の色紙が1日ごとに，11×10−20＝90(枚)減るから，2700÷90＝30(日目)に完成する。

(2)① **【解き方】14人で作業した場合と8人で作業した場合とで，最初からある色紙が1日に減る枚数にどのくらい差ができるかに注目する。**

14人で作業すると1日あたり2700÷15＝180(枚)減り，8人で作業すると1日あたり2700÷30＝90(枚)減る。したがって，人を14−8＝6(人)増やすと1日に減る枚数が180−90＝90(枚)増えるから，1人の生徒が1日にはり付ける枚数は，90÷6＝15(枚)である。よって，X＝15

② **【解き方】つるかめ算を利用する。**

①より，先生が追加する枚数は1日あたり，15×8−90＝30(枚)である。11人で30日間作業すると，色紙は1日あたり15×11−30＝135(枚)減るから，30日間で135×30＝4050(枚)減る計算になる。これは2700枚より，4050−2700＝1350(枚)多い。30日のうち1日を，11人の作業から6人の作業に置きかえると，減る色紙の枚数は，15×5＝75(枚)減る。よって，6人で作業した日数は，1350÷75＝18(日間)

5 (1) 高さが5cmの場合は，右図の8種類できる(色をつけたのが円柱A)。

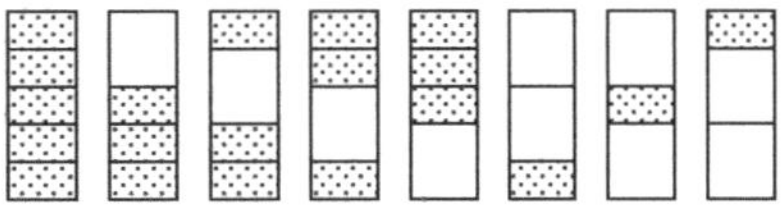

(2) **【解き方】1つ1つ数えても正解は出せるが，花子さんの最後の発言の考え方を利用して，時間をかけずに答えを求めたい。**

一番下に円柱Aを置けば，その上の6−1＝5(cm)の部分には(1)で求めた8種類の円柱が置ける。

一番下に円柱Bを置けば，その上の6−2＝4(cm)の部分には右図の5種類が置ける。

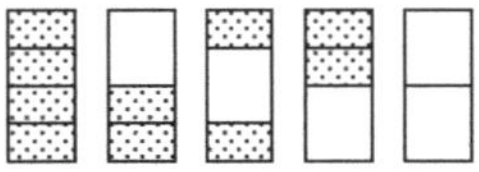

よって，6cmの円柱は5＋8＝13(種類)できる。

(3) **【解き方】(2)より，nを3以上の整数とすると，ncmの円柱の種類の数は，n−2(cm)の円柱の種類の数と，n−1(cm)の円柱の種類の数の和である。**

高さ4cm以上の円柱の種類の数をまとめると右表のようになる。

| 高さ(cm) | 4 | 5 | 6 | 7 | 8 | 9 | 10 | … |
|---|---|---|---|---|---|---|---|---|
| 種類の数(種類) | 5 | 8 | 13 | 21 | 34 | 55 | 89 | … |

よって，高さ10cmの円柱は89種類できる。

## 《2021 理科 解説》

【1】

(1) 太陽系の惑星は，太陽に近い方から順に水星，金星，地球，火星，木星，土星，天王星，海王星である。

(2) 惑星が恒星のまわりをまわっているとすると，惑星が恒星のまわりを周期的に動くので，明るさが周期的に変化する。

(3) 惑星が恒星の明るさを暗くするのは，惑星の恒星からの距離にもよるが，惑星が1回転する時間の中で恒星の前を惑星が通過するわずかな時間にすぎない。この時間だけは恒星の明るさが暗くなる。

(4)① 太陽の半径は木星の半径の10倍だから，観測者から見える太陽の円の面積は，木星の円の面積の10×10＝100(倍)である。したがって，木星による太陽の最大減光率は$\frac{1}{100}$×100＝1(%)となる。　② イ×…半径が大きい惑星ほど最大減光率が大きくなるので，食検出法で発見しやすい。　ウ×…恒星Xと恒星Yの大きさが等しくなければ，最大減光率が等しくても，惑星xと惑星yの大きさは等しくない。

【2】

(1) 1gの体積が大きいほど，軽い物質である。

(2) A．1760÷200＝8.8(g/$cm^3$)　B．7.0L→7000$cm^3$，26.6kg→26600gより，26600÷7000＝3.8(g/$cm^3$)

C．0.10mL→0.10 ㎤，420 mg→0.420ｇより，0.420÷0.10＝4.2(ｇ/㎤)　D．8.0 ㎥→8000000 ㎤，3200 kg→3200000ｇより，3200000÷8000000＝0.4(ｇ/㎤)

図Ｉ

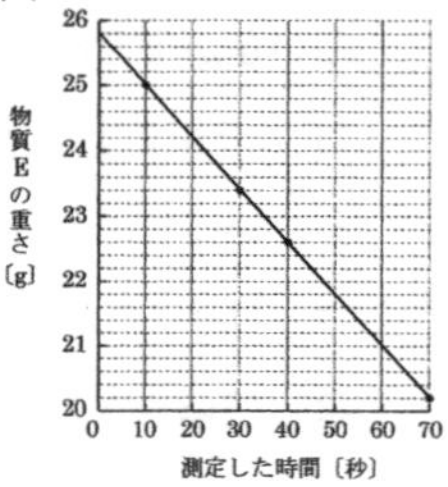


⑶　グラフの点を直線で結ぶと，図Ｉのようになり，測定した時間が０秒のときのＥの重さが25.8ｇだとわかる。したがって，25.8÷30＝0.86(ｇ/㎤)となる。

⑷　エタノール180mLの重さは0.80×180＝144(ｇ)，水90mLの重さは1.00×90＝90(ｇ)だから，それぞれの重さの合計は144＋90＝234(ｇ)である。混ぜた溶液の密度より，234÷0.90＝260(mL)となる。

⑸　濃度30％の水溶液125mLの重さは1.2×125＝150(ｇ)だから，溶けているＦは150×0.3＝45(ｇ)である。また，濃度60％の水溶液500mLの重さは1.5×500＝750(ｇ)だから，溶けているＦは750×0.6＝450(ｇ)である。したがって，水溶液の重さは 150＋750＝900(ｇ)で，その中にＦが 45＋450＝495(ｇ)溶けているので，$\frac{495}{900}$×100＝55(％)となる。

⑹　Ｇと1.00ｇ/㎤の密度の差は0.05ｇ/㎤，Ｈと1.00ｇ/㎤の密度の差は0.20ｇ/㎤である。この差の比はＧ：Ｈ＝0.05：0.20＝１：４だから，体積比がその逆比の４：１になるように混ぜればよい。したがって，Ｇは40×$\frac{4}{4+1}$＝32(㎤)必要である。

【３】

⑴　エ○…光のくっ折によって，実際よりも浅い位置にあるように短く見える。

⑵②　図Ⅱのように記号を置く。像の大きさは実物の３倍になったので，ＡＢ：ＥＤ＝１：３となる。ここで，△ＡＢＯと△ＥＤＯは形が同じで大きさが異なる三角形だから，対応する辺の比は等しい。

図Ⅱ

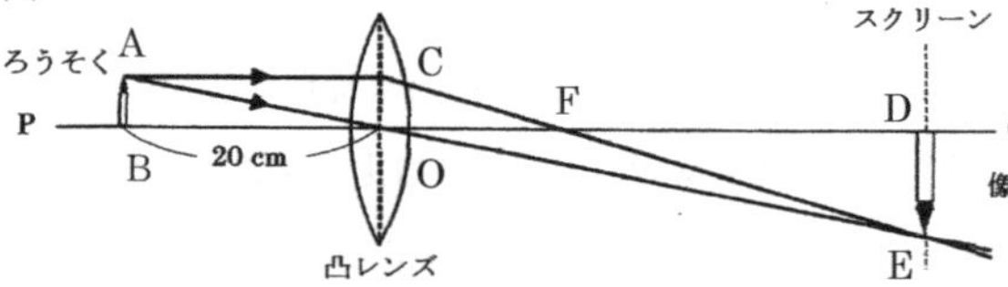


したがって，凸レンズの中心からスクリーンまでのきょり(ＤＯ)はＢＯの３倍の 60cm となる。　③　図ⅡのＯＦのきょりを求める。△ＣＯＦと△ＥＤＦは形が同じで大きさが異なる三角形であり，ＣＯ：ＥＤ＝１：３だから，ＯＦ：ＤＦ＝１：３である。したがって，60×$\frac{1}{1+3}$＝15(cm)となる。　④　凸レンズの中心からしょう点までのきょりの２倍のきょりになるようにろうそくを置くと，像の大きさは実物と等倍になり，スクリーンの位置はろうそくと同じで，凸レンズの中心からしょう点までのきょりの２倍の位置になる。したがって，凸レンズからろうそくまでのきょりを 15×２＝30(cm)にするために，ろうそくを左に 30－20＝10(cm)動かし，スクリーンの位置は凸レンズの中心から 30cm の位置になる。　⑤　イ○…凸レンズの下半分を通る光だけでろうそく全体の像ができるが，集まる光の量が少なくなるので，全体が暗くなって見える。

⑶　眼鏡のような凹《おう》レンズに光が入ると，光が広がるようにくっ折するので，図４のようにもう膜の手前にはっきりとした像ができてものをはっきり見ることができない場合には，眼鏡で広がった光が水晶体でくっ折することで，もう膜に像ができてはっきり見ることができるようになる。

【４】

⑴　ア，オ○…ウリ科の植物は単性花である。

⑵　キクは暗期が一定の長さより長くなりはじめると花がさく性質があるので，自然では夜の長さが長くなっていく秋ころに花をさかせる。

⑸　ウ，オ○…卵，よう虫，さなぎ，成虫の順に成長する完全変態と，卵，よう虫，成虫の順に成長する不完全変態のこん虫を区別できるようにしておこう。カ，カブトムシは完全変態でさなぎの時期があり，セミ，コオロギ，トンボは不完全変態でさなぎの時期がない。

⑹　卵と精子が受精して受精卵ができる。

⑺　Ｘ．84万：42万＝２：１　Ｙ．第１世代では不妊オス：野生オス＝２：１になり，42万個体の野生メスのう

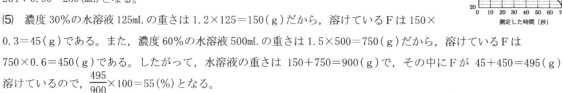

ち，$\frac{1}{1+2}=\frac{1}{3}$は野生オスと交びをするので 42 万×$\frac{1}{3}$＝14 万(個体)が子を残し，第２世代の野生オスと野生メスの個体数は 14 万個体となる。　Ｚ．第２世代では不妊オス：野生オス＝84 万：14 万＝６：１になる。なお，第２世代では，14 万個体の野生メスのうち，$\frac{1}{6+1}=\frac{1}{7}$は野生オスと交びをするので 14 万×$\frac{1}{7}$＝２万(個体)が子を残し，第３世代の野生オスと野生メスの個体数は２万個体となり，表の値と一致する。

## 《2021　社会　解説》

**問１**　ウを選ぶ。北里柴三郎はコレラの血清療法の発見でも知られる。志賀潔は赤痢菌を発見した細菌学者，森鴎外は『舞姫』などを書いた小説家，野口英世は黄熱病を研究した細菌学者である。

**問２Ⅰ**　Ａはスペインだからアを選ぶ。イはフランス，ウはオランダ，エはドイツ。　**Ⅱ**　経線はロンドン(イギリス)の旧グリニッジ天文台を通る本初子午線(経度０度の経線)が基準となる。　**Ⅲ**　鉄鉱石はオーストラリアとブラジル，石炭はオーストラリアとインドネシア，石油はサウジアラビアとアラブ首長国連邦などから輸入している。
**Ⅳ**　香港は，アヘン戦争後の南京条約でイギリスの植民地となっていた。1997 年の返還された後，50 年間は一国二制度が採られ，社会主義国の中国にありながら表現の自由や民主主義が認められることになっていた。しかし，その存続が危ぶまれたため，民主的な選挙を求める雨傘運動などの抗議活動が行われた。

**問３Ⅰ**　ウが正しい。　Ｘ．衣類や肉類などの輸入量が多いから，人口の多い東京大都市圏にある東京港である。
Ｙ．輸出総額が最も高く自動車や自動車部品の輸出量が多いから，名古屋港である。　Ｚ．貿易額が最も高く小型軽量な製品の輸出入が盛んだから，貨物取り扱い額日本一の成田国際空港である。　**Ⅱ**　Ｂのみ誤りだからイを選ぶ。生糸や茶は輸出品だった。生活必需品が輸出されて国内で品不足となったため価格が高騰し，庶民の生活は苦しくなった。

**問４Ⅰ**　法律案の再可決は，衆議院の優越によるものである。　**Ⅱ**　ウを選ぶ。経済産業省は経済や貿易の発展に関する業務，総務省は通信事業や地方自治制度・行政組織に関する業務，金融庁は金融全般に関する業務を担当している。

**問５Ⅰ**　神奈川には横浜市・川崎市・相模原市，大阪府には大阪市・堺市の政令指定都市がある。　**Ⅱ**　県が行政をおこなうウを選ぶ。アとイとエは市民が行う「住民自治」である。

**問６Ⅰ**　高速道路網の発達とともに自動車での移動が増え，鉄道による移動が減っていったことから，減少しているアを鉄道と判断できる。イは自動車，ウは旅客船，エは国内航空。　**Ⅱ**　エが誤り。富士川→大井川→天竜川の順。
**Ⅲ**　鉄道輸送の際に排出される二酸化炭素の量は自動車の半分以下なので，自動車での移動距離を短くして代わりに鉄道などで移動するモーダルシフトの取り組みがすすめられている。

**問７Ⅰ**　アが正しい。需要量(買いたい量)＞供給量(売りたい量)のときは品不足が生じて価格が上がり，供給量＞需要量のときは売れ残りが生じて価格が下がる。　**Ⅱ**　イを選ぶ。供給量が増えたため売れ残りが生じて価格が下がった。アは需要量の減少，ウとエは需要量の増加によっておこる。

**問８**　Ｂのみ誤りだからイを選ぶ。「モース」ではなく「相沢忠洋」である。モースは大森貝塚を発掘したアメリカ人。

**問９**　エが誤り。周りを堀や柵で囲まれた環濠集落は敵の侵入を防ぐためにつくられた。弥生時代に米づくりが盛んになると，土地や用水を目的とした争いが発生した。

**問11(a)**　班田収授法により，６歳以上の男女に口分田を与えて耕作させた。　**(b)**　公地公民の原則は，人民や土地を国が直接支配することである。

**問12**　イが誤り。元の初代皇帝のフビライ＝ハンは，服属を求めて日本に遠征軍を送ったことでも知られる(元寇)。

**問13**　ウが誤り。紫式部はかな文字で長編物語『源氏物語』などを書いた。『竹取物語』の作者は不詳である。

**問14**　10 世紀は 901 年～1000 年だからアを選ぶ。平将門の乱は 935 年におきた。イは 11 世紀，ウは９世紀，エは 12 世紀。

問 15 I　分国法には，朝倉氏の『朝倉孝景条々』，喧嘩両成敗を定めた甲斐の武田氏の『甲州法度之次第』などもある。

Ⅱ　武家諸法度は，徳川家康・徳川秀忠のときに初めて定められ，徳川家光によって参勤交代の制度が追加された。

問 16　イが正しい。　ア．銀閣は室町幕府８代将軍の足利義政によって東山に建てられた。　ウ．足利義政のあとつぎ争いなどから応仁の乱が始まった。　エ．「足利義政」ではなく「足利義昭」である。

問 17 I　大津市は滋賀県の県庁所在地である。栃木県の県庁所在地は宇都宮市。　Ⅱ　関東地方を流れる利根川の「坂東太郎」の他，九州地方を流れる筑後川の「筑紫次郎」や四国地方を流れる吉野川の「四国三郎」がある。

Ⅲ　アを選ぶ。北海道では根釧台地などで酪農が盛んなので，乳用牛の飼育頭数が多い。肉用牛・豚・肉用若鶏であれば畜産業の盛んな鹿児島県・宮崎県が上位である。

問 18 I　エ．島原・天草一揆(17 世紀前半)→ウ．生類憐みの令(17 世紀後半)→ア．徳川吉宗の征夷大将軍就任(18 世紀)→イ．大塩平八郎の乱(19 世紀)

問 19 I　イが正しい。　(a)吉田松陰は松下村塾で伊藤博文などにも影響を与えた。大久保利通は薩摩藩出身。　(b)安政の大獄では吉田松陰や橋本左内らが処刑され，蛮社の獄ではモリソン号事件での幕府の対応を批判した渡辺崋山・高野長英らが弾圧された。　Ⅱ　カルスト地形として有名な山口県の秋吉台は，石灰岩を原料としたセメント工業が発達している。　Ⅲ　北海道の海岸線は直線的だが，長崎県の海岸線は入り組んでいる。離島が多いために海岸線延長が長くなるのは，長崎県や沖縄県である。

問 20　２ページ二段落の「1900 年に…公立の小学校の授業料が原則として廃止されました」に着目して，資料で 1900 年以降に小学校の就学率が急上昇していることに関連付ける。

問 21　気温が低い冬から春にかけてレタスを生産している県が多いのに対し，長野県では気温の高くなる６月～９月にレタスを生産している。高冷地農業による抑制栽培は，出荷量の少ない時期に出荷することで，安定した収入を得るための試みである。

問 22　福沢諭吉の『学問のすゝめ』では，人間の自由・平等や学問の大切さが説かれている。

問 23 I　ウが誤り。参議院に内閣不信任決議権はない。内閣が国会の信任に基づいて成立し，国会に対して連帯して責任を負う「議院内閣制」により，<u>衆議院</u>で内閣不信任決議案が可決されると，<u>内閣は総辞職するか，10 日以内に衆議院を解散しなければならない</u>。

Ⅱ　イが誤り。吉田茂はサンフランシスコ平和条約と日米安全保障条約に同時に調印した。岸信介は新安保条約成立後に退陣したことで知られる。

問 24　労働組合は労働者が団結して賃金・労働時間・解雇などの労働条件について会社と交渉する組織である。

問 25　第二次世界大戦の記述のアが正しい。イは 1931 年の満州事変，ウは 1941 年の太平洋戦争，エは 1914 年の第一次世界大戦の記述である。

問 26　台湾は 1895 年の下関条約(日清戦争の講和条約)で日本の植民地となった。

問 27　イが誤り。環境権や知る権利は，<u>日本国憲法に規定されていない</u>ものの近年になって主張されるようになった「新しい人権」に含まれる。

問 28(1)　御家人は，「奉公」として京都や幕府の警備につき命をかけて戦い，将軍は，「御恩」として御家人の以前からの領地を保護したり，新たな領地を与えたりした。このような主従制度を封建制度という。　(5)　ＧＨＱによって，小学校(６年)・中学校(３年)の９年間を義務教育とする教育の自由化が進められた。

問 29　資料②より，日本国籍の生徒の半数以上が 60 歳以上であること，日本国籍を有しない生徒の６割以上が 20～59 歳であることに着目する。資料③と資料④より，日本国籍の生徒には戦争で若いうちに勉強できなかったため，中学校の学力を身につけることを目的に通う人が多いとわかる。資料③より，日本国籍を有しない生徒には日常生活で困らないようにするため，日本語を話せること・読み書きできることを目的に通う人が多いとわかる。

2020 解答例
令和２年度

# ★逗子開成中学校【１次】

## 《国　語》

【一】問一. ①蔵書　②規則　③操作　④記録　⑤住宅　⑥不乱　⑦警視　⑧尊　⑨灰　⑩分割
⑪あわ　⑫たいまい　⑬そむ　⑭こんわく　⑮じゅうおう
問二.［A／B］　①［ウ／お］　②［イ／う］　③［カ／え］　④［エ／あ］　⑤［ア／い］

【二】問一. ア　　問二. その人にとっての日常、私的で個人的な空間、親密で個人的な関係性のなかにある
問三. 客観　　問四. 因習的な男 ～ まっている　　問五. 想像力　　問六. 自分たちの幸せだけを考えて異質な他者を排除することを意味する「壁の建設」は、常に他者を理解したいと思い、知らない多くの他者の幸せへの関心や興味をもつことである「政治的であること」と相反しているから。
問七. ア. ×　イ. ○　ウ. ○　エ. ×

【三】問一. １. ウ　２. イ　　問二. エ　　問三. あさましい気持ち　　問四. これは ～ ったよ　　問五. おいしい饅頭をさし出し、恩に着せることもなく救いの手をさしのべてくれたことに、この世のものとは思えない情け深さを感じたから。　　問六. 高級でなくとも、食べてくれたお客さんがおいしいと喜び、幸せを感じて、その温かな気持ちが長く心に残るような菓子を作っていくもの。　　問七. 自分の目指す菓子を作りたい

## 《算　数》

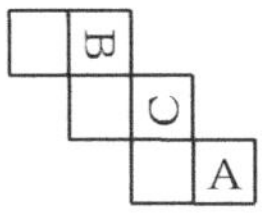


1　(1)8　(2)$5\frac{5}{6}$　(3)$2\frac{8}{11}$

2　(1)131　(2)54 個　(3)18 通り　(4)32.5 ㎠　(5)５時間　(6)右図

3　(1)ア. C　イ. A　ウ. B　(2)③→②　(3)③→③→③, ③→②→①, ①→③→②, ②→①→③

4　(1)BC, B, 1　(2)CD, D, 0.5　(3)A, 8.5

5　(1)50 : 41　(2)11 : 24　※(3)900 人

※の途中の考え方は解説を参照してください。

## 《理　科》

【１】⑴＜１＞毛細血管　＜２＞弁　⑵ｂ．右心房　ｅ．肺動脈　⑶ｄ　⑷ｈ→ｆ→ｇ→ｄ→ａ→ｂ→ｃ→ｅ

⑸オ　⑹コ，サ，ス　⑺エ

【２】⑴ウ　⑵①50　②６　③13　⑶①8640　②７　③２

【３】⑴①ウ　②塩化水素　⑵①ア　②イ　⑶燃えた後の二酸化炭素を多くふくむ空気が，容器の上の方にたまるから。　⑷①37.5　②右グラフ

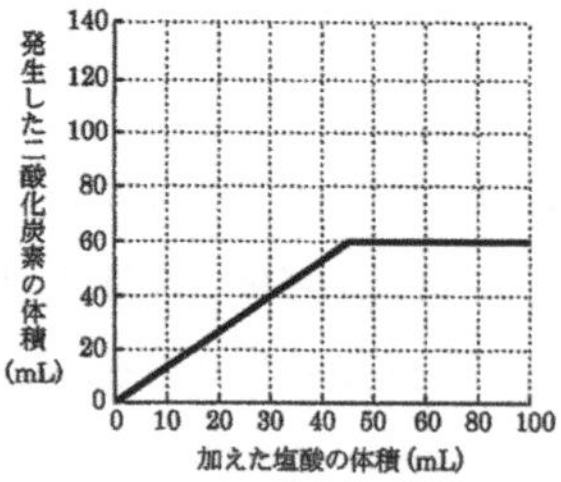


【４】⑴ａ．４　ｄ．$\frac{1}{2}$　⑵67　⑶イ，オ　⑷①ウ　②イ

## 《社　会》

問１．１．大宝　２．政令　３．田中正造　４．1925　５．ノーベル　問２．エ

問３．Ⅰ．ａ．主権　ｂ．国会　ｃ．交戦　Ⅱ．国事行為　問４．イ　問５．Ⅰ．吉野　Ⅱ．ウ　Ⅲ．空海

問６．Ⅰ．日高　Ⅱ．プレートテクトニクス　Ⅲ．釧路　Ⅳ．ア　Ⅴ．ウ　問７．ポーツマス　問８．三角州

問９．行政　問10．Ⅰ．栽培　Ⅱ．ウ　問11．やませ　問12．10　問13．所得が多くなるほど税率が高くなる課税方式。　問14．ａ．小選挙区　ｂ．１　ｃ．政党　問15．イギリスがＥＵから離脱すること。

問16．エ　問17．エ　問18．38　問19．Ⅰ．正倉院　Ⅱ．６　Ⅲ．ウ→ア→エ→イ　Ⅳ．ア．３　イ．２　ウ．３　エ．１　問20．イ　問21．ア　問22．ア　問23．朝鮮戦争／ＧＨＱ

問24．Ⅰ．イ　Ⅱ．中国共産　問25．Ⅰ．エ　Ⅱ．メキシコ　問26．パリ　問27．Ⅰ．環境に対する負荷が少なく，環境保全に役立つ商品であること。　Ⅱ．①乳児死亡率の高い国は，成人女性の識字率が低いこと。　②識字率の低いアフリカの国々へのＯＤＡを増やして，学校を建設し，女子教育を充実させればよい。

←解答例は前のページにありますので，そちらをご覧ください。

## 《2020　国語　解説》

【一】

問二①　飛んで火に入《い》る夏の虫＝明るさにつられて飛んで来た夏の虫が、火で焼け死ぬ意から、自分から進んで災《わざわ》いの中に飛びこむことのたとえ。　②　馬が合う＝気がよく合う。意気投合する。　③　猫《ねこ》の手も借りたい＝ひじょうにいそがしく手不足で、どんな手伝いでもほしいことのたとえ。　④　鰻《うなぎ》登り＝気温・物価・評価などが見る間に上がったり、物事の件数・回数が急激に増えたりすること。　⑤　取らぬ狸《たぬき》の皮算用《かわざんよう》＝まだつかまえてもいない狸の皮を売ることを考えること。手に入るかどうかわからないものを当てにして計画を立てることのたとえ。

【二】

問一　この夫が、「家に帰れば、何もしない」のは、その前の部分にあるように、「俺《おれ》は外で働いているのだから、家事や子育て、教育、親の面倒など～はすべてお前の責任だ」と考えているから。２つあとの段落の表現を使えば、「『男はソト、女はウチ』という伝統的で因習《いんしゅう》的な性別役割を信奉《しんぽう》して」いて、そういう自分の姿にまだ気づいていない、あるいは意識的でないから。よって、アが適する。

問二　――線部②のようになってしまう場合、あるいはその条件として、直前で「俺はお前の夫だから、私はあなたの妻だからと個人的で親密な関係性の世界に閉じこもり考え続けようとする限り」と述べているのに注意しよう。つまり、ここで妻が感じ、悩んでいる“生きづらさ”の原因は、妻にとって、あるいは夫婦にとっての日常、私的で個人的な空間、親密な関係性(そのもの)のなかにある。この例に即して具体的に言えば、「『男はソト、女はウチ』という伝統的で因習的な性別役割」にある。だから、その「個人的で親密な関係性の世界に閉じこもり考え続け」ても、自分たちの姿、おちいった状態、問題点が見えてこないから、「“生きづらさ”はそこで増殖《ぞうしょく》し悪化していく」。

問三　「私的で親密な関係性」を、空気のように当たり前にあるものではなく、自分を囚《とら》えているものとして意識し、その関係性とそれに囚われている自分を、「いったんカッコに入れ」て、その外側から、大きな視点から見ること。自分を見つめるもう一人の自分がイメージされる。関係性の中に囚われている自分は、その中での利害得失にばかり目が行きがちで、視野がせまい。しかし、それを見つめる自分は利害得失から離《はな》れ、関係性の全体を、大きく、冷静に見わたすことができる。つまり、「自分たちの生活」（＝私的で親密な関係性と、そのなかに囚われている自分たち)を「客観的」に見つめることができる。だから、「個人的な世界に息づいているさまざまな『政治性』に批判的なまなざしを向けることができる」。

問四　自分たちの生活を「客観的」に見ることで、「問題そのもの(＝妻の“生きづらさ”)の原因が、自分たちの日常、個人的で私的な関係性にあったこと」がわかれば、彼《かれ》らはそれを徐々《じょじょ》にでも変革していこうとする。「そのとき、彼らはすでに目の前にいるあなたと私という私的で親密な関係での了解《りょうかい》を超《こ》えて、相手を理解しようとしている」。それにともなって、妻が夫を見る目も、「自分を愛してくれているけれども子どもや親、私のことをわかってくれていないあなた」という了解から、「因習的な男性役割に過剰《かじょう》に囚われた、その意味で男性の“生きづらさ”を抱《かか》え込《こ》んでしまっている」という点で「世の中の多くの男性の一人として、かわいそうなあなた」という了解へと変わっていく。

問五　──線部④の２～３行前の一文「そして、自分が普段《ふだん》出会わない人々の『リアル』への関心と想像力を磨《みが》きながら、彼らと自分がどのように生きていけばいいかを考え始めることこそ、『個人的なこと』に息づいている『政治性』と私が向き合えるようになる瞬間《しゅんかん》なのです」は、「政治的であること」とほぼ同じことを述べている。また、その直前の２文から、「他者理解のセンスを磨く」、「自分の日常の『外』で生きている人々の『リアル』への関心の喚起《かんき》」には、「想像力（を鍛《きた》えること、養うこと）」が必要であることがわかる。

問六　「彼」の主張する、「自分たちの『幸せ』だけを考えろ」、「異質な他者を排除《はいじょ》しよう」は、 X のある文で述べられた「政治的であること」と相反する、ほとんど正反対の考え方。それを露骨《ろこつ》なくらい明らかに示したのが、「彼が主張する壁《かべ》の建設」。

問七　ア．本文中でこのような主張はしていない。　イ． X のある文で述べている「他者への想像力をより豊かにして、他者の『幸せ』への関心や興味を閉ざさない（＝持ち続ける）こと」と一致《いっち》する。　ウ．「他者の『リアル』に関心を持つ」ことの目的を読者にたずねている、──線部④の直後の４段落を参照。「私個人の行動だけではできなくても、世の中にある他の方法をいろいろと考え、他者が生きている世界と繋《つな》がることで、見知らぬ他者の『幸せ』を実現するための手がかりや道筋を見つけ出すことができるのではないでしょうか」と述べていることに、適する。　エ．──線部④の直後の２段落を参照。「日本よりも世界で起こっていることにまず目を向けること」は、「他者が生きている『リアル』への関心や想像力を磨き高める」ための行動の一つと言えるが、これについて、「何のためでしょうか～選挙で棄権《きけん》しないで投票するためでしょうか。もちろんそのことも含《ふく》まれると思います。しかし、もっと重要な目的があると私は思っています」と述べている。この文脈では、次の段落で「もっと重要な目的」を述べることに重点があり、選挙で棄権しないことは、それほど重要な目的とはされていない。したがって、これをわざわざ取り上げて述べるのは、本文の内容の説明としては適切ではない。

【三】

問二　──線部①の前に「必死だった。何も持って帰らなければ、父は何も食べられない。だが、辰五郎自身、ここ数日まともに食べてはいなかった」とある。市兵衛が声をかけてきた時も、「辰五郎は顔を上げようとしたが、腹が減りすぎていたせいか、寒さに凍《こご》えていたせいか、首が動かない」という状態だった。よって、エの「寒さと空腹で動けなくなり、疲れ果てている様子」が適する。

問三　あさましい＝品性がいやしい。さもしい。下劣《げれつ》だ。この日仕事にありつけなかった辰五郎は、銭《ぜに》の一枚でも落ちていないかと、下ばかり見ていた。つまり銭が落ちていたらそれを拾って使うつもりでいた。「あさましい気持ち」から回復した辰五郎は、「それ以上、貪《むさぼ》り食うわけにはいかない。そう思って」「ごちそうさまでした、旦《だん》那《な》さん」と言って手を引っ込めた。

問五　市兵衛がくれた饅頭《まんじゅう》の味と、そのときに感じられた情け深い心は、辰五郎に深い印象を残した。辰五郎が「市兵衛が～去って行った方角には、ほんのりと温もりが漂っているように」感じたと書かれている。

問六　辰五郎はなつめの質問に答えて、「ああ。俺には菓子といやあ、あの時、ご隠居《いんきょ》さんからもらった饅頭なんだ。あの時の饅頭みてえな菓子を、お客さんに食ってもらいてえ」と言っている。辰五郎の言葉になつめは納得してうなずき、辰五郎に対して感じていた疑問が解けたような気がした。「上等の京菓子」は、「辰五郎の目指す菓子の道」ではないのだ。

問七　辰五郎は自分の目指す菓子を作るために、「上等の京菓子を作れる技」を生かす道を選ばないでいる。「それを聞かされた今」、「家族で食べていた思い出の味を自分で再現したい」と思っている「なつめの胸は自分でも思いがけないほど熱くなっていた」のである。

## 《2020　算数　解説》

**1** (1)　与式$=(2+24)\div3-4\times\frac{1}{9}\div(14-4)\times15=26\div3-\frac{4}{9}\div10\times15=\frac{26}{3}-\frac{4}{9}\times\frac{1}{10}\times15=\frac{26}{3}-\frac{2}{3}=\frac{24}{3}=8$

(2)　与式$=\frac{15}{2}-\frac{14}{5}\times(\frac{11}{4}\times\frac{2}{21}+\frac{1}{3})=\frac{15}{2}-\frac{14}{5}\times(\frac{11}{42}+\frac{14}{42})=\frac{15}{2}-\frac{14}{5}\times\frac{25}{42}=\frac{15}{2}-\frac{5}{3}=\frac{45}{6}-\frac{10}{6}=\frac{35}{6}=5\frac{5}{6}$

(3)　与式より，$(6.3-2.5)\div(3-\frac{1}{8}\times\frac{1}{\square}\times24)=2$　　$3-\frac{3}{\square}=3.8\div2$　　$3\div\square=3-1.9$
$\square=3\div1.1=3\times\frac{10}{11}=\frac{30}{11}=2\frac{8}{11}$

**2** (1)　7で割っても6で割っても5余る数は，7と6の公倍数の42の倍数に5を足した数である。
100÷42＝2余り16より，求める数は42×3＋5＝131とわかる。

(2)　Cの箱に入っている玉から2個除いて考える。3つの箱に入っている玉の個数の合計は，210－2＝208(個)となる。AとBとCの箱に入っている玉の個数の比は1：1.4：0.8＝5：7：4となる。したがって，全体の玉の個数とCの箱に入っている玉の個数の比は，(5＋7＋4)：4＝4：1だから，Cの箱から2個の玉を除いた個数は，$208\times\frac{1}{4}=52$(個)である。よって，求める玉の個数は，52＋2＝54(個)である。

(3)　3つの文字の並べ方は，右樹形図の18通りある。

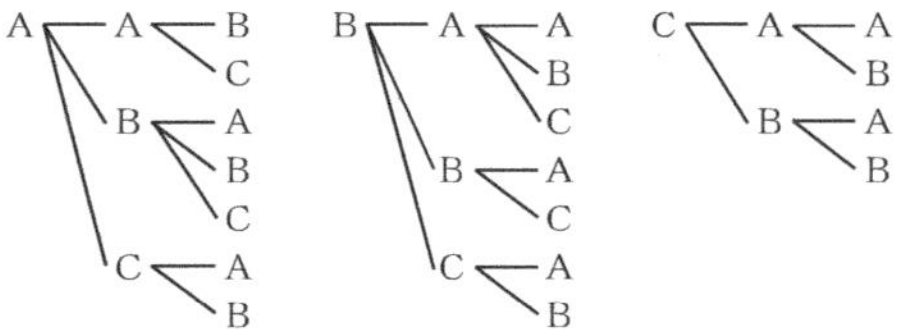

(4)　斜線部アとイのそれぞれに右図の色付き部分(ウ)を加えても，面積の差は変わらない。

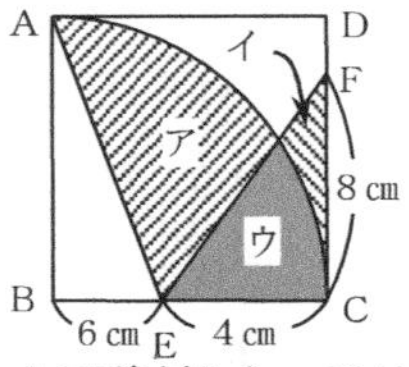


斜線部アと色付き部分ウの面積の和は，
半径10 cmの円の$\frac{1}{4}$から，三角形ＡＢＥを除いた面積だから，$10\times10\times3.14\times\frac{1}{4}-6\times10\div2=48.5$(cm²)である。
斜線部イと色付き部分ウの面積の和は，三角形ＦＥＣの面積だから，4×8÷2＝16(cm²)である。
よって，求める面積の差は，48.5－16＝32.5(cm²)である。

(5)　A君は2時間30分作業をしたのだから，A君が3時間－2時間30分＝30分でする作業をB君は50分でするとわかる。したがって，同じ仕事量に対してかかる時間の比は30：50＝3：5だから，仕事全体をB君1人で完成させるときにかかる時間は，$3\times\frac{5}{3}=5$(時間)である。

(6)　立方体の展開図では，となりの面にくっつくのならば，面を90度だけ回転移動させることができることを利用する。図1より，Aの上側にCの下があるから，Cの位置と向きは右図Ⅱのようになる。右図Ⅰより，Cの右側にBの上がくるから，Bの位置と向きは右図Ⅱのようになる。

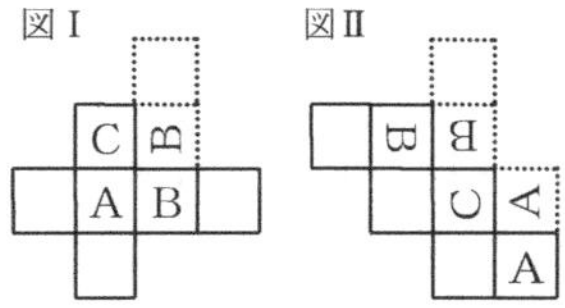


**3** (1)　右図Ⅰのようになるから，アはC，イはA，ウはBである。

(2)　②→③→③の順に操作を行うと，右図Ⅱのようになる。一番右の三角形の状態から，2回の操作で最初の状態にもどす。①の操作を1回行うと，最初の状態にもどるが，あと1回操作をしなければならないので，図Ⅱの操作のあとに①の操作は行わないとわかる。②の操作を1回行うと，右図Ⅲのようになり，あと1回では最初の状態にもどらない。③の操作を1回行うと，右図Ⅳのようになり，さらに②の操作を1回行うと，最初の状態にもどる。よって，③→②の操作を行えばよい。

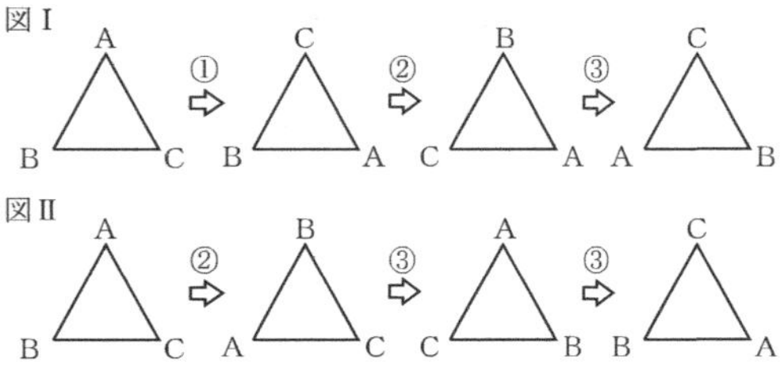


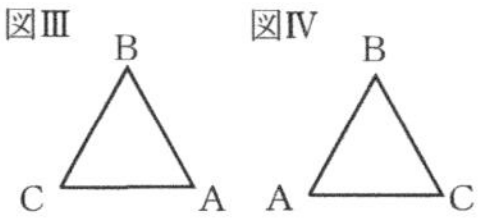

⑶　最初の状態の正三角形ＡＢＣの頂点のアルファベットは，Ａ→Ｂ→Ｃの順に反時計回りに並んでいる。③を行ってもこの並びは変わらないが，①または②を行うと，アルファベットの並びが逆回りになる。したがって，①または②を行った回数は０回か２回とわかる。

①または②を行った回数が０回の場合，③→③→③の操作で最初の状態にもどるとわかる。

次に，①または②を行った回数が２回の場合について考える。①→①，②→②とくり返すともとにもどるので，このように①または②を２回くり返す操作はしていないとわかる。３回目の操作で場合を分けると，２回目の操作のあとの状態が右図Ⅴ～Ⅶのようになっていればよいとわかる。

２回の操作で，図Ⅴの状態になるのは，③→②，図Ⅵの状態になるのは①→③，図Ⅶの状態になるのは②→①がみつかる。

よって，求める操作は，③→③→③，③→②→①，①→③→②，②→①→③の４通りである。

図Ⅴ

３回目の操作
①

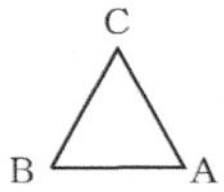


図Ⅵ

３回目の操作
②

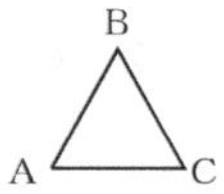


図Ⅶ

３回目の操作
③

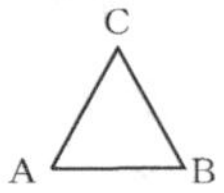


**4**　図形の中を点や光がはねかえりながら進む問題では，発射された点がはじめに進む方向に線を延長し，この線にそってはねかえる辺で図形を折り返していくと，点がはねかえる場所がわかる。

⑴　ＡＸ＝３㎝，ＢＹ＝１㎝のとき，右図のようになる。点Ｐが５回目にあたるのは，右図のＨだから，あたる辺は辺ＢＣで最も近い頂点はＢとわかる。

$HB_3$の長さを求める。右図の三角形ＸＢＹと三角形ＥＣＹと三角形$ED_1F$と三角形$GA_2F$と三角形$GB_3H$は直角二等辺三角形だから，ＥＣ＝ＹＣ＝４－１＝３(㎝)，$ED_1=FD_1=4-3=1$(㎝)，$GA_2=FA_2=4-1=3$(㎝)，$GB_3=HB_3=4-3=1$(㎝)となる。

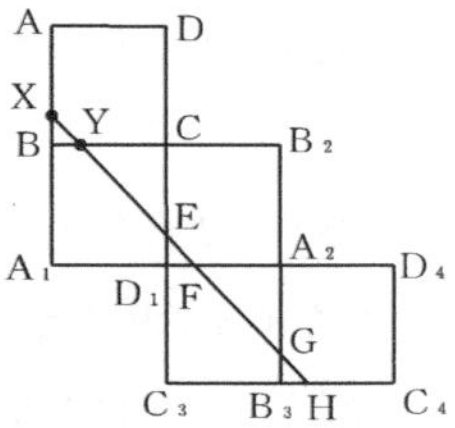


⑵　右のように図をかいていく。三角形ＸＢＹは直角をはさむ２辺の比がＸＢ：ＢＹ＝(４－１)：1.6＝15：８となる。三角形$XA_1I$は三角形ＸＢＹと同じ形だから，$A_1I=XA_1\times\frac{8}{15}=\frac{56}{15}=3\frac{11}{15}$(㎝)となり，２回目は右図のように辺ＡＤではね返るとわかる。

したがって，点Ｐが３回目にあたるのは，右図のＪだから，あたる辺は辺ＣＤで最も近い頂点はＤとわかる。$JD_1$の長さを求める。三角形$JD_1I$は三角形ＸＢＹと同じ形だから，$JD_1=D_1I\times\frac{15}{8}=(4-3\frac{11}{15})\times\frac{15}{8}=0.5$(㎝)である。

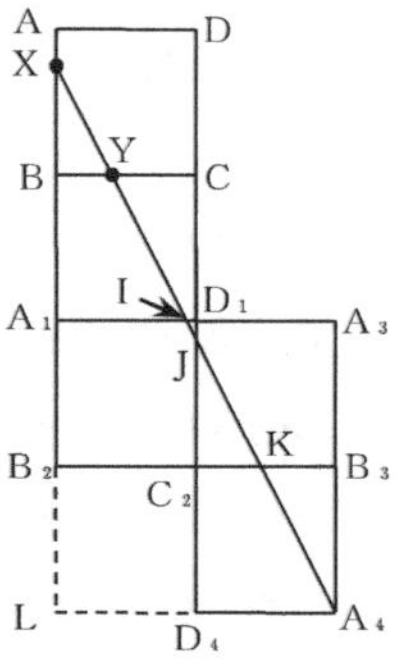


⑶　⑵の解説と同様に４回目以降に点Ｐがはねかえる場所を調べていくと，

$JC_2=4-0.5=3.5$(㎝)，$C_2K=JC_2\times\frac{8}{15}=3.5\times\frac{8}{15}=\frac{28}{15}$(㎝)，$B_3K=4-\frac{28}{15}=\frac{32}{15}$(㎝)

$A_4B_3=B_3K\times\frac{15}{8}=\frac{32}{15}\times\frac{15}{8}=4$(㎝)となるから，点Ｐは$A_4$で止まるとわかる。

三角形$XLA_4$は三角形ＸＢＹを$\frac{15}{3}=5$(倍)に拡大した三角形だから，点ＰがＸから$A_4$に到達するまでにかかる時間は，ＸからＹに到達するのにかかる時間の５倍となる。よって，求める時間は1.7×５＝8.5(秒後)である。

**5**　⑴　表にまとめると，右のようになる。

調査１日目

| | 上り利用者(人) | 下り利用者(人) | 計(人) |
|---|---|---|---|
| A駅 | 500 | ㋐ | 1600 |
| B駅 | ㋑ | ㋒ | ㋓ |

A駅の「下り利用者」(㋐)は，1600－500＝1100(人)である。

A駅とB駅の利用者の数の比は８：７だから，B駅の利用者(㋓)は，

$1600\times\frac{7}{8}=1400$(人)である。A駅とB駅の「下り利用者」の数の比は10：９だから，B駅の「下り利用者」(㋒)は，$1100\times\frac{9}{10}=990$(人)である。したがって，B駅の「上り利用者」(㋑)は，1400－990＝410(人)である。

よって，A駅とB駅の「上り利用者」の数の比は，500：410＝50：41である。

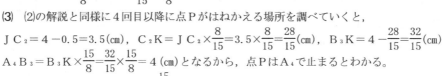

⑵ 比の数より，A駅とB駅の「上り利用者」をそれぞれ⑪，⑩とし，A駅とB駅の「下り利用者」をそれぞれ$\boxed{6}$，$\boxed{5}$とすると，右のような図がかける。したがって，A駅とB駅の利用者の数の比の

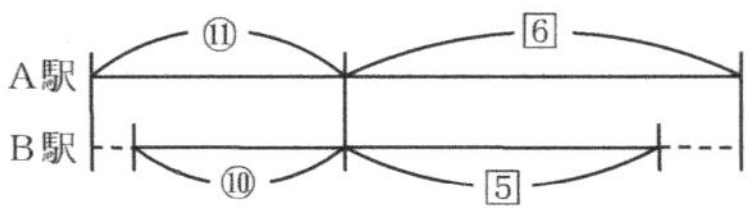


数の差の7－6＝1は，(⑪－⑩)＋($\boxed{6}$－$\boxed{5}$)＝①＋$\boxed{1}$に等しいとわかる。このことから，A駅の利用者は，(①＋$\boxed{1}$)×$\frac{7}{1}$＝⑦＋$\boxed{7}$と表すことができるので，⑪＋$\boxed{6}$＝⑦＋$\boxed{7}$となり，④＝$\boxed{1}$である。よって，A駅の「上り利用者」と「下り利用者」の数の比は，⑪：(④×6)＝11：24である。

⑶ 利用者の人数は必ず整数になるから，A駅の利用者の数は11＋24＝35の倍数となる。1570以上1600以下の35の倍数は，1570÷35＝44余り30，35×45＝1575，35×46＝1610より，1575だけだから，A駅の利用者の数は1575人である。したがって，A駅の「下り利用者」は，1575×$\frac{24}{35}$＝1080(人)だから，B駅の「下り利用者」は，1080×$\frac{5}{6}$＝900(人)である。

## 《2020　理科　解説》

【1】

⑴ ＜2＞弁は，血液の逆流を防ぐためのものである。

⑵⑷ 肺で二酸化炭素を排出《はいしゅつ》し酸素を受け取った血液は，h(肺静脈)→f(左心房)→g(左心室)→d(大動脈)の順に流れて全身へ送られ，二酸化炭素を多くふくんだ血液は，a(大静脈)→b(右心房)→c(右心室)→e(肺動脈)の順に流れて肺へ送られる。

⑶ d○…大動脈には心臓から送り出された勢いのよい血液が全身に向かって流れているため，その圧力にたえられるように血管が厚いじょうぶなつくりになっている。

⑸ オ○…「あ」は血小板，「い」は白血球，「う」は赤血球である。

⑹ コ，サ，ス×…基本的に心臓から各臓器に流れてきた血液は，直接心臓にもどる。ただし，小腸は例外で，心臓から流れてきた血液は小腸で養分を受け取ると，肝臓《かんぞう》へ送られてから心臓にもどる。

⑺ ア×…心臓は横かく膜のすぐ上にあり，肝臓は横かく膜のすぐ下にある。　イ×…コイなどの魚類の心臓は，心房と心室が1室ずつ(2室)ある。　ウ×…運動をすると全身でより多くの酸素を必要とするため，心臓の拍動《はくどう》は速くなる。　オ×…二酸化炭素以外の不要物はおもに腎《じん》臓で排出されるので，最もきれいな血液が流れるのは腎静脈である。

【2】

⑴ ウ○…初期微動継続《びどうけいぞく》時間は，速く伝わるP波が届いてからゆっくり伝わるS波が届くまでの時間である。

⑵① 初期微動継続時間は震源《しんげん》からの距離《きょり》に比例するから，震央とZの震源からの距離の比は3：5である。図Ⅰで，震源，震央，Zを頂点とする三角形は辺の比が3：4：5の直角三角形になるから，震源から震央までの距離は30㎞，震源からZまでの距離は50㎞である。　② 30(㎞)÷5(秒)＝6(㎞/秒)　③ Zでは，P波が到達《とうたつ》するのが地震発生から$\frac{50}{6}$秒後で，初期微動継続時間が5秒だから，$\frac{50}{6}$＋5＝13.3…→13秒後が正答となる。

図Ⅰ

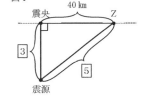

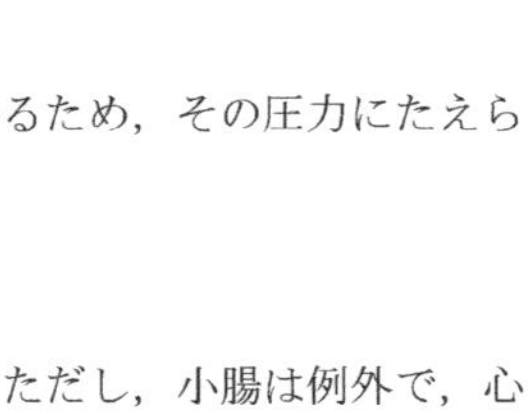


⑶① 4×6000×6000×6000＝8640億(㎦)　② 地球の半径はBの部分の半径の2倍だから，地球の体積はBの

部分の体積の２×２×２＝８(倍)である。したがって，(地球の体積からＢの部分の体積を除いた)Ａの部分の体積はＢの部分の体積の８－１＝７(倍)である。　③　Ａの部分はＢに対して，体積が７倍で，１㎦あたりの重さが$\frac{1}{3}$倍だから，７×$\frac{1}{3}$=2.3…→２倍が正答となる。

【３】

⑴①　ウ○…りゅう酸は液体なので，アやイのような向きでは加熱できない。また，エのふたまた試験管は，くびれのある方に固体を，くびれのないほうに液体を入れ，固体と液体を反応させるときに用いる(ふつう，加熱が必要なときには用いない)。

⑵①　ア○…この反応では，アンモニア(気体Ｂ)の他に水が発生する。発生した水が加熱部に流れこまないように，試験管の口を下げて加熱する。　②　イ○…アンモニアは水にとけやすく空気より軽いため，上方置換《ちかん》法で集める。上方置換法では，発生した気体が試験管の中の空気をおし出すように，ガラス管を試験管の奥まで差しこむ。

⑶　燃えた後の二酸化炭素を多くふくむ空気には十分な酸素がふくまれておらず，ろうそくを燃やすことができない。また，燃えた後の空気は軽くなって上に移動する。このため，炎《ほのお》が上にあるものから順に消えていく。

⑷①　石灰石と塩酸は一定の割合で反応する。図２で，塩酸の体積が 40 ㎤から 60 ㎤のときに発生した二酸化炭素の体積が 100mL で一定になっているのは，石灰石が不足しているためである。図２からわかることは，塩酸が 30mL 反応すると二酸化炭素が 80mL 発生することと，石灰石がＸｇ反応すると二酸化炭素が 100mL 発生することである。したがって，Ｘｇの石灰石をちょうど反応させる(二酸化炭素を 100mL 発生させる)のに必要な塩酸は，30×$\frac{100}{80}$＝37.5(mL)である。　②　石灰石の重さを 0.6 倍にすると，これとちょうど反応する元の濃《こ》さの塩酸の体積も 0.6 倍の 37.5×0.6＝22.5(mL)になり，発生する二酸化炭素の体積も 0.6 倍の 100×0.6＝60(mL)になる。ここでは塩酸を２倍にうすめたので，石灰石とちょうど反応する塩酸の体積は 22.5mL の２倍の 45mL になるが，反応した石灰石の重さは変わらないので，発生する二酸化炭素の体積は 60mL である。したがって，加えた塩酸の体積が 45mL のとき，発生した二酸化炭素の体積が 60mL になる点をとり，この点で折れ曲がるグラフをかけばよい。

【４】

⑴　ｃの抵抗《ていこう》を１としたとき，電流計の読みが$\frac{1}{2}$倍のｂの抵抗が２になるから，電流計の読みが$\frac{1}{4}$倍のａの抵抗は４，電流計の読みが２倍のｄの抵抗は$\frac{1}{2}$になる。

⑵　ｃと比べて，断面積が同じで，長さが３倍になるから，電流計の読みは$\frac{1}{3}$倍になる。したがって，200×$\frac{1}{3}$＝66.6…→67mA が正答となる。電熱線を直列つなぎにすることは，電熱線の長さを長くすることと同じである。

⑶　電流計の読みが 200mA だから，図３全体の抵抗はｃと同じ１である。ｄの抵抗は$\frac{1}{2}$だから，ｃとＺの並列部分の抵抗が$\frac{1}{2}$になれば，全体の抵抗は１になる。電熱線を並列つなぎにすることは，電熱線の断面積を大きくすることと同じであり，並列部分の抵抗が$\frac{1}{2}$になるのは，例えば，ｃを２つ並列つなぎにして，断面積だけを２倍にしたときである。つまり，抵抗がｃと同じ１の電熱線をＺにつなげばよい。したがって，断面積と長さの比がｃと同じイとオが正答となる。

⑷　表１の断面積と長さの関係をもとに考えると，イの抵抗が最も小さく(電流が流れやすく)，ウの抵抗が最も大きい(電流が流れにくい)。また，２つの電熱線に流れる電流の強さが同じ回路とは２つの電熱線を直列つなぎにした回路であり，２つの電熱線に流れる電流の強さが異なる回路とは２つの電熱線を並列つなぎにした回路である。したがって，①では抵抗が最も大きいウで発熱量が最も多くなり，②では抵抗が最も小さいイで発熱量が最も多くなる。

## 《2020　社会　解説》

問１⑴　大宝律令は，文武天皇の治世の頃，藤原不比等や刑部親王らによって編纂され，律令の「律」は刑罰に関するきまり，「令」は政治のしくみや租税などに関するきまりを意味する。　⑵　内閣の持つ権限には，政令の制定のほか，外国との条約の締結や最高裁判所長官の指名などもある。　⑶　明治時代，足尾銅山から出た鉱毒が渡良瀬川に流れこみ，流域で農業や漁業を営んでいた人々が大きな被害を受けた。衆議院議員であった田中正造は，帝国議会でこの事件を取り上げて政府の責任を追及し，議員を辞職した後も，鉱毒問題の解決に努めた。
⑷　1925 年成立の普通選挙法では，満 25 歳以上の男子にのみ選挙権が与えられた。　⑸　ノーベル賞には，医学生理学賞・物理学賞・化学賞・文学賞・平和賞・経済学賞がある。

問２　エが誤り。近松門左衛門は元禄期(17 世紀後半～18 世紀初頭)に活躍した。寛政の改革は 1716～1745 年，ラクスマンの根室来航は 1792 年である。ウは寛政異学の禁についての記述で，寛政の改革で実施された。

問３Ⅰ(a)・(c)　日本国憲法の基本原理は，国民主権・平和主義・基本的人権の尊重の３つである。　(b)　内閣総理大臣は国会の議決によって国会議員の中から指名される。　Ⅱ　国事行為とは天皇が国家機関として行う形式的・名目的・儀礼的な行為のことである。

問４　イが誤り。衆議院の解散は内閣総理大臣の専権事項だから，法律の改正時にする決まりはない。

問５Ⅰ　吉野川は高知県・徳島県を流れて，紀伊水道に注ぐ。　Ⅱ　ウ．吉野川の氾濫によって流域に肥沃な土が運ばれ，藍栽培が盛んになった。　Ⅲ　空海は高野山の金剛峯寺で真言宗を開いた。

問６Ⅱ　日本列島はユーラシアプレートやオホーツクプレートなどの陸のプレート上にあり，太平洋プレートやフィリピン海プレートなどの海のプレートの動きに乗って地震が発生する。　Ⅲ・Ⅳ　タンチョウは釧路湿原をはじめとする北海道東部に生息する貴重な鳥なので，釧路湿原はラムサール条約に登録されている。　Ｖ　札幌市は冬の寒さが厳しく梅雨がない北海道の気候だから，ウを選ぶ。

問７　ポーツマス条約は日露戦争の講和条約で，日本が比較的優位な条件で結んだ。アメリカの仲介で開かれたため，ポーツマスはアメリカ東部の都市である。

問８　「デルタ」でも良い。水もちがよいため水田などに利用され，図のメコンデルタは穀倉地帯として有名である。

問９　不漁などを理由に排水門の開門を求める漁業者が行政裁判を起こし，開門を命じる判決が出たが，作物が海水の塩の被害を受けることを理由に開門に反対する農業者が行政裁判を起こし，開門を禁止するという正反対の判決が出たため，ねじれが生じた。

問 10Ⅰ　育てる漁業には，大きくなるまで人の手で育てる養殖漁業と，人工的に育てた稚魚などを放流する栽培漁業がある。
Ⅱ　ウを選ぶ。近畿大水産研究所が世界初のクロマグロの完全養殖に成功した。アはさば，イはぶり，エはさんま。

問 11　やませが吹くと，濃霧が発生して日照時間が短くなり，気温が十分に上がらなくなることから，農作物の生長がさまたげられる冷害が発生しやすい。

問 12　所得が低い世帯の負担を和らげるために軽減税率が導入されており，消費税率が 10％となった後も「酒類と外食を除く飲食料品」と「定期購読契約が結ばれた週２回以上発行される新聞」に限り消費税率が８％に据え置かれている。

問 13　所得を公平に分配するため，租税制度，社会保障制度，公共事業などを通じて所得を移すことを「所得の再分配」と言い，累進課税制度も再分配の機能をもつ。

問 14　衆議院議員総選挙では，全国を 289 に分けた小選挙区制と，全国を 11 のブロックに分けた比例代表制が並立した小選挙区比例代表並立制がとられている。小選挙区制は１つの選挙区から１人の当選者を出すしくみである。比例代表制は，衆議院議員総選挙では政党名を，参議院議員通常選挙では候補者名か政党名を記入する。

**問 15**　ＥＵ加盟国間ではパスポート検査がなく，自由に国境を越えられるため，東ヨーロッパの労働者が賃金の高い西ヨーロッパの先進工業国に流れている。その結果，イギリスでは移民労働者によってギリス人の雇用が脅かされ，社会保障費が圧迫されているといった不満が強まり，2020 年２月にＥＵを離脱した。

**問 16**　エ．オリンピック年に実施されるアメリカ大統領選挙では，民主党と共和党が州ごとに予備選挙や党の集会を開き，支持する大統領候補を決めている選挙人を選ぶ選挙が行われる。

**問 17**　エが正しい。集団的自衛権とは自国が攻撃されていなくても，自国と密接な関係にある国が攻撃されたとき，共同して防衛にあたる権利のこと。　ア．韓国併合(1910 年)は桂太郎内閣のときである。　イ．所得倍増計画(1960 年)は池田勇人内閣のときである。　ウ．1874 年の民撰議院設立の建白書の提出により自由民権運動が始まり，国会開設にそなえて 1885 年に内閣制度がつくられ，伊藤博文が初代内閣総理大臣となった。

**問 18**　第二次世界大戦終結後，ソ連を中心とする社会主義陣営とアメリカを中心とする資本主義陣営で，実際の戦火をまじえない冷戦が始まった。冷戦時，朝鮮半島を北緯 38 度で分け，ソ連は北朝鮮を，アメリカは韓国を支援したため，韓国と北朝鮮の間で対立が激化し，1950 年北朝鮮が韓国に突如侵攻して朝鮮戦争が始まった。

**問 19Ⅰ**　螺鈿紫檀五弦琵琶は正倉院に納められている聖武天皇の遺品である。奈良時代の唐には，シルクロードを通って西アジアから様々な宝物が伝わっており，その一部が遣唐使によって日本に持ちこまれ，東大寺の正倉院に納められた。　**Ⅱ**　平安京遷都は 794 年だから，794＋1200＝1994(年)で平成６年となる。　**Ⅲ**　坂上田村麻呂の征夷大将軍任命(797 年)→ア．平等院鳳凰堂の建立(1053 年)→エ．院政の開始(1086 年)→イ．保元の乱(1156 年)　**Ⅳア**　３．アメリカのウィルソン大統領は，第一次世界大戦後に国際連盟を設立したことでも有名である。　**イ**　２．ポーツマス条約についての記述である。　**ウ**　３．ベルサイユ条約についての記述である。　**エ**　１．下関条約で得た賠償金をもとに，鉄道建設や軍備拡張のための鉄鋼を生産する八幡製鉄所が建設された。

**問 20**　イ．1956 年，日本の鳩山一郎首相とソ連のニコライ・ブルガーニン首相が日ソ共同宣言を発表したことで，日本の国際連合加盟にソ連の反対がなくなり，日本は国際連合への加盟を果たすことができた。

**問 21**　冷戦時，アメリカとソ連は核戦争の一歩手前までいったことを反省し，核兵器の削減・廃棄を実現した中距離核戦力全廃条約を結び，対立を緩めていった。

**問 22**　ア．サウジアラビアにはイスラム教徒の巡礼の地である聖地メッカがある。

**問 23**　朝鮮戦争の勃発を受け，ＧＨＱ(連合国軍最高司令官総司令部)は，日本の警察力の増強という名目で警察予備隊の設置を命じた。

**問 24Ⅰ**　貿易額が高いアとイのうち，中国が貿易赤字であるイが日本，中国が貿易黒字であるアがアメリカである。近年，アメリカの貿易赤字をめぐる米中の対立が激しさを増し，互いの輸入品に高い関税を上乗せし合う貿易摩擦が生じている。　**Ⅱ**　中国では中国共産党による１党支配を確立しており，党の決定がすべてに最優先される。

**問 25Ⅰ**　エを選ぶ。レアアースはハイブリッドカーや電気自動車のモーターの磁石に使われる。なお，「産業の空洞化」とは，企業が賃金の安い国へ工場をうつすことで国内の生産が衰退していくことである。

**問 27Ⅰ**　古紙パルプを使用したノートや，回収された牛乳パックからつくられたトイレットペーパーなどにエコマークがついている。　**Ⅱ①**　乳児死亡率が高いシエラレオネやチャドに着目すると，成人女性の識字率が 20％前後と低いことがわかる。その一方で，乳児死亡率が低いスロベニアやスペインに着目すると，成人女性の識字率が 100％に近いことがわかる。　**②**　①の内容を踏まえて，資料Ｂの注意書きを読めずに薬や食品を誤飲・誤食してしまう乳幼児の死亡事故が発生していることを導く。また，解答例の「ＯＤＡ(政府開発援助)」とは，先進工業国が発展途上国に対し，資金の援助や技術協力などを行うことをいう。

## ■ ご使用にあたってのお願い・ご注意

（1）問題文等の非掲載

著作権上の都合により，問題文や図表などの一部を掲載できない場合があります。

誠に申し訳ございませんが，ご了承くださいますようお願いいたします。

（2）過去問における時事性

過去問題集は，学習指導要領の改訂や社会状況の変化，新たな発見などにより，現在とは異なる表記や解説になっている場合があります。過去問の特性上，出題当時のままで出版していますので，あらかじめご了承ください。

（3）配点

学校等から配点が公表されている場合は，記載しています。公表されていない場合は，記載していません。

独自の予想配点は，出題者の意図と異なる場合があり，お客様が学習するうえで誤った判断をしてしまう恐れがあるため記載していません。

（4）無断複製等の禁止

購入された個人のお客様が，ご家庭でご自身またはご家族の学習のためにコピーをすることは可能ですが，それ以外の目的でコピー，スキャン，転載（ブログ，ＳＮＳなどでの公開を含みます）などをすることは法律により禁止されています。学校や学習塾などで，児童生徒のためにコピーをして使用することも法律により禁止されています。

ご不明な点や，違法な疑いのある行為を確認された場合は，弊社までご連絡ください。

（5）けがに注意

この問題集は針を外して使用します。針を外すときは，けがをしないように注意してください。また，表紙カバーや問題用紙の端で手指を傷つけないように十分注意してください。

（6）正誤

制作には万全を期しておりますが，万が一誤りなどがございましたら，弊社までご連絡ください。

なお，誤りが判明した場合は，弊社ウェブサイトの「ご購入者様のページ」に掲載しておりますので，そちらもご確認ください。

## ■ お問い合わせ

解答例，解説，印刷，製本など，問題集発行におけるすべての責任は弊社にあります。

ご不明な点がございましたら，弊社ウェブサイトの「お問い合わせ」フォームよりご連絡ください。迅速に対応いたしますが，営業日の都合で回答に数日を要する場合があります。

ご入力いただいたメールアドレス宛に自動返信メールをお送りしています。自動返信メールが届かない場合は，「よくある質問」の「メールの問い合わせに対し返信がありません。」の項目をご確認ください。

また弊社営業日（平日）は，午前９時から午後５時まで，電話でのお問い合わせも受け付けています。

2025春

株式会社教英出版
〒422-8054　静岡県静岡市駿河区南安倍３丁目 12-28
TEL　054-288-2131　　FAX　054-288-2133
URL　https://kyoei-syuppan.net/
MAIL　siteform@kyoei-syuppan.net

教英出版 2025　26の1　逗子開成中　1次

# 教英出版　2025年春受験用　中学入試問題集

## 学校別問題集

✿はカラー問題対応

### 北海道

①[市立]札幌開成中等教育学校
②藤女子中学校
③北嶺中学校
④北星学園女子中学校
⑤札幌大谷中学校
⑥札幌光星中学校
⑦立命館慶祥中学校
⑧函館ラ・サール中学校

### 青森県

①[県立]三本木高等学校附属中学校

### 岩手県

①[県立]一関第一高等学校附属中学校

### 宮城県

①[県立]宮城県古川黎明中学校
②[県立]宮城県仙台二華中学校
③[市立]仙台青陵中等教育学校
④東北学院中学校
⑤仙台白百合学園中学校
⑥聖ウルスラ学院英智中学校
⑦宮城学院中学校
⑧秀光中学校
⑨古川学園中学校

### 秋田県

①[県立] 大館国際情報学院中学校 / 秋田南高等学校中等部 / 横手清陵学院中学校

### 山形県

①[県立] 東桜学館中学校 / 致道館中学校

### 福島県

①[県立] 会津学鳳中学校 / ふたば未来学園中学校

### 茨城県

①[県立]
日立第一高等学校附属中学校
太田第一高等学校附属中学校
水戸第一高等学校附属中学校
鉾田第一高等学校附属中学校
鹿島高等学校附属中学校
土浦第一高等学校附属中学校
竜ヶ崎第一高等学校附属中学校
下館第一高等学校附属中学校
下妻第一高等学校附属中学校
水海道第一高等学校附属中学校
勝田中等教育学校
並木中等教育学校
古河中等教育学校

### 栃木県

①[県立] 宇都宮東高等学校附属中学校 / 佐野高等学校附属中学校 / 矢板東高等学校附属中学校

### 群馬県

① [県立]中央中等教育学校 / [市立]四ツ葉学園中等教育学校 / [市立]太田中学校

### 埼玉県

①[県立]伊奈学園中学校
②[市立]浦和中学校
③[市立]大宮国際中等教育学校
④[市立]川口市立高等学校附属中学校

### 千葉県

①[県立] 千葉中学校 / 東葛飾中学校
②[市立]稲毛国際中等教育学校

### 東京都

①[国立]筑波大学附属駒場中学校
②[都立]白鷗高等学校附属中学校
③[都立]桜修館中等教育学校
④[都立]小石川中等教育学校
⑤[都立]両国高等学校附属中学校
⑥[都立]立川国際中等教育学校
⑦[都立]武蔵高等学校附属中学校
⑧[都立]大泉高等学校附属中学校
⑨[都立]富士高等学校附属中学校
⑩[都立]三鷹中等教育学校
⑪[都立]南多摩中等教育学校
⑫[区立]九段中等教育学校
⑬開成中学校
⑭麻布中学校
⑮桜蔭中学校
⑯女子学院中学校
✿⑰豊島岡女子学園中学校
⑱東京都市大学等々力中学校
⑲世田谷学園中学校
✿⑳広尾学園中学校(第2回)
✿㉑広尾学園中学校(医進・サイエンス回)
㉒渋谷教育学園渋谷中学校(第1回)
㉓渋谷教育学園渋谷中学校(第2回)
㉔東京農業大学第一高等学校中等部(2月1日 午後)
㉕東京農業大学第一高等学校中等部(2月2日 午後)

## 神奈川県

①[県立]相模原中等教育学校
　　　　平塚中等教育学校

②[市立]南高等学校附属中学校

③[市立]横浜サイエンスフロンティア高等学校附属中学校

④[市立]川崎高等学校附属中学校

✿⑤聖光学院中学校

✿⑥浅野中学校

⑦洗足学園中学校

⑧法政大学第二中学校

⑨逗子開成中学校(1次)

⑩逗子開成中学校(2·3次)

⑪神奈川大学附属中学校(第1回)

⑫神奈川大学附属中学校(第2·3回)

⑬栄光学園中学校

⑭フェリス女学院中学校

## 新潟県

①[県立]村上中等教育学校
　　　　柏崎翔洋中等教育学校
　　　　燕中等教育学校
　　　　津南中等教育学校
　　　　直江津中等教育学校
　　　　佐渡中等教育学校

②[市立]高志中等教育学校

③新潟第一中学校

④新潟明訓中学校

## 石川県

①[県立]金沢錦丘中学校

②星稜中学校

## 福井県

①[県立]高志中学校

## 山梨県

①山梨英和中学校

②山梨学院中学校

③駿台甲府中学校

## 長野県

①[県立]屋代高等学校附属中学校
　　　　諏訪清陵高等学校附属中学校

②[市立]長野中学校

## 岐阜県

①岐阜東中学校

②鶯谷中学校

③岐阜聖徳学園大学附属中学校

## 静岡県

①[国立]静岡大学教育学部附属中学校
　　　　(静岡·島田·浜松)

②[県立]清水南高等学校中等部
　[県立]浜松西高等学校中等部
　[市立]沼津高等学校中等部

③不二聖心女子学院中学校

④日本大学三島中学校

⑤加藤学園暁秀中学校

⑥星陵中学校

⑦東海大学付属静岡翔洋高等学校中等部

⑧静岡サレジオ中学校

⑨静岡英和女学院中学校

⑩静岡雙葉中学校

⑪静岡聖光学院中学校

⑫静岡学園中学校

⑬静岡大成中学校

⑭城南静岡中学校

⑮静岡北中学校

⑯常葉大学附属常葉中学校
　常葉大学附属橘中学校
　常葉大学附属菊川中学校

⑰藤枝明誠中学校

⑱浜松開誠館中学校

⑲静岡県西遠女子学園中学校

⑳浜松日体中学校

㉑浜松学芸中学校

## 愛知県

①[国立]愛知教育大学附属名古屋中学校

②愛知淑徳中学校

③名古屋経済大学市邨中学校
　名古屋経済大学高蔵中学校

④金城学院中学校

⑤椙山女学園中学校

⑥東海中学校

⑦南山中学校男子部

⑧南山中学校女子部

⑨聖霊中学校

⑩滝中学校

⑪名古屋中学校

⑫大成中学校

⑬愛知中学校

⑭星城中学校

⑮名古屋葵大学中学校
　(名古屋女子大学中学校)

⑯愛知工業大学名電中学校

⑰海陽中等教育学校(特別給費生)

⑱海陽中等教育学校(I·II)

⑲中部大学春日丘中学校

新刊⑳名古屋国際中学校

## 三重県

①[国立]三重大学教育学部附属中学校

②暁中学校

③海星中学校

④四日市メリノール学院中学校

⑤高田中学校

⑥セントヨゼフ女子学園中学校

⑦三重中学校

⑧皇學館中学校

⑨鈴鹿中等教育学校

⑩津田学園中学校

## 滋賀県

①[国立]滋賀大学教育学部附属中学校

②[県立]河瀬中学校
　　　　守山中学校
　　　　水口東中学校

## 京都府

①[国立]京都教育大学附属桃山中学校

②[府立]洛北高等学校附属中学校

③[府立]園部高等学校附属中学校

④[府立]福知山高等学校附属中学校

⑤[府立]南陽高等学校附属中学校

⑥[市立]西京高等学校附属中学校

⑦同志社中学校

⑧洛星中学校

⑨洛南高等学校附属中学校

⑩立命館中学校

⑪同志社国際中学校

⑫同志社女子中学校(前期日程)

⑬同志社女子中学校(後期日程)

## 大阪府

①[国立]大阪教育大学附属天王寺中学校

②[国立]大阪教育大学附属平野中学校

③[国立]大阪教育大学附属池田中学校

④[府立]富田林中学校
⑤[府立]咲くやこの花中学校
⑥[府立]水都国際中学校
⑦清風中学校
⑧高槻中学校（A日程）
⑨高槻中学校（B日程）
⑩明星中学校
⑪大阪女学院中学校
⑫大谷中学校
⑬四天王寺中学校
⑭帝塚山学院中学校
⑮大阪国際中学校
⑯大阪桐蔭中学校
⑰開明中学校
⑱関西大学第一中学校
⑲近畿大学附属中学校
⑳金蘭千里中学校
㉑金光八尾中学校
㉒清風南海中学校
㉓帝塚山学院泉ヶ丘中学校
㉔同志社香里中学校
㉕初芝立命館中学校
㉖関西大学中等部
㉗大阪星光学院中学校

## 兵庫県

①[国立]神戸大学附属中等教育学校
②[県立]兵庫県立大学附属中学校
③雲雀丘学園中学校
④関西学院中学部
⑤神戸女学院中学部
⑥甲陽学院中学校
⑦甲南中学校
⑧甲南女子中学校
⑨灘中学校
⑩親和中学校
⑪神戸海星女子学院中学校
⑫滝川中学校
⑬啓明学院中学校
⑭三田学園中学校
⑮淳心学院中学校
⑯仁川学院中学校
⑰六甲学院中学校
⑱須磨学園中学校(第1回入試)
⑲須磨学園中学校(第2回入試)
⑳須磨学園中学校(第3回入試)
㉑白陵中学校

㉒夙川中学校

## 奈良県

①[国立]奈良女子大学附属中等教育学校
②[国立]奈良教育大学附属中学校
③[県立]
- 国際中学校
- 青翔中学校

④[市立]一条高等学校附属中学校
⑤帝塚山中学校
⑥東大寺学園中学校
⑦奈良学園中学校
⑧西大和学園中学校

## 和歌山県

①[県立]
- 古佐田丘中学校
- 向陽中学校
- 桐蔭中学校
- 日高高等学校附属中学校
- 田辺中学校

②智辯学園和歌山中学校
③近畿大学附属和歌山中学校
④開智中学校

## 岡山県

①[県立]岡山操山中学校
②[県立]倉敷天城中学校
③[県立]岡山大安寺中等教育学校
④[県立]津山中学校
⑤岡山中学校
⑥清心中学校
⑦岡山白陵中学校
⑧金光学園中学校
⑨就実中学校
⑩岡山理科大学附属中学校
⑪山陽学園中学校

## 広島県

①[国立]広島大学附属中学校
②[国立]広島大学附属福山中学校
③[県立]広島中学校
④[県立]三次中学校
⑤[県立]広島叡智学園中学校
⑥[市立]広島中等教育学校
⑦[市立]福山中学校
⑧広島学院中学校
⑨広島女学院中学校
⑩修道中学校
⑪崇徳中学校
⑫比治山女子中学校
⑬福山暁の星女子中学校
⑭安田女子中学校
⑮広島なぎさ中学校
⑯広島城北中学校
⑰近畿大学附属広島中学校福山校
⑱盈進中学校
⑲如水館中学校
⑳ノートルダム清心中学校
㉑銀河学院中学校
㉒近畿大学附属広島中学校東広島校
㉓AICJ中学校
㉔広島国際学院中学校
㉕広島修道大学ひろしま協創中学校

## 山口県

①[県立]
- 下関中等教育学校
- 高森みどり中学校

②野田学園中学校

## 徳島県

①[県立]
- 富岡東中学校
- 川島中学校
- 城ノ内中等教育学校

②徳島文理中学校

## 香川県

①大手前丸亀中学校
②香川誠陵中学校

## 愛媛県

①[県立]
- 今治東中等教育学校
- 松山西中等教育学校

②愛光中学校
③済美平成中等教育学校
④新田青雲中等教育学校

## 高知県

①[県立]
- 安芸中学校
- 高知国際中学校
- 中村中学校

**福岡県**

①[国立]福岡教育大学附属中学校（福岡・小倉・久留米）
②[県立]育徳館中学校
門司学園中学校
宗像中学校
嘉穂高等学校附属中学校
輝翔館中等教育学校
③西南学院中学校
④上智福岡中学校
⑤福岡女学院中学校
⑥福岡雙葉中学校
⑦照曜館中学校
⑧筑紫女学園中学校
⑨敬愛中学校
⑩久留米大学附設中学校
⑪飯塚日新館中学校
⑫明治学園中学校
⑬小倉日新館中学校
⑭久留米信愛中学校
⑮中村学園女子中学校
⑯福岡大学附属大濠中学校
⑰筑陽学園中学校
⑱九州国際大学付属中学校
⑲博多女子中学校
⑳東福岡自彊館中学校
㉑八女学院中学校

**佐賀県**

①[県立]香楠中学校
致遠館中学校
唐津東中学校
武雄青陵中学校
②弘学館中学校
③東明館中学校
④佐賀清和中学校
⑤成穎中学校
⑥早稲田佐賀中学校

**長崎県**

①[県立]長崎東中学校
佐世保北中学校
諫早高等学校附属中学校
②青雲中学校
③長崎南山中学校
④長崎日本大学中学校
⑤海星中学校

**熊本県**

①[県立]玉名高等学校附属中学校
宇土中学校
八代中学校
②真和中学校
③九州学院中学校
④ルーテル学院中学校
⑤熊本信愛女学院中学校
⑥熊本マリスト学園中学校
⑦熊本学園大学付属中学校

**大分県**

①[県立]大分豊府中学校
②岩田中学校

**宮崎県**

①[県立]五ヶ瀬中等教育学校
②[県立]宮崎西高等学校附属中学校
都城泉ヶ丘高等学校附属中学校
③宮崎日本大学中学校
④日向学院中学校
⑤宮崎第一中学校

**鹿児島県**

①[県立]楠隼中学校
②[市立]鹿児島玉龍中学校
③鹿児島修学館中学校
④ラ・サール中学校
⑤志學館中等部

**沖縄県**

①[県立]与勝緑が丘中学校
開邦中学校
球陽中学校
名護高等学校附属桜中学校

## もっと過去問シリーズ

**北海道**

北嶺中学校
7年分（算数・理科・社会）

**静岡県**

静岡大学教育学部附属中学校
（静岡・島田・浜松）
10年分（算数）

**愛知県**

愛知淑徳中学校
7年分（算数・理科・社会）
東海中学校
7年分（算数・理科・社会）
南山中学校男子部
7年分（算数・理科・社会）
南山中学校女子部
7年分（算数・理科・社会）
滝中学校
7年分（算数・理科・社会）
名古屋中学校
7年分（算数・理科・社会）

**岡山県**

岡山白陵中学校
7年分（算数・理科）

**広島県**

広島大学附属中学校
7年分（算数・理科・社会）
広島大学附属福山中学校
7年分（算数・理科・社会）
広島学院中学校
7年分（算数・理科・社会）
広島女学院中学校
7年分（算数・理科・社会）
修道中学校
7年分（算数・理科・社会）
ノートルダム清心中学校
7年分（算数・理科・社会）

**愛媛県**

愛光中学校
7年分（算数・理科・社会）

**福岡県**

福岡教育大学附属中学校
（福岡・小倉・久留米）
7年分（算数・理科・社会）
西南学院中学校
7年分（算数・理科・社会）
久留米大学附設中学校
7年分（算数・理科・社会）
福岡大学附属大濠中学校
7年分（算数・理科・社会）

**佐賀県**

早稲田佐賀中学校
7年分（算数・理科・社会）

**長崎県**

青雲中学校
7年分（算数・理科・社会）

**鹿児島県**

ラ・サール中学校
7年分（算数・理科・社会）

※もっと過去問シリーズは
国語の収録はありません。

教英出版
〒422-8054
静岡県静岡市駿河区南安倍3丁目12−28
TEL 054-288-2131
FAX 054-288-2133
詳しくは教英出版で検索
教英出版　検索
URL https://kyoei-syuppan.net/

逗子開成中学校　1次

# 国語

注意

1、問題は【一】から【三】まで、ページ数は1ページから13ページまであります。

2、試験時間は50分です。

3、解答は解答用紙に記入し、解答用紙だけ提出しなさい。

4、字数制限のある問題では、句読点やかっこ、その他の記号も一字として数えます。

5、答えを直すときは、きれいに消してから新しい答えを書きなさい。

6、問題文には、設問の都合で、文字・送りがななど、表現を改めたり、省略したところがあります。

| 受験番号 | |
|---|---|
| 氏名 | |

（2024－J1）

【二】　次の各問に答えなさい。

問一　次の①～⑮の各文の――線部のカタカナを漢字で書き、――線部の漢字の読み方をひらがなで書きなさい。

①　風の音に秋のケハイを感じた。　②　環境問題はシンコクな状況だ。　③　アットウ的な強さで優勝した。
④　チーム一丸となってダンケツする。　⑤　侵略の動きに対しケイカイを強める。　⑥　王の命令にフクジュウする。
⑦　ビミョウな雲の動きを観察する。　⑧　ドクトクなアイデアを持つリーダーだ。　⑨　証券会社でカブを買う。
⑩　他人の失敗をセめるな。　⑪　仲介役を買って出る。　⑫　運転を自動的に制御するシステム。
⑬　和やかな空気に包まれた。　⑭　危険を冒しつつも溺れている子供を救った。　⑮　卑劣な行いに憤りを感じる。

問二　次の①～⑤の各文でそれぞれ言い表していることわざとして最も適切なものを、後の選択肢ア～カから一つずつ選び、（i）の解答欄に答えなさい。また（ii）の解答欄にはそのことわざの（　　）に入る適切な漢字一字をそれぞれ書きなさい。

①　同じアパートに住む響《きょう》子《こ》さんが好きだ！　……でも僕なんて相手にしてくれないだろうな……。
②　うちの会社の経営が危ないという噂《うわさ》を聞いて、本当に驚いたよ。
③　生徒たちに、お前達は才能があるぞとほめて俳句コンテストにチャレンジするよう励ましたのに、一人も応募してこなかった。
④　ついにボクシング世界チャンピオンとの試合が決まった！　自分が新チャンピオンになること間違いなしだ。そうすればテレビのインタビューを受ける機会も増えるだろう。トークの技術を磨いておかねば……。
⑤　もともとお酒は飲めない父のもとに、お中元としてビール一ダースが届けられた。

ア （　　）吹けど踊らず　　イ 寝耳に（　　）　　ウ 取らぬ狸《たぬき》の（　　）算用

エ 火のない所に（　　）は立たぬ　　オ 無用の（　　）物　　カ 高嶺の（　　）

【二】 次の文章は、伝統的文化が残されていたインドの辺境の町ラダックに魅了された西洋人である筆者が、近代的な西洋文化の流入により変化していく町の様子を目の当たりにし、思いを述べたものである。これを読んで、後の各問に答えなさい。なお、文章は設問の都合で省略したところがある。

お詫び

著作権上の都合により、文章は掲載しておりません。
ご不便をおかけし、誠に申し訳ございません。

教英出版

お詫び
著作権上の都合により、文章は掲載しておりません。
ご不便をおかけし、誠に申し訳ございません。
教英出版

（ヘレナ・ノーバーグ＝ホッジ『懐かしい未来 ――ラダックから学ぶ』ヤマケイ文庫）

注 ＊1 真鍮……楽器や仏具に使用される合金。　＊2 ヤク……チベット高原を中心に生息するウシ科の動物。
＊3 表徴……外部にあらわれたしるし。

問一 本文中の［a］～［d］について、次の（i）・（ii）の各問に答えなさい。

（i） この四つの空欄の中で、一つだけ他と異なる言葉が入る空欄がある。それを一つ選び、記号で答えなさい。

（ii） また、（i）で選んだ空欄に入る言葉として最も適切なものを、次の選択肢ア～エから一つ選び、記号で答えなさい。

ア やはり　イ しかし　ウ つまり　エ そして

問二　本文中には「開発」と、カギカッコ（「　」）をつけて開発を表記している箇所がいくつかあるが、この表記の仕方には筆者のどのような意図が込められているか。それについて表している言葉として最も適切なものを、次の選択肢ア～エから一つ選び、記号で答えなさい。

ア　断定　　イ　無視　　ウ　賛同　　エ　皮肉

問三　――線部①「今では、持っているものだけでは十分とは言えなくなった」とあるが、ラダックの人びとがこのようになったのはなぜか。本文中の言葉を用いて、三十字以内で簡潔に説明しなさい。

問四　――線部②「真鍮の壺がピンク色のプラスチックのバケツに代り、現代風の安物の靴が好まれ、ヤクの毛の靴が捨てられるのを見て、私は当初恐ろしさに似た思いを感じた」とあるが、筆者がこのように感じたのはなぜか。説明しなさい。

問五　――線部③「既存のものが改善されたかどうかが問われることは、どの段階においても見られない」とあるが、開発者たちが自らの開発がラダックに改善をもたらしたのかどうか検証することがない理由について説明しているものとして、最も適切なものを次の選択肢ア～エから一つ選び、記号で答えなさい。

ア　西洋人は自らの文化が優れていると信じこみ非西洋文化の価値を否定しているため、開発が状況を悪化させたなど夢にも思っていないので、検証の必要性など全く感じていないから。

イ　西洋人にとっては開発にともなう自分たちの利益だけが問題なのであり、開発が発展をもたらしたかなど実はどうでもいいことなので、検証について全く関心を持とうとしないから。

ウ　西洋人は開発が逆にラダックの状況を悪化させたことに気づいているため、検証することを避け、非西洋文明の価値をことさら否定することで自分たちの罪を隠そうとしているから。

エ　西洋人は自分たちの文化を広めることで世界中に多大な影響力をもつことを重要視しており、非西洋文明の犠牲はやむをえないものと考え、検証の必要性について無視しているから。

問六　本文の内容に合っているものを次の選択肢ア～エから一つ選び、記号で答えなさい。

ア　階級社会に生きるラダックの人々はもともと体制の不平等性への不満と旧文化に対する疑念が心の底に根づいており、それが西洋文化を積極的に受け入れる基盤となった。

イ　従来の伝統的な生活技術を維持したうえでさらに西洋近代科学技術が加われば多くの利益が生まれるとする思想は、ラダックの人々を開発へと駆《か》り立てる原動力になった。

ウ　開発を否定的なものと断定せず、伝統的文化が失われていくことに感傷的な気持ちをはさむことなく、現地で生きていく人々にとって何が大切かを考える必要がある。

エ　近代化の波が押し寄せてからは、人々の生活レベルが逆に下がってしまったうえに経済格差が発生し、地域以外の様々な機構と連携していく体制に組み込まれていった。

問七　筆者がラダックでの生活をもとに描いたこの作品は『懐かしい未来』という題名だが、この題名から、筆者は私たち読者に対してどのようなことを訴えていると考えられるか。その説明として最も適切なものを、次の選択肢ア～エから一つ選び、記号で答えなさい。

ア　古いラダックの伝統文化は、逆に近代文明の問題点を改め私たちが新しい未来をつくるヒントになりうるということ。

イ　古い伝統文化を改善し、近代文明を採り入れていくラダックの姿は、未来を作る上での理想的な例になるということ。

ウ　近代文明の流れの中で未来を生きる私たちにとって、ラダックの古い伝統文化は良き思い出になりつつあるということ。

エ　近代文明によってラダックの古き良き伝統文化が破壊された悲劇は、未来まで私たちが語り継ぐ必要があるということ。

【三】　次の文章を読んで、後の各問に答えなさい。なお、文章は設問の都合で省略したところがある。

> 関ヶ原の合戦で豊臣家の恩に報いるという正義のため徳川家康と戦い、敗れた石田三成（治部少輔《じぶのしょう》）は病の身ながら逃げ落ち、以前自分が領主を務め、冷害の際に租税を取らず百石の米を与えて救った古橋村に流れ着き、三珠院という寺に身を隠した。しかし、すでにこの付近にも徳川方より「三成をかくまう者がいたら一村ごと処刑する」とのおふれが回っていた。本文は、三成と寺の老僧の善説との会話から始まる。

「なにごとも、ご運でござりまする」

「運ではない。おれは左様《さよう》なものは信ぜぬ」

「では？」

何を信ずるのか、と老僧は炉の上の鍋の加減を見つつ、思った。

「義をのみ、信じている。＊1孔子は仁を説き、＊2孟子は末世なるがゆえに義を説いた。義のみが、世を立て乱をふせぐ道であると説いた。義は不義に勝ち、義のあるところかならず栄える、と説いた。しかし、このたびの戦いは逆である」

「逆で」

「左様、不義が勝った」

三成はやがて腕を脇腹から落とし、おしつぶされたような姿勢でねむった。

（どうするか）

老僧は、鍋越しに三成の寝姿を見、息を忘れたようにして思案した。訴え出るか、かくまうか、である。

が、老僧はやがて立ち、三成のからだに法衣をかぶせてやった。

（災難だと思おう）

老僧は、運の信者である。三成がこの寺に逃げこんできたのは、老僧にとって悪運であった。善悪ともに運命には人間はさからえない、と老僧の属している仏法は教えている。さからえぬ以上＊3甘受《かんじゅ》せよ、と仏法は言う。なにごとも＊4業《ごう》であり、因果《いんが》である。業も因果も人力ではいかんともしがたく、すでに人のすべての運命は前世できまっている。

（前世で、わしはそれほどの悪をしたのか）

老僧は、三成の足もとで折れくずれた。ふたたびうまれかわるという来世こそこのようなことがあってはならない。その来世での幸《よ》き運をつくるために、いま宿業《しゅくごう》のたねを蒔《ま》いておくべきであった。三成を、せめてかれの健康が回復するまでかくまおうと思った。

二日経った。

おそるべきことがおこった。誰が見たのかこの三珠院にゆゆしき落ち武者がかくまわれていることが、村中の話題になった。

「治部少輔さまであるらしい」

と、人々は察し、ささやきあったが、ただこの災難を怖《おそ》れるのみで訴人《そにん》して出ようという者はない。三成から蒙《こうむ》った百石の恩が、まだ記憶になまなましかったからである。

ここに、与次郎大夫という者がいる。土地の大百姓で、三成がかつてこの村を巡視したとき、

——そちが、与次郎大夫か。

とひとことだけ、声をかけた男であった。このことに感激し、三成に対して格別な感情を抱いている。与次郎大夫は、村と三成を、同時に救おうとした。

まず妻を離別し、子供ともども実家にかえらせた。連座の災難からまぬがれさせるためであった。その上で三珠院をおとずれ、僧善説に申し出た。

「寺は、人の出入りが多うございます」

かといって村のなかの自分の屋敷でかくまうと、＊5露顕《ろけん》したときに村の迷惑になる。与次郎大夫の思案では、村里からやや離

れた山中の岩窟《がんくつ》に三成を移し、そこで病いを養わせることであった。露顕した場合の罪は、自分ひとりがひきうけるという。

老僧は、吻《ほっ》とした。与次郎大夫の［　a　］申し出をほめ、

「＊6往生《おうじょう》のあとは極楽にゆけるだろう」

といった。〈中略〉

三成は、この村から二山ばかり奥に入った与次郎大夫の持ち山に移り、山中の窟《いわや》を居《きょ》にした。与次郎大夫は、三成の看病に専念した。

（世には、ふしぎな人間もいる）

と、三成は、この百姓の甲斐甲斐《かいがい》しさを見るにつけ、いま一つの人の世を知る思いがした。三成は、与次郎大夫の社会にはいない。少年のころに秀吉に見出されたあと、権力社会に生きてきた。二十代以後はその社会のなかでももっとも中核の、いわば権力の梃子《てこ》をにぎり、諸大名の＊7生殺与奪《せいさつよだつ》をさえ自由にするほどの位置で世を送ってきた。

（義というものは、あの社会にはない）

関ヶ原の合戦なかばにして三成はようやくそのことを知った。利があるだけである。

人は利のみで動き、利がより多い場合は、豊臣家の恩義を古わらじのように捨てた。＊8小早川秀秋などはその最たるものであろう。権力社会には、所詮《しょせん》は義がない。

（孟子は、誤っている）

と、三成はおもった。孟子は列強のあいだを周遊し、諸侯に会い、義を説いた。義こそ国家、社会、そして文明の秩序の核心であると説いた。三成は孟子を読み、豊臣家の＊9家宰《かさい》として豊臣家の秩序をたもつ道は孟子の義であるという信念を得たが、①なんとそれは空論であったことであろう。

（いや、孟子を恨むことはない）

とも思う。孟子もまた争乱の世に生き、権力社会にはそういう観念や情緒が皆無であることを知り、みずから空論であると気づ

きつも②無いものねだりをして歩いたのであろう。

（しかし人間には義の情緒はある）

そこに、与次郎大夫がいる。

痩《や》せた、顔色のわるい、貧相な中年の百姓である。この取り柄《え》もなさそうな男が、死と一家の滅亡を賭けて三成をかくまい、このように看病してくれている。〈中略〉

「与次郎大夫、すまぬ」

と、三成がいったとき、この百姓は、あのとき百石を頂戴《ちょうだい》つかまつらねば村の者はみな飢え死んだでございましょう。その御恩がえしでありまするゆえ、左様な［ b ］お言葉をかけられますな、と泣くようにいうのである。

（この可愛らしさ。おれの居た社会には、それがない）

と、三成は思った。三成でさえそうであった。口では義を唱えながら、実際には西軍に参加する諸侯に利を啖《くら》わせ、＊10巨封《きょほう》を約束することによって味方につけようとした。

（しかも）

ここに不安がある。もし関ヶ原に三成が勝った場合、③そのあとどの程度自分が潔いか、自分に自信がない。石田幕府をつくることはないにしても、鎌倉幕府における北条執権政権ほどのものはつくりあげたであろう。〈中略〉

（すべてが、利さ）

自分は利に敗れた。と思ったとき、ほとんど叫びたいほどの衝動で、

（④それにくらべ、おまえの心はどうなっているのだ）

と、三成は与次郎大夫に問いかけたい思いであった。

岩窟のなかで、ようやく体が癒《い》えた。二日目に与次郎大夫は村に帰り、噂をかきあつめて夕刻もどってきた。

隣村まで知れているという。隣村は三成の旧領ではなかった。

隣村には、捜索隊の宿所がある。かれらがここへ押しよせるのは時間の問題であろうと与次郎大夫はいった。

「お遁《に》げあそばせ」

と、この百姓は三成を叱咤《しった》した。三成は動かなかった。

「⑤そのほうの義を、義で返したい」

と、三成はいった。いまここで遁げれば与次郎大夫は処刑されるであろう。

（司馬遼太郎『関ヶ原』新潮文庫刊）

注　＊1　孔子　＊2　孟子……ともに古代中国の思想家。戦乱の世で、仁義（思いやり、悪を恥じる道徳）の重要性を説いた。

＊3　甘受……仕方がないものとして受け入れること。　＊4　業……前世（この世に生まれる以前の人生）の行いの報い。

＊5　露顕……隠していたことがあきらかになること。　＊6　往生……この世を去ること。

＊7　生殺与奪……対象を生かしたり殺したり、どのようにでも思うままにすること。

＊8　小早川秀秋……関ヶ原の戦いで裏切り行為を働き、豊臣軍敗北のきっかけを作った人物。

＊9　家宰……家の仕事を家長になりかわって務める人。　＊10　巨封……巨大なほうび。

問一　本文中の［a］・［b］に入る言葉として最も適切なものを次の選択肢ア～エからそれぞれ一つずつ選び、記号で答えなさい。

［a］……　ア　けなげな　イ　もっともな　ウ　ほがらかな　エ　おだやかな

［b］……　ア　面目《めんぼく》ない　イ　元も子もない　ウ　さりげない　エ　もったいない

問二　本文中に登場する老僧についての説明として最も適切なものを次の選択肢ア～エから一つ選び、記号で答えなさい。

ア　三成を助けることで自身に迫る死の危険におびえるも、仏の教えを思い命がけで三成を守る覚悟を決めたが、与次郎大夫の申し出を聞き、命が助かったと素直に喜んでいる。

イ　三成をかくまうことで自身に危険が及ぶ恐怖と来世に報いを受ける恐怖との板挟《いたばさ》みに苦しんでいたが、与次郎大夫の申し出によりそれらが解消され、胸をなで下ろしている。

ウ　三成が回復するまではかくまうが、その後は徳川方に引き渡すのもやむをえないと考えていた矢先、与次郎大夫の申し出を受け、嫌な役回りをせずにすみ嬉しく思っている。

エ　来世に自分が受ける報いを恐れ、しぶしぶ三成を助けざるをえないと思っていたが、与次郎大夫の申し出を聞き自分を恥ずかしく思い、与次郎の勇気に心から感動している。

問三　——線部①「なんとそれは空論であったことであろう」とあるが、三成がこのように考えたのは、人々のどのような姿を見たからか。それについて最も具体的に述べている一文をこの——線部より前から探し、最初の五字を抜き出して答えなさい。

問四　——線部②「無いものねだりをして歩いたのであろう」とあるが、三成は孟子についてどのように考えていたのか。その説明として最も適切なものを次の選択肢ア～エから一つ選び、記号で答えなさい。

ア　権力に生きる者に義を説くことは虚《むな》しいと知りつつも、不可能を可能にすべく挑戦することが大切だったのだと考えている。

イ　権力に生きる者に義を説くことは無意味だと知りつつも、信念を捨てきれずかたくなにすがりついたのだと考えている。

ウ　権力に生きる者に義を説くことはつらいと思いつつも、厳しい試練を経て自己の成長につなげようとしたのだと考えている。

エ　権力に生きる者に義を説くことは困難だと思いつつも、夢はきっとかなうと信じて疑わなかったのだと考えている。

問五　――線部③「そのあとどの程度自分が潔いか、自分に自信がない」とあるが、どういうことか。その説明として最も適切なものを次の選択肢ア～エから一つ選び、記号で答えなさい。

ア　戦に勝利し自分がすべてを決定できる立場になった瞬間、あさましい欲望にとらわれてしまい、自身が権力者の座にしがみつこうとしたのではないかと考えている。

イ　戦に勝利した後に利益の分配が問題になるが、諸大名の不満が出ないように、個人的な好き嫌いにとらわれず公平にとりしきることはできなかったのではと考えている。

ウ　戦に勝利した後は自分が最高権力者となるが、自身にはその実力に乏しいことを痛感しているので、結局は尻込みして身を引くことになったのではないかと考えている。

エ　戦に勝利した後は、諸大名が重んずる考え方に沿って政治を行わなければならないが、結局は自分が信じてきた孟子の教えを強制したのではないかと考えている。

問六　――線部④「それにくらべ、おまえの心はどうなっているのだ」とあるが、この言葉から読み取れる三成の心情についてわかりやすく説明しなさい。

問七　――線部⑤「そのほうの義を、義で返したい」と三成は言ったが、このように三成が決意するに至ったのはなぜか。三成自身が関ヶ原の合戦を戦った理由を踏まえて説明しなさい。ただし、「利」という言葉を必ず用いること。

《　問題は以上です　》

# 算　数

注　意

1．試験時間は50分です．

2．問題は1から5（1ページから9ページ）まであります．
試験開始後，抜け落ちているページがないか，印刷が不鮮明《ふせんめい》なページがないか確認してください．不備がある場合は監督者《かんとくしゃ》に申し出てください．

3．定規・コンパス・筆記用具以外の使用は認めません．

4．問題用紙や解答用紙を折ったり切ったりして，問題を解くためのヒントとなる形に変形することを禁止します．

5．解答用紙への記入上の注意
- 考え方を書く指示がある問題以外は，答えだけを書いてください．
- 答えに単位が必要な問題は，必ず単位をつけて答えてください．
- 答えが分数になる場合は，それ以上約分できない一番簡単な分数で答えてください．また，仮分数は帯分数に直してください．
- 図やグラフをかいて答える問題に対し，定規・コンパスを忘れた場合は手がきでていねいにかいてください．

| 受験番号 | | 氏名 | |
|---|---|---|---|

(2024-J1)

1 次の $\square$ にあてはまる数を求めなさい.

(1) $64+36\times8+2\times(18-4\div2)-24\times16=\square$

(2) $\left(5-\dfrac{1}{4}\right)\div\dfrac{1}{2}-\left(2\dfrac{1}{3}-\dfrac{2}{5}\right)\times2\dfrac{17}{29}+1\dfrac{3}{7}\div\dfrac{5}{490}\times\dfrac{1}{40}=\square$

(3) $9999-\left\{\left(260-\square\div8\right)\times111-102\right\}\times\dfrac{5}{9}-7600=2024$

2 次の各問いに答えなさい.

(1) 365 日を時間に換算すると何分になりますか.

(2) 子どもとお母さんがおもちゃを片付けます. もし, 子どもだけで片付けると 30 分かかります. お母さんといっしょに片付けると 5 分かかります. このとき, お母さん一人だけで片付けたときにかかる時間を求めなさい.

(3) Z 中学校の海洋教育センターには大きなお風呂があります. 右の図はお風呂を真上から見た図です. また, お風呂の深さは 60 cm です. このとき, お風呂の容積は何 L ですか.

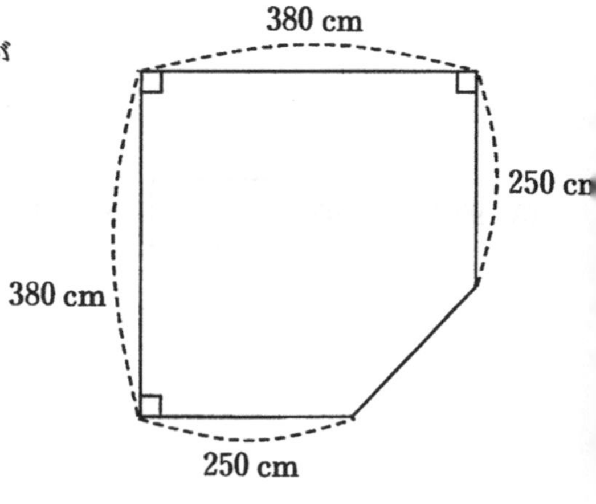

(4) 下の図の四角形ABCDは長方形です．また，四角形EFGHは正方形です．AHの長さは532 cm，FCの長さは480 cmです．このとき，長方形ABCDの周りの長さを求めなさい．

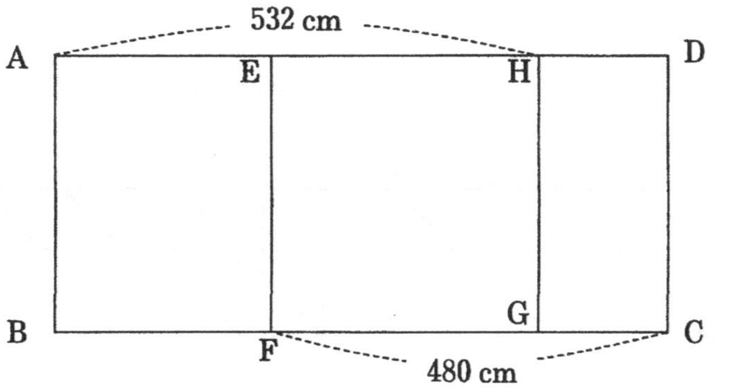


(5) ある整数Kを11で割ると割り切れます．そのときの商を11で割ると1余ります．このような整数Kのうちで2024に最も近い数はいくつですか．

(6) おもちゃ箱に白玉と赤玉が合わせて500個入っています．そのうち99％は白玉です．ここからいくつか玉を取り出しました．すると，おもちゃ箱に残った玉のうち98％が白玉でした．このとき，取り出した白玉と赤玉の個数を合計した数として考えられるものをすべて書き出しなさい．

3 同じ大きさの長方形の紙がたくさんあります．長方形の長い辺を 4 回直角に折り曲げて図 1 のようなミゾを作ります．このミゾをたくさん作り，のりしろを 5 cm にしてはり合わせていきます．図 2 はミゾを 2 枚はり合わせた物体です．この物体の全長は 85 cm でした．このとき次の各問いに答えなさい．

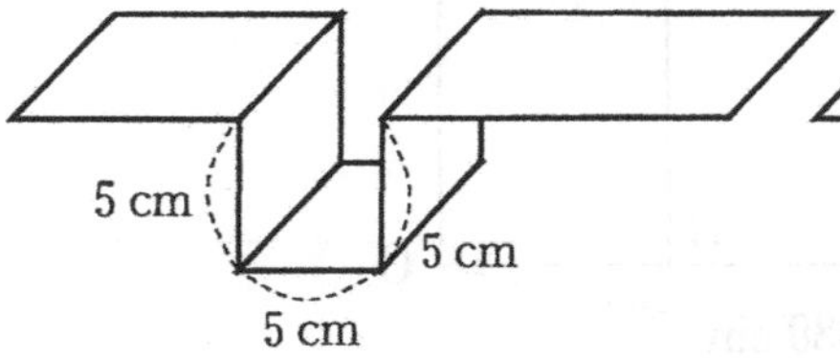


図 1

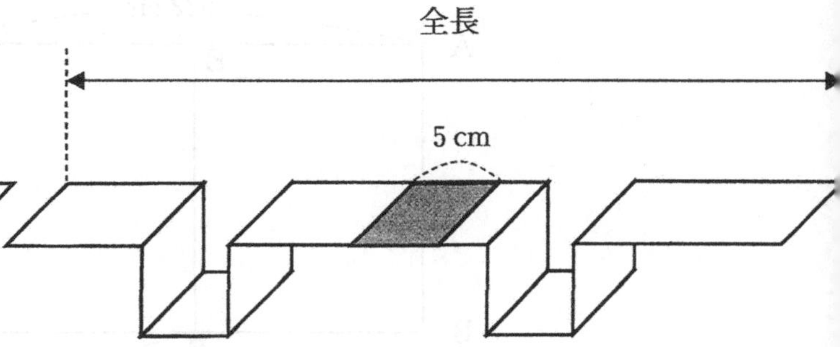


図 2

(1) 折り曲げる前の長方形の長い辺の長さは何 cm ですか．

(2) ミゾをはり合わせていったとき，全長が 2024 cm を初めて超えるのは何枚目ですか．

(3) ミゾを 100 枚はり合わせました．しかし何か所かののりしろを間違えてはったために全長が 3801 cm になりました．のりしろは 5 cm 以外に 7 cm と 8 cm がありました．7 cm ののりしろと 8 cm ののりしろの数の比は 3 : 2 でした．8 cm ののりしろの数はいくつありますか．

2024(R6) 逗子開成中　1次
K 教英出版

《計算余白》

4 ズトシくんは，対戦相手と互いにモンスターを出して戦うゲームで遊んでいます．このゲームのモンスターは，種類によって決まった3つの能力値（たいりょく，こうげき，ぼうぎょ）を持っています．さらにモンスターの能力値にはボーナス値もあり，たいりょく，こうげき，ぼうぎょのそれぞれに 0，1，2，3 のどれかが割りふられます．ズトシくんはゲーム大会に出場するために，2種類のモンスターをたくさんつかまえることにしました．下の表は，ボーナス値が加算される前のモンスターの能力値です．

| 能力値＼モンスター名 | ヒダリー | ミギギ |
|---|---|---|
| たいりょく (T) | 3 | 2 |
| こうげき (K) | 3 | 6 |
| ぼうぎょ (B) | 9 | 5 |

また，それぞれのモンスターの強さのポイントは次の計算式で計算することができます．

| (Tの値＋ボーナス値)×20 ＋(Kの値＋ボーナス値)×65 ＋(Bの値＋ボーナス値)×15 |
|---|

とします．
例えば，つかまえたヒダリーのたいりょくのボーナス値が2，こうげきのボーナス値が2，ぼうぎょのボーナス値が1だったときは，ヒダリー T2 K2 B1 と表します．
また，ヒダリー T2 K2 B1 の強さのポイントは，

$$(3+2)\times 20+(3+2)\times 65+(9+1)\times 15=575$$

となります．このとき次の各問いに答えなさい．

(1) ミギギ T1 K2 B0 の強さのポイントはいくつですか．

(2) 強さのポイントが最大のモンスターと最小のモンスターのポイントの差を求めなさい．

(3) 強さのポイントがちょうど675のモンスターが出場できるゲーム大会があります．出場できるモンスターをミギギ T1 K2 B0 のような書き方ですべて書き出しなさい．ただし，以下のルールで書き出します．

・モンスター名が異なれば違うモンスターとします．
・モンスター名が同じでもT，K，Bのボーナス値の組合せが異なれば違うモンスターとします．

《計算余白》

5 百の位，十の位，一の位が，それぞれある規則にしたがって変化する 3 けたの数が並んでいます.

111 , 222 , 332 , 441 , 551 , 652 , 642 , 531 , 421 , 312 , 212 , 121 , 131 , 242 , …

このとき次の各問いに答えなさい.

(1) 100 番目の 3 けたの数を求めなさい.

(2) 並んでいる 3 けたの数は全部で何種類ありますか.

(3) 並んでいる 3 けたの数のうち，最大の数を X とします．並んでいる 3 けたの数を 1 番目から順にたしていき，X を 10 回たしたところでたすのを止めました．このとき合計はいくつですか．ただし，答えだけでなく考え方も書きなさい.

《計算余白》

# 理　科

注　　意

1．問題は【１】～【４】（1～8ページ）まであります。
2．試験時間は40分です。
3．解答は解答用紙に記入し，解答用紙だけ提出しなさい。
4．答えを直すときは，きれいに消してから新しい答えをかきなさい。
5．図やグラフをかく場合は，ていねいにはっきりとかきなさい。
　必要ならば定規を使ってもかまいません。

| | | | |
|---|---|---|---|
| 受験番号 | | 氏名 | |

【１】川の流れについて，下の問いに答えなさい。

（１）次の文中の（　ア　）～（　エ　）に適する語句を入れ，文章を完成させなさい。ただし，（　イ　）と（　ウ　）は，しん食・運ぱん・たい積のいずれかを選びなさい。

　川が谷に流れて平地に出ると，水の流れる速さが（　ア　）くなります。川の水の流れによる（　イ　）作用が弱まるので川の水にふくまれていた土砂が谷の出口に（　ウ　）していきます。長い年月をかけて（ウ）を続けた結果，谷の出口を頂点として平地に向かって広がりをもつ地形がつくられます。これが（　エ　）です。

（２）(1)の地形では谷の出口のあたりで川の流れが途《と》絶《だ》え，平地の近くで再び川の流れが現れることがあります。このようなことが起こる理由を正しく説明しているものを次のア～エから１つ選び，記号で答えなさい。

ア．川の水が蒸発しやすく，平地近くで降った雨水が再び集まるから。

イ．谷の出口あたりに住宅が建ちならび生活用水として使い，平地近くで生活はい水として捨てるから。

ウ．川の水が地下にしみこみやすく地下を流れて，平地近くでわき出るから。

エ．川の流れが細かく分かれ，平地近くで再び集まるから。

（３）図１のような川のＸ－Ｙの地点で，最も川の流れの速いところをア～ウから選び，記号で答えなさい。

（４）Ｘ－Ｙの地点の川底と川岸の断面図をかきなさい。ただし，片側の川岸はがけのようになっています。また，断面図は下流から上流に向かって見たときのものとします。

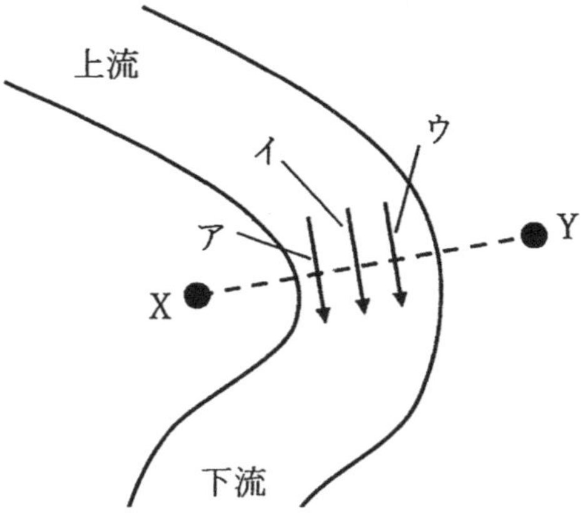


図１

（5）図2は，海底に土砂がたい積するようすを模式的に表しています。長い年月の間に海水面がしだいに低下し，Z地点が河口に近い海底に変化していきました。このとき，Z地点の地層のようすを最もよく表しているものを次のア～エから選び，記号で答えなさい。

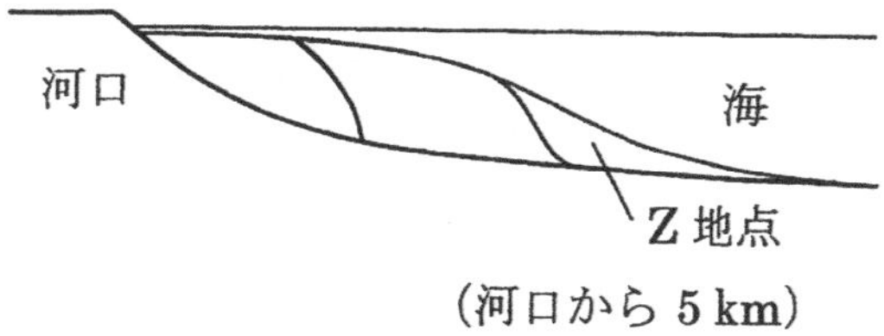


図2

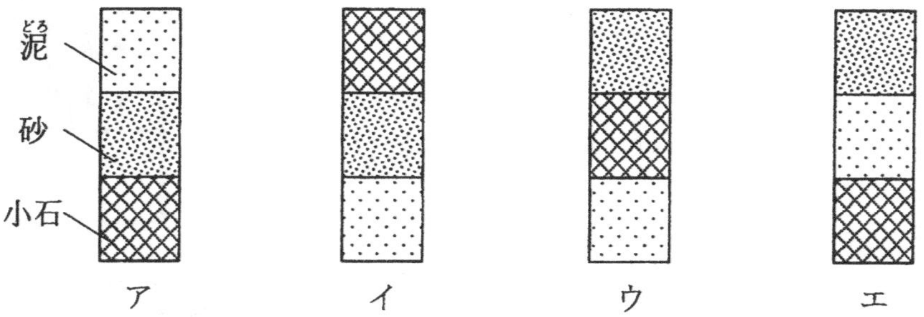


右の写真（図3）は，川の上流に作られたもので「砂防ダム」（砂防堰堤《えんてい》）といいます。一年中，川の水は流れていますが，集中ごう雨などによって山くずれがおこった際に，①大量の土砂や岩，木などが水とともに一気に川下の方へ流れるのを防ぐことができます。

図3　砂防ダムの高さは約 10 m

（6）下線部①の自然災害を何といいますか。

砂防ダムのはたらきは(6)のような自然災害を防ぐだけではありません。砂防ダムの上流側に土砂がたまると，②川岸や川底がけずられにくくなる，川の流れる速さがおそくなるなどのはたらきもあります。

（7）砂防ダムが下線部②のようなはたらきをする理由を説明しなさい。ただし，答えは解答らんに書かれた語句から始めなさい。また，右の図4を活用してもかまいません。

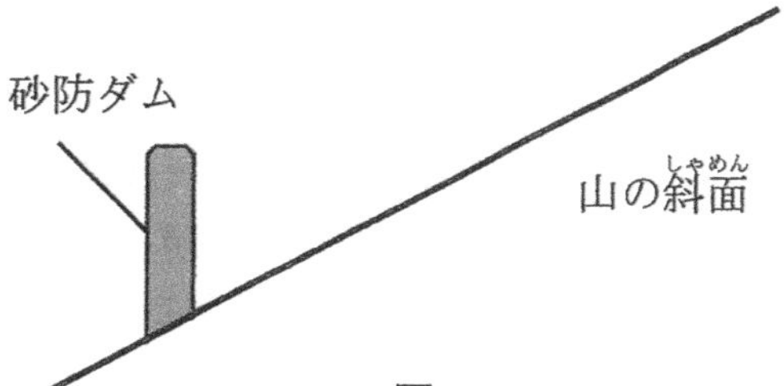


図4

【2】図は成人したヒトの血液循環《じゅんかん》のようすを，正面から見て模式的に表したものです。下の問いに答えなさい。

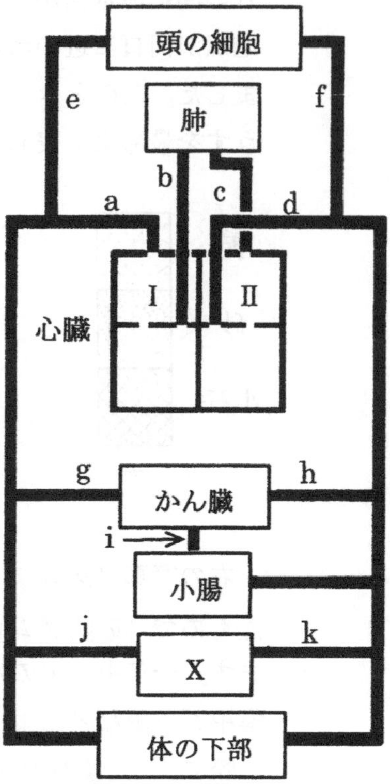


（1）図中のXは，こしの背中側に1対ある器官を表しています。

① Xの器官の名前を答えなさい。

② Xの器官のはたらきとして適するものを次のア～エから1つ選び，記号で答えなさい。

ア．消化された栄養分を水分とともに吸収する。

イ．全身の細胞《さいぼう》で出される不要物のうち，二酸化炭素以外のものをはい出する。

ウ．たん液をつくる。

エ．酸素を吸収し，二酸化炭素をはい出する。

（2）図の血管iの名前を答えなさい。

（3）図の血管a～dに流れる血液中の酸素量について，最も適するものを次のア～エから選び，記号で答えなさい。

ア．酸素量は，aよりもbの方が多い。　イ．酸素量は，dよりもaの方が多い。

ウ．酸素量は，cよりもbの方が多い。　エ．酸素量は，aよりもcの方が多い。

かん臓のはたらきの一つに「毒物や薬物などの物質を無毒な物質や体外にはい出されやすい物質に変える」というものがあります。

飲み薬の頭痛薬（頭の痛みを和らげる薬）を使用した場合について考えてみます。飲みこんだ頭痛薬は，図の小腸から吸収され，血流にのってかん臓に集められます。頭痛薬も，かん臓で無毒な物質や体外にはい出されやすい物質に変えられます。そのため，大部分が頭痛薬の効果を失ってしまいますが，かん臓で変えられなかった残りの薬が（　あ　）を通って頭の細胞（かん部）にまで届き，薬の効果を示します。このような理由から，通常，飲み薬は，かん臓で分解できる以上の量を処方されています。

（4）文中の（　あ　）にあてはまるかん臓から頭の細胞（かん部）まで頭痛薬が流れる経路を，図の血管 **a**～**k** の記号を使って答えなさい。

（5）うまれる前の赤ちゃんのことを胎児《たいじ》と呼びます。胎児の血液循環と出生後のヒトの血液循環には異なる点があります。

1 つ目は，胎児の心臓には図中の（　Ⅰ　）と（　Ⅱ　）の間に卵円孔《らんえんこう》とよばれる穴があいており，心臓に流れこんできた血液の大部分が（Ⅰ）から（Ⅱ）へ流入するしくみになっています。

2 つ目は，図中の（　b　）と（　d　）をつなぐ血管があることです。これによって，心臓に流れこんできた血液のうち卵円孔を通らなかった血液は（b）からこの血管を通って（d）へ入ります。

主にこの 2 つの構造により，肺への血液流入量を（　い　）しています。生後まもなくして，卵円孔や（b）と（d）をつなぐ血管は，その役割を終えてふさがります。

①　文中および図中の（　Ⅰ　），（　Ⅱ　）に入る語句をそれぞれ答えなさい。

②　文中および図中の（　b　），（　d　），（　い　）に入る語句の組合せとして最も適するものを次のア～クから選び，記号で答えなさい。

| | b | d | い |
|---|---|---|---|
| ア | 肺静脈 | 大動脈 | 減ら |
| ウ | 肺動脈 | 大動脈 | 減ら |
| オ | 肺静脈 | 大動脈 | 増や |
| キ | 肺動脈 | 大動脈 | 増や |

| | b | d | い |
|---|---|---|---|
| イ | 肺静脈 | 大静脈 | 減ら |
| エ | 肺動脈 | 大静脈 | 減ら |
| カ | 肺静脈 | 大静脈 | 増や |
| ク | 肺動脈 | 大静脈 | 増や |

③　胎児に卵円孔や（b）と（d）をつなぐ血管がある理由を，胎児が酸素を受けとる場所にふれながら説明しなさい。

【3】4種類の物質A，B，C，Dが混ざっている粉末の混合物があります。この4種類の物質は，銅，砂糖，鉄，石灰石，食塩，アルミニウムのいずれかです。この混合物に何がふくまれているのかを調べるために［実験1］を行いました。また，［実験1］の試薬として用いた塩酸や水酸化ナトリウム水よう液の性質について調べるために，［実験2］を行いました。次の文を読み，下の問いに答えなさい。

［実験1］

物質A，B，C，Dの混合物に水を加えたところ，物質Aのみが水にとけました。Aの水よう液を蒸発皿にのせ加熱したところ，途中《とちゅう》から茶色のねばりがある液体となり，やがて黒い物質になりました。

次に，残った物質B，C，Dを別の容器に移して水酸化ナトリウム水よう液を加えたところ，物質Bが気体Eを発生しながらとけました。

残った物質C，Dを別の容器に移して塩酸を加えたところ，物質Cが気体Fを発生しながらとけました。気体Fは気体Eとは異なるものでした。

なお，この実験で加える水や水よう液の量は，その物質のすべてがとけるのに十分な量を用いるものとします。また，物質A～Dどうしは，たがいに反応しないものとします。

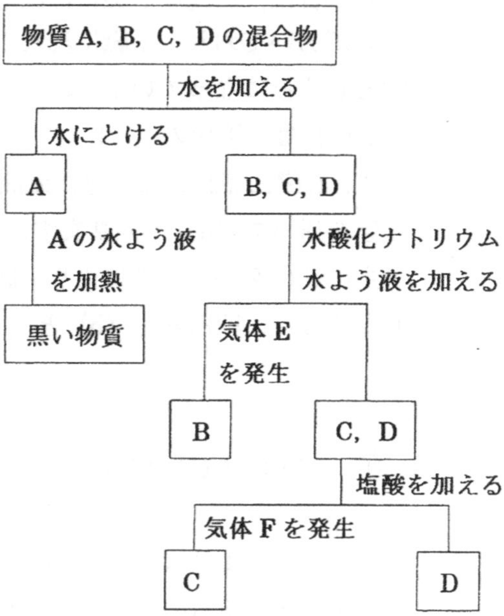


図1

［実験2］

濃度《のうど》の異なる塩酸Xと塩酸Yを用意しました。これらの塩酸を完全に中和するのに必要な水酸化ナトリウム水よう液Zの体積を調べたところ，図2のグラフのようになりました。

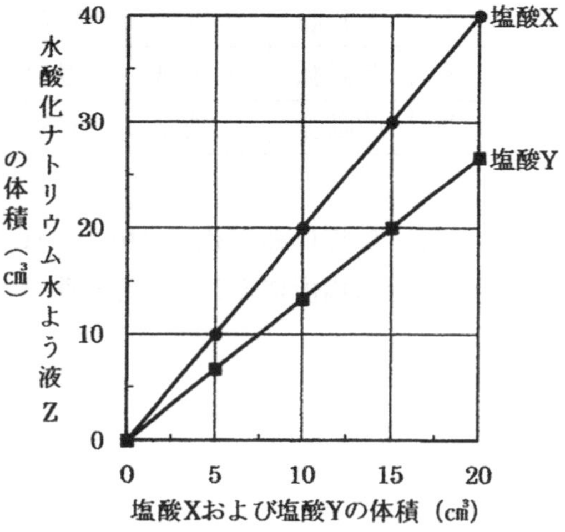


図2

（1）［実験 1］で，水にとけた物質 A ととけなかった物質 B，C，D をろ過によって分けました。ろ過の操作として最も適切なものを次のア～エから選び，記号で答えなさい。ただし，ろうと台などの支持器具は省略してあります。

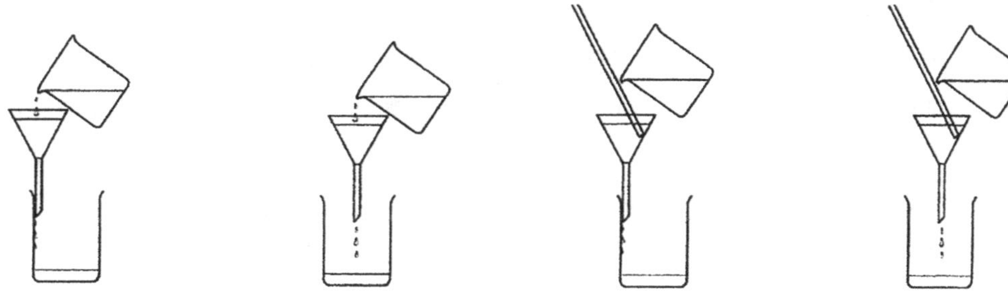


（2）［実験 1］の物質 A～D として適するものを，次のア～カからそれぞれ選び，記号で答えなさい。

ア．銅　　イ．砂糖　　ウ．鉄　　エ．石灰石

オ．食塩　　カ．アルミニウム

（3）［実験 1］で発生した気体 F の名前を答えなさい。

（4）［実験 2］について，①～③の問いに答えなさい。ただし，答えが割り切れないときは，小数第 1 位を四捨五入して整数で答えなさい。

① 塩酸 X の濃度と塩酸 Y の濃度の比として正しいものを次のア～キから 1 つ選び，記号で答えなさい。

ア．1：1　　イ．1：2　　ウ．2：1　　エ．2：3

オ．3：2　　カ．3：4　　キ．4：3

② 3 $cm^3$ の塩酸 X と 6 $cm^3$ の塩酸 Y を混ぜ合わせた水よう液があります。この水よう液を完全に中和するためには，水酸化ナトリウム水よう液 Z は何 $cm^3$ 必要ですか。

③ 8 $cm^3$ の塩酸 X に 40 $cm^3$ の水酸化ナトリウム水よう液 Z を混ぜ合わせた水よう液があります。この水よう液を完全に中和するためには，塩酸 Y，水酸化ナトリウム水よう液 Z のどちらの試薬を何 $cm^3$ 加えればよいですか。加える試薬については，解答らんの塩酸 Y または水酸化ナトリウム水よう液 Z のどちらかに丸（○）をつけて答えなさい。

【4】図1のように，球Aをある高さXから静かに落とし，点Oで地面に衝突《しょうとつ》させた後，まっすぐ上がってくるまでのようすを観察しました。矢印はAの進む向きと速さのようすを表しています。このとき，「Aが地面に衝突する直前の速さと，直後の速さ」，「Aのはじめの高さと，Aが地面に衝突した後の最高点の高さ」，「Aを落としてから地面に衝突するまでの時間と，Aが地面に衝突してから最高点に上がるまでの時間」をそれぞれ比べたところ，いずれも同じであることがわかりました。これらの性質をもつ球を「理想的なスーパーボール」とよぶことにします。表はそのとき記録したAに関するデータです。下の問いに答えなさい。

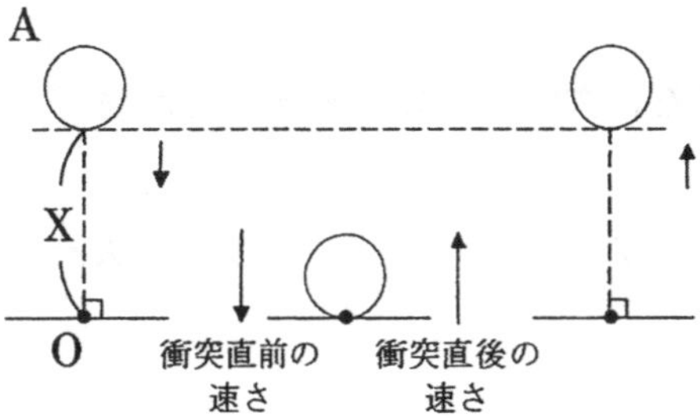

図1

| 高さX(m) | 0.1 | 0.4 | 0.9 |
|---|---|---|---|
| 地面に衝突する直前の速さ(m/秒) | 1.4 | 2.8 | 4.2 |
| 地面に衝突するまでの時間(秒) | $\frac{1}{7}$ | $\frac{2}{7}$ | $\frac{3}{7}$ |

（1）Aのはじめの高さXを変えて実験を行います。

① Xが2.5 mのとき，Aが地面に衝突する直前の速さは何m/秒ですか。

② Xが3.6 mのとき，Aを静かに落としてから最高点に上がるまでの時間は何秒ですか。分数で答えなさい。

次に，理想的なスーパーボールであるB，C，Dの球を新たに用意しました。これらの球はすべてAと同じ材質でできており，大きさや重さはそれぞれ異なりますが，Aと同じ落下実験を行ったところ，B，C，Dの球も表と同じ結果を示すことがわかりました。

ここで，図2のように，Aには重さの無視できる細い軸《じく》を球の中心を通して固定します。また，B，C，Dの球には球の中心を通る一直線の穴があいており，Aの軸を通すことができます。このとき，球と軸の間にまさつはなく，B，C，Dの球は軸にそって動くことができます。

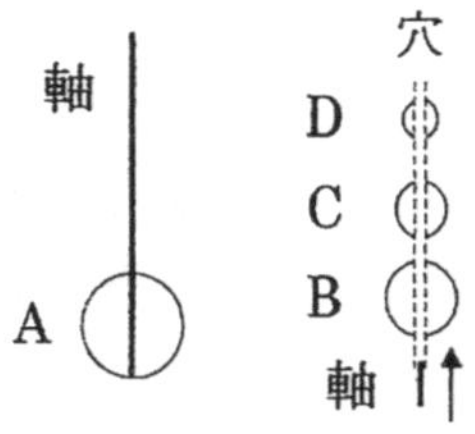

図2

図3のように，軸を通してAの上にBを重ねて静かに落としました。一体となったAとBが地面に衝突すると，Aが地面で静止し，Bがまっすぐ上がりました。このとき，Aが地面に衝突した直後のBは，一体となったAとBが地面に衝突する直前の2倍の速さではね上がりました。これを2段のすっとびボールとよびます。

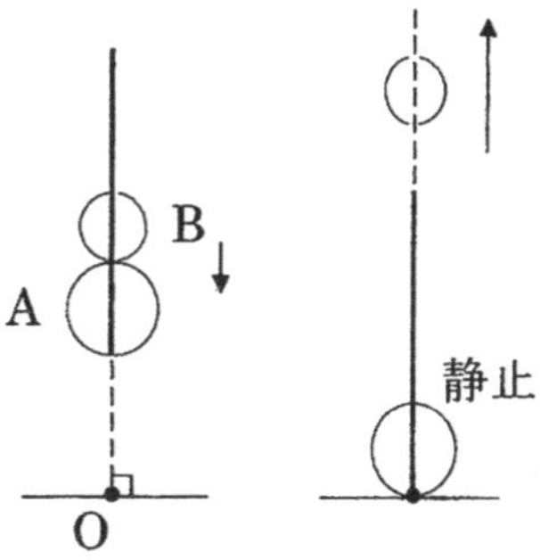

図3

（2）一体となったAとBが地面に衝突した後，Bははじめの高さの何倍まで上がりますか。球の大きさを考えずに答えなさい。

（3）一体となったAとBが地面に衝突した後，Bが3.6 mの高さまで上がるためには，一体となったAとBを地面から何mの高さから静かに落とせばよいですか。球の大きさを考えずに答えなさい。

図4のように，軸を通してAの上にB，C，Dを重ねて静かに落としました。Bの重さがAの重さの$\frac{1}{3}$倍，Cの重さがBの重さの$\frac{2}{4}$倍，Dの重さがCの重さの$\frac{3}{5}$倍であるとき，一体となったA・B・C・Dが地面に衝突すると，4段目のDだけがまっすぐ上がり，A・B・Cは一体となったまま地面で静止しました。このとき，Aが地面に衝突した直後のDは，一体となったA・B・C・Dが地面に衝突する直前の4倍の速さではね上がりました。これを4段のすっとびボールとよびます。

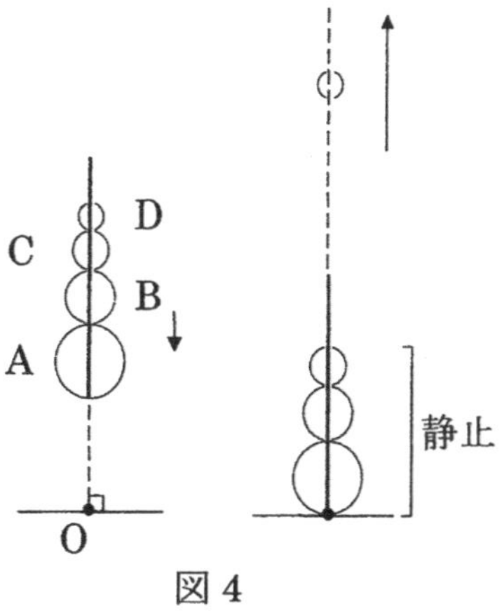

図4

（4）Aの重さを80 gとして4段のすっとびボールを作るとき，Dの重さは何gであればよいですか。答えが割り切れないときは，小数第1位を四捨五入して整数で答えなさい。

（5）4段のすっとびボールの上に，5段，6段，…，と最上段の球だけがはね上がるように，さらに球を積み重ねます。一体となったすっとびボールを0.4 mの高さから静かに落とすとき，最上段の球が30 mをこえる高さまで上がるためには，少なくとも何段のすっとびボールを作ればよいですか。球の大きさを考えずに答えなさい。

# 社　会

注　意

1．問題は【１】から【３】まであります。
（１ページから13ページまであります。）
2．試験時間は４０分です。
3．解答は解答用紙に記入し、解答用紙だけ提出しなさい。
4．解答は、**解答らん**におさまるように書くこと。

| 受験番号 | | 氏名 | |
|---|---|---|---|

(2024－J1)

【１】　次の文章を読み、あとの問いに答えなさい。

日本列島は太平洋を取り囲むように連なる①環《かん》太平洋造山帯に属しており、国土のおよそ＜　A　＞を山地と丘陵《きゅうりょう》地が占《し》めています。日本は地震大国として知られていますが、世界有数の火山国でもあり、活発な噴火《ふんか》活動で有名な②九州地方の【　X　】県にある桜島をはじめ、111もの活火山が分布しています。

地震や火山活動は時に大規模な災害をもたらします。③東日本大震災では地震とともに津波が発生し、沿岸部に大きな被害をもたらしたほか、この震災はわが国の④エネルギー政策の大きな転換《てんかん》点にもなりました。また、火山の周辺では、噴火が起きると、火山灰や溶岩片《ようがんへん》、高温のガスがまざりあって高速で流れる（　１　）などが発生し、人々の生命を危険にさらすこともあります。その一方で、⑤火山と深いつながりのある国立公園が多いことから、火山活動は美しい景観を生み出していることがわかります。

さて、日本は四季に恵《めぐ》まれた自然豊かな国ですが、毎年のように台風などによる大雨に見舞《ま》われることから、気象災害が多い国とも言えます。⑥川や海の周りの低地に多くの人口が集中していることも気象災害の一因となっています。台風の通り道になりやすい地域では、強風や高潮による被害や大雨による⑦洪水などが発生することも珍《めずら》しくありません。また、気温も気象災害の要因の一つです。東北地方では初夏から夏にかけて吹《ふ》く北東風の（　２　）の影響《えいきょう》で夏の気温が上がらず、⑧稲などの農作物に被害が出て冷害になることもあります。一方、近年では熱中症《しょう》による被害が深刻化するなど、暑さそのものが災害となっています。昨年、＜　B　＞と呼ばれる「1日の最高気温が35度以上の日」が東京都心で観測史上最多日数を記録したことは記憶《きおく》に新しいでしょう。

ところで、2019年に国土地理院は⑨新たな地図記号として「自然災害伝承碑《でんしょうひ》」を追加しました。これは、過去に発生した津波、洪水、火山災害、土砂災害などのようすや被害状況《じょうきょう》などが記載《きさい》されている石碑などの位置を示しています。自然災害伝承碑は、当時の被災場所に建てられていることが多く、地域住民による防災意識の向上に役立つものと期待されます。数多くの災害を経験したわが国には、先人の知恵の蓄積《ちくせき》があります。日本で暮らす私たちは過去の経験から学び、防災・減災につなげていくことが大切ではないでしょうか。

問１　文章中の空らん（　１　）・（　２　）に適する語句を答えなさい。（　１　）は漢字で答えること。

問２　文章中の空らん＜　A　＞・＜　B　＞について、以下の各問いに答えなさい。

Ⅰ．＜　A　＞に適する語句を次のア～エから一つ選び、記号で答えなさい。

ア．35%　　イ．45%　　ウ．65%　　エ．75%

Ⅱ．＜　B　＞に適する語句を次のア～エから一つ選び、記号で答えなさい。

ア．熱帯夜《ねったいや》　　イ．夏日《なつび》　　ウ．猛暑日《もうしょび》　　エ．真夏日《まなつび》問３　下線部①について、環太平洋造山帯に**含《ふく》まれない国**を次のア～エから一つ選び、記号で答えなさい。

ア．フィリピン　　　　　　　　イ．南アフリカ共和国
ウ．アメリカ合衆国　　　　　　エ．ニュージーランド

問４　下線部②について、次の表は九州新幹線が通過する４県の人口、米の収穫《しゅうかく》量、トマトの収穫量、ぶた肉の生産量をまとめたものです。【　X　】県を示しているものを表中のア～エから一つ選び、記号で答えなさい。

| 県名 | 人口（千人） | 米（千t） | トマト（t） | ぶた肉（t） |
|---|---|---|---|---|
| ア | 5,124 | 164 | 19,800 | 17,078 |
| イ | 806 | 119 | 3,470 | 8,125 |
| ウ | 1,576 | 89 | 5,270 | 215,729 |
| エ | 1,728 | 156 | 132,500 | 14,050 |

（『2023 データでみる県勢』より作成　データはすべて2021年）

問５　下線部③について、三陸の沿岸で津波の高さがひときわ高くなったのは、海岸の特徴《とくちょう》的な地形にも要因がありました。この地形の名称《めいしょう》を答えなさい。

問６　下線部④に関連して、以下の各問いに答えなさい。

Ⅰ．次のグラフX、Yは2010年度と2022年度の日本の発電電力量の電源構成を示したものであり、以下はその解説文です。解説文中の（　a　）・（　b　）に適する語句の組み合わせとして正しいものを、下のア～エから一つ選び、記号で答えなさい。

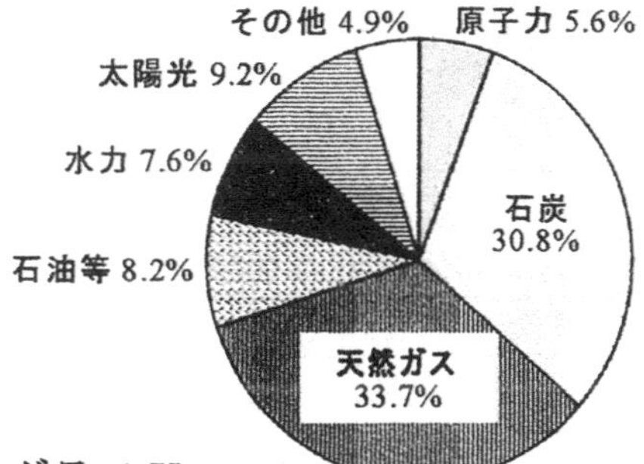

グラフX

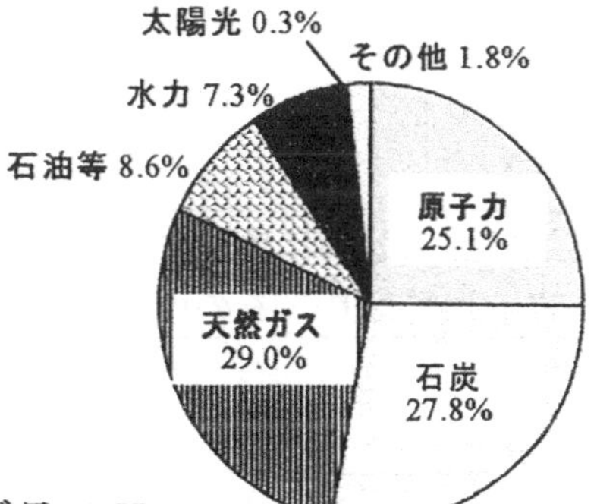

グラフY

（資源エネルギー庁資料より作成）

> 2022年度の状況を示しているのは、（　a　）である。日本は依然《いぜん》として火力発電に頼《たよ》りがちであるが、政府が2050年までに温室効果ガスの排出《はいしゅつ》を全体としてゼロとする（　b　）の実現を目標に掲《かか》げた以上、再生可能エネルギーの充実《じゅうじつ》など、より一層の取り組みが必要である。

ア．（a）：グラフX　　（b）：カーボンニュートラル
イ．（a）：グラフX　　（b）：バイオエタノール
ウ．（a）：グラフY　　（b）：カーボンニュートラル
エ．（a）：グラフY　　（b）：バイオエタノール

Ⅱ. 昨年、ガソリン価格の上昇《じょうしょう》が大きな話題となりました。その要因の一つに円とドルの交換《こうかん》比率（為替《かわせ》レート）の変化があります。「円高」・「円安」について述べた次の文X・Yの正誤の組み合わせとして正しいものを、下のア～エから一つ選び、記号で答えなさい。

X：円安になると輸入製品の価格が下がるため、国内の物価下落につながる。

Y：為替レートが1ドル＝150円から1ドル＝100円に変化した場合、円高になったといえる。

ア．X：正しい　Y：正しい　　イ．X：正しい　Y：誤り

ウ．X：誤り　Y：正しい　　エ．X：誤り　Y：誤り

問7　下線部⑤について、下の**【資料1】**～**【資料3】**は火山と深いつながりがある日本の国立公園について説明したものです。**【資料1】**～**【資料3】**が示す国立公園のおおよその位置を右の地図中のア～オからそれぞれ一つずつ選び、記号で答えなさい。

**【資料1】**

この国立公園には、世界最大級のカルデラがあります。カルデラの周りは外輪山に囲まれており、その内部には町や村があり、農業も営まれています。

**【資料2】**

この国立公園には、火山活動によって形成されたくぼ地に水がたまってできたカルデラ湖や噴火によってつくられたせきとめ湖があり、日本で最も透明《とうめい》度の高い湖や国の特別天然記念物に指定されたマリモが生息する湖も見られます。

**【資料3】**

この国立公園には、世界遺産にも指定された火山があります。この火山のふもとには5つの湖が形成されており、日本の名勝にも指定されています。また、この火山の北西には広大な原生林である樹海が広がっています。

問８　下線部⑥に関連して、濃尾平野では水害の対策として輪中が見られます。この平野を流れる木曽三川とは、木曽川、揖斐《いび》川とあと一つは何ですか。漢字で答えなさい。

問９　下線部⑦に関連して、次の**図**は都市化する前と後それぞれにおいて、同じ量の雨が降った場合の「雨水が地中にしみ込まずに地表に流れ出た量」（＝流量）の変化を示したものです。また、下の**レポート**はこの**図**から読み取れること、考えられることをまとめたものです。**レポート**中の（　a　）・（　b　）に適することば（説明文）をそれぞれ入れなさい。

**図**

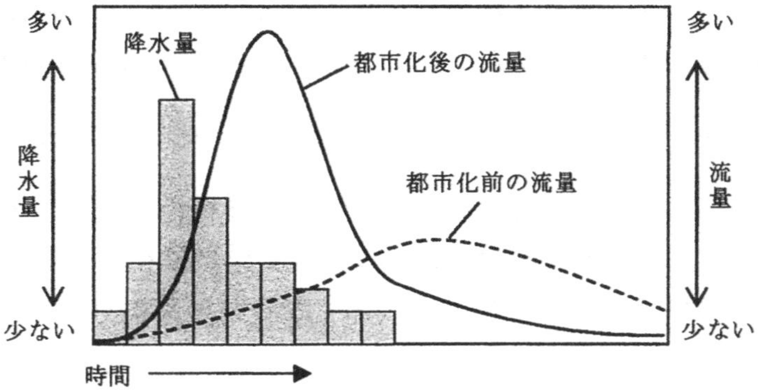


**レポート**

| |
|---|
| 流量の変化に注目すると、雨の降り方が同じでも都市化後の流量は都市化前に比べて、（　a　）ことがわかる。その理由は、都市化によって（　b　）ため、雨水が地面に吸収されにくくなったからであると考えられる。 |

問10　下線部⑧について、日本の米や米づくりについて述べた文のうち正しいものを次のア～エから一つ選び、記号で答えなさい。

ア．日本は、食糧《しょくりょう》管理制度の下、現在も米の自由販売《はんばい》が認められていない。

イ．東北地方は日本の米の生産量のうち、約４分の１を占めている。

ウ．日本では米を１年間に２回作る二毛作がさかんにおこなわれている。

エ．日本は世界有数の米の生産国であり、有数の輸出国でもある。

問 11　下線部⑨に関連して、以下の各問いに答えなさい。

Ⅰ．右の写真は逗子《ずし》市に隣接《りんせつ》する葉山町にある「自然災害伝承碑」です。下の**資料**はこの碑に刻まれた伝承の内容です。（　a　）に適する年（西暦《せいれき》年）・月・日を数字で答えなさい。

**資料**

（　a　）の関東大震災により、海岸が隆起《りゅうき》し、葉山港の船溜《だ》まりが使えなくなった。その結果、砂浜《すなはま》に係留《けいりゅう》せざるを得なかった漁船は、悪天候時に大破するものが多く発生した。この碑は葉山港の船溜まり復興を記念し建立された。

Ⅱ．地図記号は産業や社会の変化を反映し、時代にあわせて廃止《はいし》・追加されています。下の**表**を参考にして、2013 年以降に国土地理院が発行した２万５千分の１地図で使用されなくなった地図記号を次のア～エから一つ選び、記号で答えなさい。

ア．

イ．

ウ．

エ．

**表**

| 年 | 養蚕農家戸数 |
|---|---|
| 1985 | 99,710 戸 |
| 1995 | 13,640 戸 |
| 2005 | 1,591 戸 |
| 2015 | 368 戸 |
| 2022 | 163 戸 |

（大日本蚕糸会『シルクレポート』より作成）

【2】　日本の主な災害についてまとめた年表を見て、あとの問いに答えなさい。

| 年 | 主な災害と関連するできごと |
|---|---|
| 684 | ①白鳳《はくほう》地震が起こり、この地震の記録が②『日本書紀』に残っている |
| 734 | ③天平6年に地震が起こり、大きな災害をもたらす |
| 869 | 貞観《じょうがん》地震によって津波が発生し、④多賀城まで押し寄せる |
| 1181 | 畿内・西日本中心に飢饉《ききん》が起こり、⑤平氏の政権が動揺《どうよう》する |
| （　⑥　） | 壇ノ浦の戦いと同じ年に、京都で地震が起こる |
| | ⑦ |
| 1585 | ⑧天正地震が起こり、近畿から東海、北陸にかけて被害をもたらす |
| 1657 | ⑨明暦の大火によって江戸の町の約6割が消失する |
| 1703 | ⑩元禄地震が起こり、江戸に大きな被害をもたらす |
| 1732 | 享保の飢饉が起こる。このころ、8代将軍⑪吉宗が改革をおこなう |
| 1782 | 天明の飢饉（～87）が起こり、百姓一揆やうちこわしが増加する |
| 1833 | 洪水・冷害などによる全国的な飢饉が起こる（～39） |
| 1854 | ⑫安政の東海地震・南海地震が起こる |
| 1880 | 世界初の地震学を専門とする日本地震学会が創設される |
| | ⑬ |
| 1914 | 桜島の大噴火が起こる |
| 1944 | ⑭東南海地震が起こる |
| ⑮1959 | 伊勢湾台風により、紀伊半島から東海地方を中心に大きな被害が生じる |
| 1995 | 阪神・淡路大震災が起こる |

問1　下線部①に関連して、この地震は天武天皇の時代に発生しました。天武天皇について述べた文のうち正しいものを次のア～エから一つ選び、記号で答えなさい。

ア．唐・新羅の連合軍と戦い、敗北した。

イ．藤原不比等に大宝律令の制定を命じた。

ウ．壬申の乱で大友皇子を倒《たお》して即位《そくい》した。

エ．日本で最初の本格的な都である平城京を造営した。

問2　下線部②について、『日本書紀』の編さんをおこなった中心的な人物を次のア～エから一つ選び、記号で答えなさい。

ア．舎人親王　　イ．稗田阿礼　　ウ．太安万侶　　エ．山上憶良問３　下線部③に関連して、次の**資料**はこの時代のある天皇が出した命令の一部です。この命令を出した天皇の名前を答えなさい。また、天皇がこの命令を出した目的を、資料の内容をふまえて簡潔に説明しなさい。

**資料　国分寺・国分尼寺《こくぶんにじ》の建立の命令**

> 近頃《ちかごろ》は不作続きで、病《やまい》も流行している。そこで、国ごとに七重の塔《とう》をつくり、経典を写せ。

問４　下線部④について、多賀城は現在の宮城県に置かれ、朝廷の支配に従わない東北地方の人々への対策の拠点《きょてん》となりました。この東北地方に住む人々を総称《そうしょう》して何と呼びますか。漢字２字で答えなさい。

問５　下線部⑤について、平氏が熱心に信仰した、現在の広島県にある神社の名称を漢字で答えなさい。

問６　年表中の空らん（　⑥　）に適する数字（西暦年）を答えなさい。

問７　年表中の［　⑦　］の時期に起きたできごとや、この時期に出された法令・命令について説明した次の文章ア～エを、起きた時期・出された時期が古いものから順に並べかえ、記号で答えなさい。

ア

> 所領を質に入れて流したり、売買したりすることは、今後、一切禁止する。御家人でない者が御家人から買った土地は、何年前に買ったものであろうとも、御家人に返さなければならない。

イ

> 近頃の鎌倉の政治はたいへん乱れている。４代目の将軍はまだ幼い。北条義時は尼《あま》将軍の北条政子の命令であるということにして、政治や裁きを全国におよぼし、朝廷が決めたきまりを忘れてしまっている。義時を追討せよ。

ウ

> ９月、天下の土民たちがいっせいに蜂起《ほうき》した。「徳政」といって酒屋・土倉・寺院などの高利貸しを破壊《はかい》し、質に入っている品物を勝手に取り出し、借金の証文をすべて破って捨てた。日本が始まって以来、土民がいっせいに蜂起したのは、これが初めてだ。

エ

> モンゴル帝国《ていこく》の皇帝が、書を日本国王に差し上げる。日本は昔から中国と交流しているのに、私の時代になってからは一度も使いを送ってこない。これからは、お互《たが》いに訪問し合って友好を結ぼうではないか。武力を使うのは好まないので、王はよく考えなさい。

# 国語 解答用紙

（2024 J1）

| 受験番号 | |
|---|---|
| 氏名 | |

※150点満点
（配点非公表）

↓ここにシールを貼ってください↓

240110

【一】

問一

| ① | ② | ③ | ④ | ⑤ |
|---|---|---|---|---|
| | | | | |

| ⑥ | ⑦ | ⑧ | ⑨ | ⑩ |
|---|---|---|---|---|
| | | | | めるな |

| ⑪ | ⑫ | ⑬ | ⑭ | ⑮ |
|---|---|---|---|---|
| | | やか | し | り |

【二】

問二

| | ① | ② | ③ | ④ | ⑤ |
|---|---|---|---|---|---|
| i | | | | | |
| ii | | | | | |

| | | |
|---|---|---|
| 5 | (3) | |

↓ここにシールを貼ってください↓

※150点満点
（配点非公表）

| 受験番号 | |
|---|---|
| 氏　　名 | |

240120

【3】

| | | |
|---|---|---|
| (1) | (2)A | (2)B |
| (2)C | (2)D | (3) |
| (4)① | (4)② cm³ | |
| (4)③ 塩酸Y（　　　）を　　　cm³<br>水酸化ナトリウム水よう液Z（　　　） | | |

【4】

| | | |
|---|---|---|
| (1)① m/秒 | (1)② 秒 | (2) 倍 |
| (3) m | (4) g | (5) 段 |

| | |
|---|---|
| 受験番号 | |
| 氏　　名 | |

↓ここにシールを貼ってください↓

※100点満点
（配点非公表）

240140

【3】

| | | | | | |
|---|---|---|---|---|---|
| 問1 | | 問2 | I | | II | |
| 問3 | | 問4 | | 問5 | |

| | | | |
|---|---|---|---|
| 問6 | I | 問題点 | |
| | | 解決策 | |
| | II | 問題点 | |
| | | 解決策 | |

↓ここにシールを貼ってください↓

| | |
|---|---|
| 受験番号 | |
| 氏　　名 | |

240130

※100点満点
（配点非公表）

# 社　会　　解答用紙

(2024−J1)

## 【1】

| | | | | | | | | | |
|---|---|---|---|---|---|---|---|---|---|
| 問1 | 1 | | 2 | | 問2 | Ⅰ | | Ⅱ | |
| 問3 | | 問4 | | 問5 | | 問6 | Ⅰ | | Ⅱ |
| 問7 | 資料1 | | 資料2 | | 資料3 | | 問8 | | |
| 問9 | a | | | | | | | | |
| | b | | | | | | | | |
| 問10 | | 問11 | Ⅰ | 年　月　日 | Ⅱ | | | | |

## 【2】

| | | | | | | | | | |
|---|---|---|---|---|---|---|---|---|---|
| 問1 | | 問2 | | | | | | | |
| 問3 | 天皇名 | 天皇 | | | | | | | |
| | 目的 | | | | | | | | |
| 問4 | | 問5 | | 問6 | | | | | |
| 問7 | →　→　→ | 問8 | | 問9 | | 問10 | | | |
| 問11 | | 問12 | 名称 | | 位置 | | 問13 | | |
| 問14 | Ⅰ | | | | | | | | |
| | | | | | | | | | |

【解答

理科

# 解 答 用 紙

(2024 - J 1)

【1】

(1) ア

(1) イ

(1)ウ

(1) エ

(2)

(3)

(4)

(5)

(6)

(7)

土砂がたまると

【2】

(1)①

(1)②

(2)

(3)

(4)

かん臓 → → 頭の細胞

(5)① I

(5)① II

(5)②

(5)③

# 2024年度　1次入試　算数　解答用紙

| | | | | | | |
|---|---|---|---|---|---|---|
| 1 | (1) | | (2) | | (3) | |

| | | | | | | |
|---|---|---|---|---|---|---|
| 2 | (1) | | (2) | | (3) | |
| | (4) | | (5) | | | |
| | (6) | | | | | |

| | | | | | | |
|---|---|---|---|---|---|---|
| 3 | (1) | | (2) | | (3) | |

| | | | | |
|---|---|---|---|---|
| 4 | (1) | | (2) | |
| | (3) | | | |

| | | | | |
|---|---|---|---|---|
| | (1) | | (2) | |
| | | | | |

【解答

問三

問四

問五

問六

問七

【三】

問一

a

b

問二

問三

問四

問五

問六

問七

問８　下線部⑧に関連して、天正年間（1573〜1592年）に起きたできごととして正しいものを次のア〜エから一つ選び、記号で答えなさい。

ア．織田信長が、桶狭間の戦いで武田勝頼の騎馬《きば》隊を破った。

イ．九州のキリシタン大名が、４人の少年をローマ法王のもとに派遣《はけん》した。

ウ．豊臣秀吉が、バテレン追放令を出して南蛮貿易を禁止した。

エ．種子島に漂着《ひょうちゃく》したポルトガル人によって鉄砲が伝わった。

問９　下線部⑨に関連して、明暦の大火後の江戸の再建や寺院の建設に多大な出費をおこなった幕府は財政難におちいりました。この対策として幕府がとった政策についてまとめた以下の文の空らん（　a　）・（　b　）に適する語句の組み合わせとして正しいものを下のア〜エから一つ選び、記号で答えなさい。

| |
|---|
| 江戸幕府の５代将軍は小判に含まれる金の量を（　a　）、小判を大量に発行することで財政難を乗りこえようとしたが、その結果、物価が（　b　）した。 |

ア．（a）：増やし　（b）：上昇《じょうしょう》　　イ．（a）：増やし　（b）：下落

ウ．（a）：減らし　（b）：上昇　　エ．（a）：減らし　（b）：下落

問10　下線部⑩に関連して、元禄文化を代表する菱川師宣の作品を次のア〜エから一つ選び、記号で答えなさい。

ア．

「見返《みかえ》り美人図《びじんず》」

イ．

「富嶽三十六景《ふがくさんじゅうろっけい》」

ウ．

「湖畔《こはん》」

エ．

「唐獅子図屏風《からじしずびょうぶ》」

問 11　下線部⑪に関連して、享保の改革についての説明として正しいものを次のア～カから二つ選び、記号で答えなさい。完答で正解とします。

ア．目安箱を設けて民衆の意見を聞くようにした。

イ．江戸・大阪周辺を幕府の領地にしようとする上知令を出した。

ウ．農民の離村《りそん》を禁止し、大名には飢饉に備えて米をたくわえさせた。

エ．公事方御定書を制定し、裁判の基準を定めた。

オ．湯島に学問所をつくり、朱子学以外の学問を教えることを禁じた。

カ．株仲間の結成をすすめ、商人に特権を与《あた》える代わりに、税を納めさせた。

問 12　下線部⑫について、この地震による津波で、ある港に停泊《ていはく》していたロシア艦隊《かんたい》が大破したという記録が残っています。この港は、安政の東海・南海地震と同じ年に開港が決められました。この港の名称を漢字で答えなさい。また、その位置を右の地図中のア～エから一つ選び、記号で答えなさい。完答で正解とします。

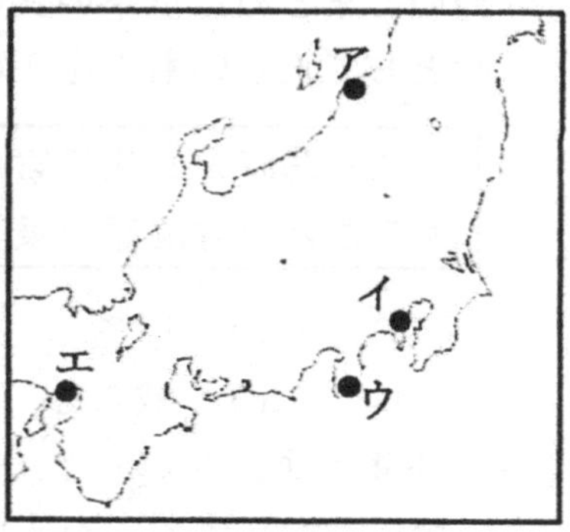


問 13　年表中の［　⑬　］の時期の日本と外国との関わりについて述べた文として**誤っているもの**を次のア～エから一つ選び、記号で答えなさい。

ア．日英通商航海条約を結び、イギリスとの間で領事裁判権を撤廃《てっぱい》した。

イ．日本海海戦でロシアのバルチック艦隊《かんたい》を破った。

ウ．植民地支配をおこなうため、韓国に朝鮮総督府《ちょうせんそうとくふ》を置いた。

エ．ロシア革命の広がりを防ぐため、シベリアへ出兵した。

問 14　下線部⑭について、東南海地震に関する以下の各問いに答えなさい。

Ⅰ．東南海地震は 1944 年 12 月 7 日に発生しました。その翌日の 3 年前には日本が関係する大きなできごとがありました。このできごとを次のア～エから一つ選び、記号で答えなさい。

ア．柳条湖事件　　　　イ．国際連盟からの脱退

ウ．盧溝橋事件　　　　エ．真珠湾攻撃

Ⅱ. 右の地図からわかるように、マグニチュード7.9を記録した東南海地震は日本各地に被害をもたらしました。しかし、この地震の翌日には、目立たないところに「被害を生じた所もある」という小さな新聞記事が載《の》っただけで、日本国内での報道の取り扱《あつか》われ方が小さかったという記録が残っています。次の【資料１】、【資料２】をふまえ、なぜ、日本国内でこの地震に関する報道の扱いが小さかったのか(小さくしなければならなかったのか) について説明しなさい。

**東南海地震の震度分布**

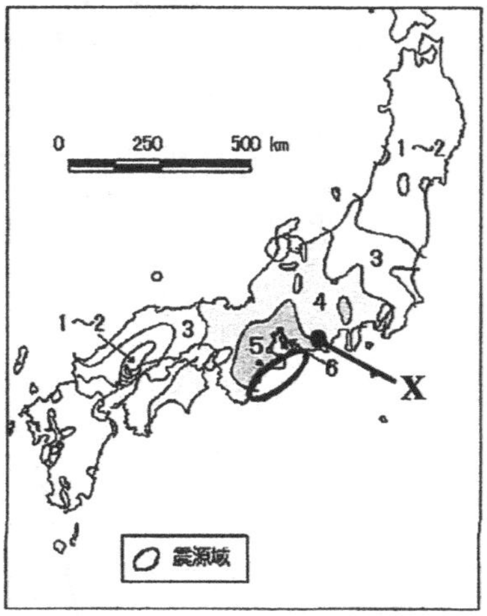


（内閣府「災害教訓の継承に関する専門調査会　第２期報告書」より）

**【資料１】　上の地図中Ｘ地点（愛知県半田市）にある災害伝承碑の伝承内容**

昭和 19 年（1944 年）12 月 7 日午後 1 時 36 分、昭和東南海地震が発生し、半田市では震度 6 以上で 188 名が亡くなった。…（略）…中島飛行機半田製作所山方工場などの軍需《ぐんじゅ》工場*が倒壊《とうかい》し、倒壊した工場の瓦礫《がれき》に押《お》しつぶされ、学徒動員で集められた男女 97 名の命が奪《うば》われた。

＊軍需工場… 兵器、爆薬、航空機など軍事に必要な物資を生産・修理する工場

**【資料２】　1941 年１月に施行された新聞紙等掲載《けいさい》制限令の内容**

国家総動員法に基づき、内閣総理大臣は外交や財政経済政策、戦争などの国策を計画通りに実行する際に重大な支障を生ずるおそれのある事項《じこう》や、外国にかくす必要がある事項について、新聞記事に載せることをあらかじめ制限または禁止できる。

（問題は次のページに続きます）

問 15　下線部⑮に関連して、この時期以降、いわゆる「三種の神器」と呼ばれる家電製品が各家庭に普及《ふきゅう》するようになり、新聞やラジオだけでなく、テレビでも災害・防災の情報を手に入れることができるようになりました。下のグラフは日本における主な家電の普及率の推移を示しています。「白黒テレビ」に当たるものをグラフ中のア～エから一つ選び、記号で答えなさい。

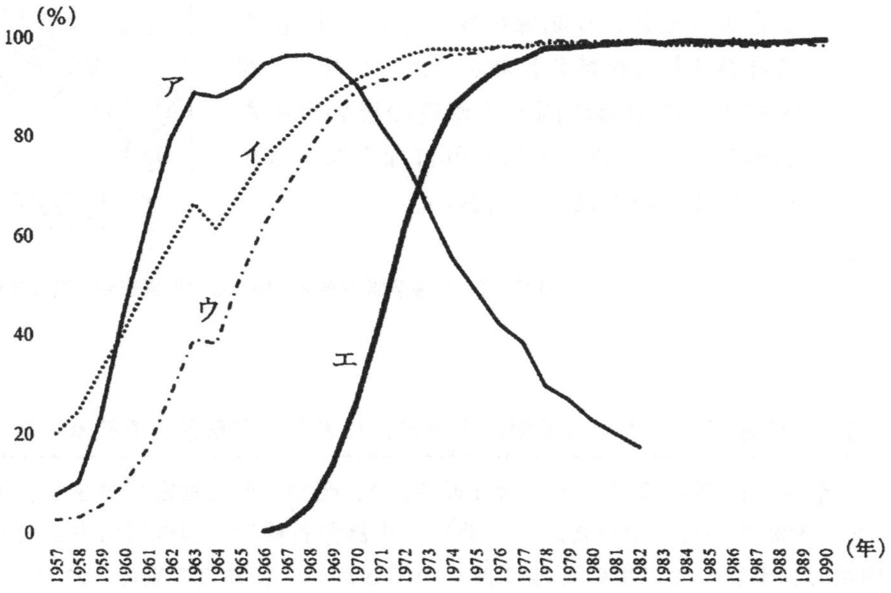


（内閣府「消費動向調査」をもとに作成）

【３】　次の文章を読み、あとの問いに答えなさい。

1959年の伊勢湾台風をきっかけに、戦後の災害対策は大きく前進しました。1961年には①国会の審議《しんぎ》を経て、わが国の災害対策の基本法制となる災害対策基本法が制定され、防災に関して政府や②地方公共団体が果たすべき役割が明確になりました。政府には中央防災会議が設置され、各地方公共団体には防災計画の作成が求められるようになるなど、少しずつ③国民の生命、身体および財産を災害から保護し、社会秩序《ちつじょ》を維持《いじ》するための体制づくりが進んでいったのです。

政府や地方公共団体は、災害に備えて必要な④予算を組んでいます。大規模な災害が発生した場合、地域の自治体を中心に避難《ひなん》所の設置や生活必需品《ひつじゅひん》の支給といった支援《しえん》がおこなわれるほか、地域を超《こ》えて消防や警察、⑤自衛隊が被災《ひさい》地に派遣《はけん》されます。災害時には自分自身や家族を守る「自助」が大切ですが、地域の住民同士で協力して助け合う「共助」、政府や地方公共団体による被災者への援助や支援である「公助」も極めて重要です。

多くの都道府県や市町村では、土砂災害や洪水などの災害の被害の範囲《はんい》や程度を予測したハザードマップを作成しています。われわれ一人ひとりがこうした情報を積極的に入手するなど防災意識を高め、「もしものとき」に備える心構えを持つことが、災害による被害を減らすことにつながるのではないでしょうか。

問１　下線部①について、日本の国会審議について述べた文のうち正しいものを次のア～エから一つ選び、記号で答えなさい。

ア．予算案は必ず衆議院から先に審議しなければならない。
イ．法律案を審議する際には、必ず公聴会を開かなければならない。
ウ．憲法改正の発議には、各議院の出席議員の過半数の賛成が必要である。
エ．参議院は、内閣総理大臣の不信任決議をおこなうことができる。

問２　下線部②に関連して、地方公共団体に関する以下の各問いに答えなさい。

Ⅰ．地方自治において、住民は直接請求《せいきゅう》権を持っています。そのうち、首長や議員の解職請求を何といいますか。カタカナで答えなさい。
Ⅱ．地方公共団体の歳入《さいにゅう》のうち、国が使い道を指定して地方公共団体に交付する補助金を何といいますか。漢字で答えなさい。

問３　下線部③に関連して、日本国憲法では生命や自由、財産権をはじめ、国民のさまざまな権利が保障されています。日本国憲法が規定する人権について述べた次の文Ｘ・Ｙの正誤の組み合わせとして正しいものを下のア～エから一つ選び、記号で答えなさい。

Ｘ：　健康で文化的な最低限度の生活を営む権利は、憲法25条に規定されている。
Ｙ：　公共の福祉の観点から、公務員にはストライキが認められている。

ア．Ｘ：正しい　Ｙ：正しい　　イ．Ｘ：正しい　Ｙ：誤り
ウ．Ｘ：誤り　Ｙ：正しい　　エ．Ｘ：誤り　Ｙ：誤り

問４　下線部④について、令和５年（2023年）度の国の一般会計予算の歳出において、最も大きい割合を占めている項目《こうもく》を次のア～エから一つ選び、記号で答えなさい。

ア．公共事業関係費　　　　イ．国債費

ウ．社会保障関係費　　　　エ．文教及《およ》び科学振興費

問５　下線部⑤について、自衛隊の管理や運営を担当する省庁を漢字で答えなさい。

問６　文中の二重下線部に関連して、大規模な災害が発生した場合には、自治体が体育館や公民館などに設置する避難所で長期間の生活を送ることがあります。避難所ではさまざまな人と生活を共にすることになるため、お互いが配慮《はいりょ》をする必要があります。下の【イラストA】・【イラストB】は避難所での生活のようすを描《えが》いています。このイラストをよく見て、以下の各問いに答えなさい。

Ⅰ．【イラストA】に描かれている避難所内の問題点を一つあげ、わかりやすく説明しなさい。さらに、あなたがこの避難所に避難した場合、この問題解決のためにどのような行動ができますか。「共助」の視点から述べなさい。

Ⅱ．【イラストB】に描かれている避難所内の問題点を一つあげ、わかりやすく説明しなさい。さらに、あなたがこの避難所を運営する立場であるならば、この問題解決のためにどのような行動ができますか。「公助」の視点から述べなさい。

**【イラストA】**

**避難してきた外国人**

**【イラストB】**

**避難してきた赤ちゃん連れの親子**

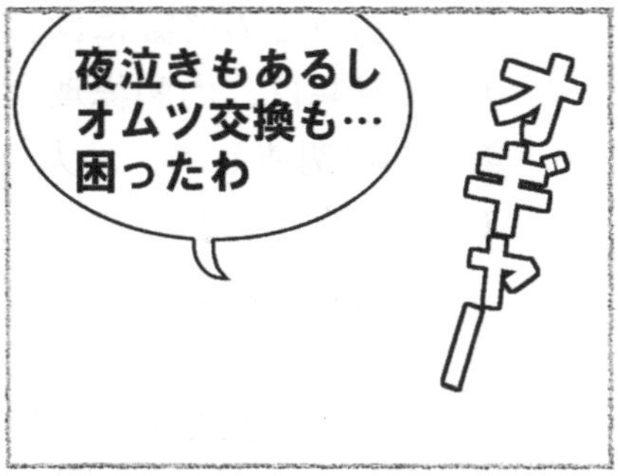


（熊本県『人権研修テキスト　人権全般編』より作成）

**問題は以上です。**

2024(R6) 逗子開成中　1次
K 教英出版

逗子開成中学校　１次

# 国語

注意

１、問題は【一】から【三】まで、ページ数は１ページから１１ページまであります。

２、試験時間は５０分です。

３、解答は解答用紙に記入し、解答用紙だけ提出しなさい。

４、字数制限のある問題では、句読点やかっこ、その他の記号も一字として数えます。

５、答えを直すときは、きれいに消してから新しい答えを書きなさい。

６、問題文には、設問の都合で、文字・送りがななど、表現を改めたり、省略したところがあります。

| 受験番号 | |
|---|---|
| 氏名 | |

（２０２３ ― Ｊ１）

【一】 次の各問に答えなさい。

問一　次の①〜⑮の各文の――線部のカタカナを漢字で書き、――線部の漢字の読み方をひらがなで書きなさい。

① トランプのエフダを集める。
② 問題のコンテイにあるものを考える。
③ 彼は海外生活の経験がホウフだ。
④ 川のキシベを歩く。
⑤ 地面をスイヘイにならす。
⑥ 話を聞くシセイに気をつける。
⑦ 音楽の授業でカシを覚える。
⑧ 白のキヌイトでほつれを直す。
⑨ 冬は日がクれるのが早い。
⑩ 五輪が終わり役職からシリゾく。
⑪ 領土問題で暗雲が立ちこめる。
⑫ 悲しいことに戦闘が始まった。
⑬ 寒さで樹氷ができた。
⑭ 仲間の応援に奮い立つ。
⑮ お米を俵でもらう。

問二　次の《例》にしたがい、（　）に入る数字の合計を [a] ～ [c] にそれぞれ漢数字で答えなさい。

《例》
問　「・（　）つに組む。　・（　）も（　）もなく。　⇒ [　] 」
答　「・（四）つに組む。　・（一）も（二）もなく。　⇒ [七] 」

「・（　）矢を報いる。　・（　）の足を踏む。　⇒ [a] 」
「・（　）足のわらじをはく。　・（　）拍子そろう。　⇒ [b] 」
「・（　）石を投じる。　・（　）の（　）の言う。　⇒ [c] 」

問三［　］の意味を持つ慣用表現となるように（　Ⅰ　）は漢字一字を、（　Ⅱ　）は最も適切な二字の語をそれぞれ答えなさい。

・（　Ⅰ　）も承知　……［わざわざ言われなくても十分わかっている様子。］

・うそ八（　Ⅰ　）　……［たくさんのうそ。または全部がうそのこと。］

・顔が（　Ⅱ　）　……［世間に対して名誉が保たれること。］

・角が（　Ⅱ　）　……［理屈っぽい言い方などによって他人との関係が穏やかでなくなること。］

【二】　次の文章を読んで、後の各問に答えなさい。

ＡＩの＊１バイアスをめぐる議論が世界的に盛んになりつつある。バイアス、（　ａ　）偏見や差別のことだ。

周知の通り、ＡＩは膨大なデータを学習することによって、判断を下すことができるようになる。人間は現実の世界の中で学ぶが、ＡＩにとっては与えられたデータがすべてだ。データに偏《かたよ》りがあれば、偏った判断を下すＡＩになってしまう。結果として、人間の社会に含まれる偏見が、写し鏡のように、ＡＩに移行してしまうことがある。

たとえば２０１８年には、《Ｘ》米アマゾン社が採用試験を自動化するために開発したＡＩにバイアスがあったことが明らかになった。このＡＩは、過去１０年間の採用実績にもとづき、応募者の履歴書を１～５個の星の数でランクづけする。（　ｂ　）実際に動かしてみると、「女子大学」「女子チェスクラブ部長」など「Ｗｏｍａｎ」という言葉が入っている履歴書を低く評価する傾向が明らかになったのだ。アマゾンは全社員のうち約６割が（　ⅰ　）だ。この＊２ジェンダーバランスに倣《なら》ったために、（　ⅱ　）を差別する採用システムができあがってしまったのである。

採用試験にＡＩを用いる動きは、アマゾン以外にも広がっている。（　ｃ　）、《Ｙ》複数の米大手企業が、ビデオを用いた面接を導入している。応募者は実際に人事担当者に会うことなく、パソコンのモニター越しに与えられた質問に答えていく。その様子は映像に撮られ、ＡＩがそれを分析する。しゃべり方や声のトーン、表情の変化などから、次の面接に進むべき人物を＊3リコメンドするのだ。このシステムが、まひや＊4吃音《きつおん》の当事者など、流暢《りゅうちょう》な発語が難しい応募者をあらかじめ排除するものであることは言うまでもない。

こうしたバイアスをなくすために、学習に用いるデータに多様性をもたせ、偏りがないようにすることは重要だろう。人種、ジェンダー、障害の有無等、さまざまな人間がいることをＡＩに知ってもらい、「人間」なるものの定義を精緻《せいち》化していくのだ。アメリカでは、ＡＩ製造元の責任を問う動きもある。

しかし、だ。実はここにこそ①重大な罠《わな》があるのではないか。そもそも私たちは、有限個の特徴の束によって記述し尽くせるような存在ではないはずだ。現実とそれについての記述はイコールではない。生きているということは、＊5パラメータに還元できない、その人だけの世界を持っているということだ。そのことを忘れて現実と記述を同一視してしまうと、多様性を目指していたはずが、人間を＊6ステレオタイプに固定してしまうことになる。

18年にアメリカで自動運転テストカーが、歩行者を死亡させる事故が起きた。その車に搭載《とうさい》されていたシステムが、②横断歩道のない場所で道を渡る人がいることを、想定していなかったのである。そう、人間とは、横断歩道がなくたって道を渡るような自由な存在なのだ。

③いや、他方で違う未来も見える気がする。それは、ＡＩが想定する定義に合わせて、人間が横断歩道以外の場所では絶対に道を渡らなくなる未来だ。パソコンしかり、スマホしかり、新しいテクノロジーが登場すると、人間はむしろ自分の方をそれに合わせて作り変えてしまう傾向がある。ＡＩそのものを否定するつもりはない。だがそこに潜むバイアスに、私たちは十分注意する必要がある。なぜならその本当の意味は、ＡＩが人間を機械のようなものだと見下し、そして実際に人間が機械のようになっていくことにあるのだから。

（伊藤亜紗『ＡＩのバイアス問題　人間を「機械」にする罠』朝日新聞二〇二〇年一月十五日・夕刊）

注　＊1　バイアス……かたより。　＊2　ジェンダーバランス……性別による差。

＊3　リコメンド……すすめる。　＊4　吃音……言葉が正しく発音されなかったり繰り返されたりすること。
＊5　パラメータに還元できない……ここでは「決まった型にはまらない」という意。
＊6　ステレオタイプ……型にはまった画一《かくいつ》的なイメージ。

問一　（ a ）～（ c ）に入る言葉として最も適切なものを次の選択肢ア～カから一つずつ選び、記号で答えなさい。ただし、同じ記号を二度以上用いてはならない。

ア　確かに　　イ　むしろ　　ウ　ところで　　エ　たとえば　　オ　すなわち　　カ　ところが

問二　〈 i 〉、〈 ii 〉に適切な言葉をそれぞれ漢字二字で答えなさい。

問三　══線部《X》「米アマゾン社」と《Y》「複数の米大手企業」の「採用試験」はどのような問題点を含む結果となったのか、三十字以内で説明しなさい。

問四　──線部①「重大な罠」について説明した最も適切なものを次の選択肢ア～エから一つ選び、記号で答えなさい。

ア　ＡＩに「人間」のさまざまなデータを学習させれば改善をはかれると思い込んでいること。
イ　ＡＩを作った外国籍の会社に、ＡＩの弱点を修正してもらうという他人任せの考えのこと。
ウ　ＡＩを作った会社が訴えられることで、ＡＩの開発が予定通り進まなくなってしまうこと。
エ　会社の採用試験にＡＩを用いることで、人間の価値がＡＩよりも低く見られてしまうこと。

問五　――線部②「横断歩道のない場所で道を渡る人」がいることについて説明した最も適切なものを次の選択肢ア～エから一つ選び、記号で答えなさい。

ア　生死に関わるほどの重要な規則であっても、結局人間は規則を破《やぶ》ってしまうということ。

イ　人間は規則を破ることもあり、どのように行動するかは一人一人によって異なるということ。

ウ　車の自動運転の実現には大きな課題があることを命がけで教えてくれた人がいるということ。

エ　歩行者は車道であっても自分にとって都合よく道路を横断しようとしているということ。

問六　――線部③「いや、他方で違う未来も見える気がする」とあるが、筆者が不安を感じてしまう未来の「人間」のあり方について説明した次の文の（　Ⅰ　）・（　Ⅱ　）に入る適切な言葉をそれぞれの指示にしたがって答えなさい。

> 「人間」は本来（　Ⅰ　本文中から三字で抜き出し　）があり、その人だけの世界を持っているが、人間が（　Ⅱ　二十字以上三十字以内　）ことになってしまうという不安。

【三】 次の文章は、亡くなった人の体を清めるなど、通夜の準備をする納棺師という仕事をしている「私」が書いたものである。
これを読んで、後の各問に答えなさい。なお、設問の都合上、本文は省略されているところがある。

「①今回の＊1喪主さん、旦那さんを突然亡くしたのに、ずっと笑ってるんだよね」

そう言って、葬儀会社の担当者さんは＊2怪訝《けげん》そうな顔のまま、私にドライアイスの入ったバッグを渡しました。

納棺式を行っていると、突然の死別への反応として、なかなか周囲の人に理解してもらえない態度をとる方がいらっしゃいます。

この時の喪主さんもそんな誤解を受けたひとりでした。

ご遺族とお会いしたのは季節外れの大雪が降った次の日でした。

葬儀会社からの依頼は、お通夜までの6日間のドライアイスの交換と、通夜の前に行う＊3納棺式です。亡くなったご主人は30代で、バイクの事故で突然帰らぬ人となりました。喪主の奥様も30代で小さなお子さんがいるとお聞きしています。

大きなメイクバッグは心なしか、いつもより重い気がします。

＊4安置室がある式場の敷地は朝早くから社員総出で雪かきをし、駐車場にアスファルトの黒い道ができていました。まるで「こちらです」とご遺族を誘導しているように見えます。

しかし、社員や業者しか使用しない裏の階段は、前日降った雪が固く張り付き、②行く手を阻《はば》んでいるように見えます。メイクバッグを持ったまま、滑らないように恐る恐る歩き、安置室への入口がある階段の一番上に何とか到着しました。

ドアの前に立つと中から女の子の声がしました。会話というより笑い声が聞こえてくることに驚き、開けようと伸ばした手を止めます。しばらく耳を澄まし、笑い声が止んだタイミングで、

「失礼します」

と声をかけて中に入りました。

（中略）

奥様とお子さんに囲まれ、傷を隠し、少し血色も足します。
「パパはおっちょこちょいだね、こんな怪我しちゃって」
奥様はお子さんに、まるでお父さんが生きているように話します。
「パパ、ダメだねー」
後を追うようにお子さんも言います。
それから4日間、奥様はわざわざ、私がドライアイスを交換する時間に合わせて、おにぎり持参でお子さんと一緒に安置室へ通ってこられました。もしかしたら、奥様は誰かと一緒にいることで自分を保っていたのかもしれません。
安置室で何度か会うと、少しずつ気持ちを話してくださるようになりました。
ご主人は転勤族で周りには頼る人がいないこと、子供が不安がっているから泣いていられないこと、それ以上に笑ってないと泣いてしまいそうになること。それを聞いてこちらが涙目になるのを見て、
「何で納棺師さんが泣くのよ」
と笑って私の肩を軽くたたくのです。
通夜になって九州の実家から奥様のお母さんがいらっしゃいました。③少しほっとしているような奥様にひとつ提案しました。
「ご主人とおふたりだけの時間を作りませんか？」
奥様は少し下を向き、考えた後、決心したように顔をあげました。
「納棺師さんも一緒に来てくれますか？」
40名程が座れる式場には、白を基調とした花で作られた祭壇がしつらえられ、部屋中が花の香りでいっぱいです。特に香るのが白百合。中央には笑ったご主人の遺影が掛かり、奥様とストレッチャー（移動式のベッド）の上のご自身を見下ろしています。
ストレッチャーにゆっくりと近づき、冷たくなった手を握りながら決心したように、ご遺体のお顔を見つめてゆっくりと話します。

「頭を撫《な》でて欲しいの……」

「《Ⅰ》いい子、いい子して欲しい……」

奥様の言葉が、ご主人に頭を撫でて欲しいということだと理解をするのに、少し時間がかかりました。

「頭を撫でてもらうことはできますか？」

今度は私への言葉です。

「もちろんできます！」

胸の上で組んでいた左腕の関節をマッサージし、ご主人の手をゆっくり伸ばすと、奥様が自分の頭をご主人の手のひらの下に潜り込ませます。下を向いたまま奥様は、ようやく小さな声を出して泣くことができました。

そして何度も、

「私、頑張ったよね」

とご主人に語りかけます。

今、私の隣にいる小さな背中の女性は、④今まで子供を不安にさせないように、無理に明るく振る舞い頑張ってきたのです。

「主人はいつもこうやって頭を撫でてくれたの」

顔をあげて言ったその言葉に、私はなんて返していいかわかりません。本当に頑張りましたね、と思ったものの口には出せず、うなずくことしかできませんでした。その後、納棺式、通夜と進むと、奥様はまた、あの笑顔に戻り、お子さんやご親戚、ご友人と話をされていました。何となく後ろ髪引かれる思いでその場を後にしました。

それから2週間ほど経ったある日、葬儀会社の担当者さんから電話がありました。朝、式場へ寄ってほしいと言われ、指定の時間に行くと、久しぶりにあの奥様と娘さんにお会いすることができたのです。

娘がどうしても渡したかったものがあると奥様が言います。すると娘さんは、手にもった小さな紙袋から折り紙で作った金メダルを出して言いました。

「パパをきれいにしてくれてありがとう」

私は嬉しくて女の子のもとに走りより、金メダルを首からかけてもらおうと跪《ひざまず》きました。背伸びをして私の首にメダルをかけると、小さな手で私の頭をポンポンと撫でながら、

「ありがとう」

と笑うのです。

あっ、ご主人の《Ⅱ》いい子、いい子だ！

はっとして奥様を見ると目が合い、彼女は「そうそう」と言うようにうなずきながら笑っていました。

（大森あきこ『最後に「ありがとう」と言えたなら』新潮社刊）

注　＊1　喪主……葬儀を主催する人。　＊2　怪訝そうな顔……わけがわからなくて納得がいかない表情。

＊3　納棺式……亡くなった人を棺に入れる儀式。ご遺体を清めたり化粧をしたりすることもある。

＊4　安置室……葬儀や火葬が行われるまでの間、遺体を保管しておく場所。

問一　――線部①「今回の喪主さん、旦那さんを突然亡くしたのに、ずっと笑ってるんだよね」とあるが、この時の話し手の様子の説明として最も適切なものを次の選択肢ア～エから一つ選び、記号で答えなさい。

ア　思いがけない出来事に激しく動揺しているんだろうなと喪主さんを哀れんでいる様子。

イ　大切な人を急に失って悲しくないのかなと喪主さんの気持ちをはかりかねている様子。

ウ　大事な人が亡くなっているのでここで笑うべきではないと喪主さんを強く非難している様子。

エ　天国のご主人を心配させないためにあえて笑う喪主さんの気持ちを理解できないでいる様子。

問二 ――線部②「行く手を阻んでいるように見えます」とあるが、なぜ「私」はこのように感じてしまうのかをわかりやすく説明しなさい。

問三 ――線部③「少しほっとしているような奥様にひとつ提案しました」とあるが、「私」がそうした理由を説明したものとして最も適切なものを次の選択肢ア～エから一つ選び、記号で答えなさい。

ア お通夜などでいそがしくなる奥様には一人で考える時間が必要だと考えたから。
イ みんなが抱く奥様の印象を変えなければ、奥様が誤解され続けると考えたから。
ウ 誰にも気を使うことなく自分の心に正直に振る舞うことが必要だと考えたから。
エ 不安な気持ちを抱える子供には、多くの人が関わることが重要だと考えたから。

問四 ――線部④「今まで子供を不安にさせないように、無理に明るく振る舞い頑張ってきた」について、次の先生と生徒A、Bの会話文中にある（ X ）～（ Z ）を後の指示にしたがって答えなさい。

先生　ご主人が亡くなり娘さんを育てていかなければならないという親としての（ X ）感から「子供を不安にさせないように」するために「無理に明るく振る舞」っているんだろうね。それじゃあ、「無理に明るく振る舞」っていたというのは、具体的にどういうことをしていたのかな?
生徒A　「笑う」ということですかね。確かに奥様自身が（ Y ）に沈まないように「笑う」こともあったと書いてありますが「子供を不安にさせないように」するためだったとも考えられます。
生徒B　「笑う」こともその理由にあたりますが、「（ Z ）」というところも、ご主人が亡くなったとい

> うつらい現実から少しでも離れて、「子供を不安にさせないように」するための奥様の「振る舞」いの一つだと考えられます。

（　X　）…入るものとして最も適切な語句を漢字二字で考えて答えなさい。

（　Y　）…入るものとして最も適切な語句を三字で考えて答えなさい。

（　Z　）…入るものとして最も適切な箇所を問題文中から二十字で抜き出し最初と最後の三字を答えなさい。

問五　══線部《Ⅰ》「いい子、いい子」と══線部《Ⅱ》「いい子、いい子」について。

（1）奥様が《Ⅰ》「いい子、いい子」して欲しいと望んだ理由を説明した次の文の（　　　　）に入る適切な言葉を四十字以内で答えなさい。

> 心の支えであったご主人に（　　　　　　）から。

（2）娘さんの《Ⅱ》「いい子、いい子」は何のために行ったと考えられるか、三十字以内で説明しなさい。

問六　本文のテーマとして最も適切なものを次の選択肢ア～エから一つ選び、記号で答えなさい。

ア　家族の絆《きずな》　　イ　亡き夫の娘への思い　　ウ　夫を亡くした妻の苦しみ　　エ　親子の支え合い

《　問題は以上です　》

# 算　数

## 注　意

1．試験時間は 50 分です．

2．問題は1から5（1 ページから 9 ページ）まであります．
試験開始後，抜け落ちているページがないか，印刷が不鮮明《ふせんめい》なページがないか確認してください．不備がある場合は監督者《かんとくしゃ》に申し出てください．

3．定規・コンパス・筆記用具以外の使用は認めません．

4．問題用紙や解答用紙を折ったり切ったりして，問題を解くためのヒントとなる形に変形することを禁止します．

5．解答用紙への記入上の注意
・考え方を書く指示がある問題以外は，答えだけを書いてください．
・答えに単位が必要な問題は，必ず単位をつけて答えてください．
・答えが分数になる場合は，それ以上約分できない一番簡単な分数で答えてください．また，仮分数は帯分数に直してください．
・図やグラフをかいて答える問題に対し，定規・コンパスを忘れた場合は手がきでていねいにかいてください．

| | | | |
|---|---|---|---|
| 受験番号 | | 氏名 | |

(2023-J1)

2023(R5) 逗子開成中　1次
K 教英出版

1 次の $\boxed{\phantom{00}}$ にあてはまる数を求めなさい．

(1) $2.75\times5+27.5\times0.7-0.55\times15-0.055\times50=\boxed{\phantom{00}}$

(2) $\left(3+1\frac{2}{5}\right)\times\frac{1}{5}\div1\frac{1}{10}-1\frac{13}{20}\div\left(1\frac{5}{9}+2\frac{5}{12}\right)=\boxed{\phantom{00}}$

(3) $6.2+2\frac{1}{3}\times\left\{\left(\boxed{\phantom{00}}-0.25\right)\div2\frac{1}{12}\right\}=7\frac{3}{5}$

2 次の各問いに答えなさい.

(1) A , B の 2 つのコップを使って, ある容器に水を入れます. A のコップ 2 はいと B のコップ 5 はいで, この容器は満水になります. また, A のコップ 5 はいと B のコップ 1 ぱいで, この容器は満水になります. このとき, A のコップの容積と B のコップの容積の比を最も簡単な整数の比で表しなさい.

(2) 赤色と青色のランプがあります. ランプのスイッチを入れると, 赤色のランプは 1 秒間ついて 2 秒間消えることをくり返し, 青色のランプは 3 秒間ついて, 3 秒間消えることをくり返します. いま, 2 つのランプのスイッチを同時に入れました. スイッチを入れてから 35 秒の間にランプがともに消えている時間は全部で何秒間ですか.

(3) 2 つの分数があります. 2 つの分数の和は $\frac{1}{15}$, 差は $\frac{1}{150}$ です. 小さい方の分数を大きい方の分数で割ったときの値を求めなさい.

(4) ある仕事を兄だけで行うと 16 日，弟だけで行うと 28 日かかります．この仕事を 2 人で行うときは，兄は弟を手伝いながら作業をするので，1 日にできる仕事量は，兄は 20 % 減り，弟は 40 % 増えます．この仕事を兄弟 2 人で行うと，何日かかりますか．

(5) 右の図のように，密閉された三角柱の容器の中に水が入っています．水面の高さは 25.6 cm です．辺 AC は 20 cm，辺 AD は 40 cm，辺 BC は 15 cm です．また，三角形 ABC は角 C が 90° の直角三角形です．
いま，この容器を長方形 ADFC が底面になるようにたおしました．このときの水面の高さを求めなさい．

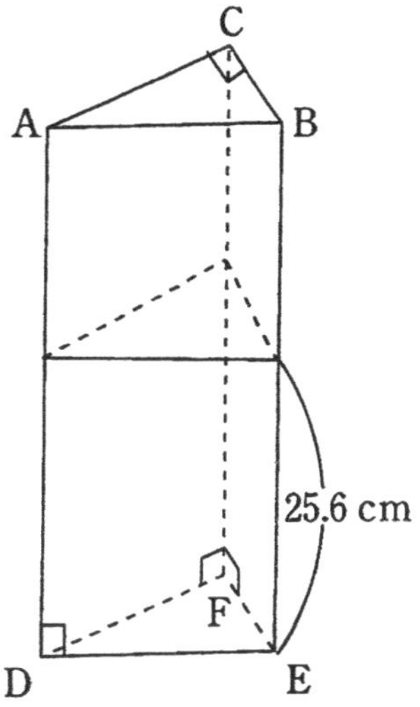


(6) 右の図は，半径 12 cm の半円です．この半円を直線で区切りました．色のついた部分の面積を求めなさい．ただし，円周率は 3.14 とします．

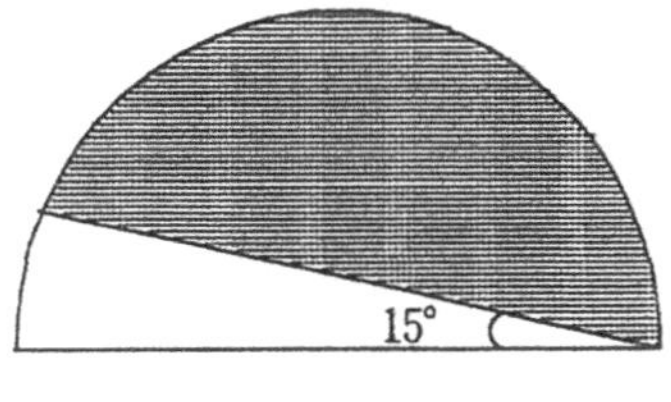

3 下の図のように東西にのびる線路があり，線路と平行に 20 m の距離を保ちながら AB 間に防音壁（ぼうおんへき）があります．防音壁は長さ 160 m，高さ 10 m の長方形の形をしています．また，防音壁の南側からは，線路を走る列車は防音壁にかくれて見えなくなります．なお，図において点 M は AB の真ん中の点で，CM 間の距離は 80 m です．また，列車 X と列車 Y はそれぞれ矢印の方向（東から西）に向かって一定の速さで走っています．

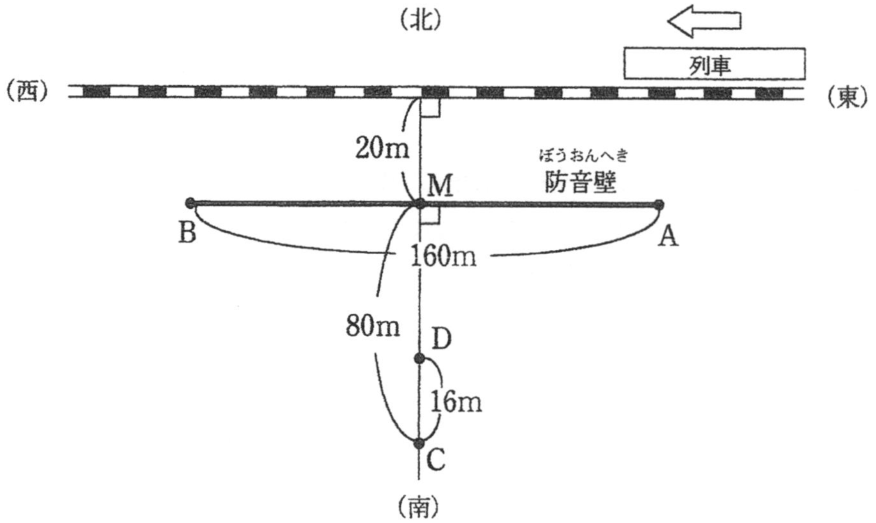


長さ 60 m の列車 X が 160 m の区間を走り始めてから走り終わるまで，ちょうど 18 秒かかりました．このとき，次の各問いに答えなさい．

(1) 列車 X の速さは時速何 km ですか．

(2) 太郎さんは，図の C 地点に立ち止まって列車 X をながめていました．列車 X が防音壁によって完全に見えない時間は何秒間ですか．

(3) 太郎さんは，図の C 地点から D 地点に向かって時速 7.2 km の速さで進みました．太郎さんが C 地点を出発するとき，今まで防音壁の A 側に見えていた長さ 75 m の列車 Y が防音壁で完全に見えなくなりました．その後，太郎さんは 16 m 進んだ D 地点に来たとき，防音壁の B 側から列車 Y の先頭が見え始めました．列車 Y の速さは時速何 km ですか．

《計算余白》

4 図のような正六角形 ABCDEF があり，その頂点上を動く点 P があります．今からサイコロを何回か投げ，点 P はサイコロの出た目の数だけ反時計回りに頂点の上を移動していきます．最初，点 P は A の位置にいますが，その後はサイコロを投げて止まった位置から動いていきます．このとき，次の各問いに答えなさい．

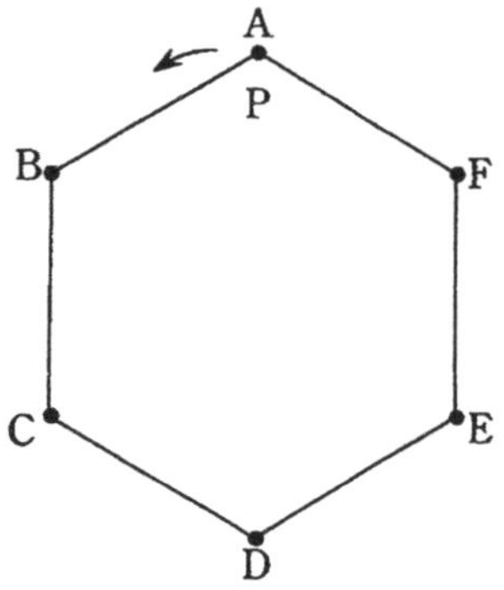


(1) サイコロを 3 回投げたときに点 P が止まった点を結ぶと正三角形ができました．このとき，サイコロの目の出方は全部で何通りありますか．

(2) サイコロを 3 回投げたときに点 P が止まった点を結ぶと三角形ができました．このとき，サイコロの目の出方は全部で何通りありますか．

(3) サイコロを 4 回投げたときに点 P が止まった点を結ぶと三角形ができました．このとき，サイコロの目の出方は全部で何通りありますか．

《計算余白》

5 太郎さんと花子さんは整数の約数の個数について話し合っています．2人の会話を読んで，次の各問いに答えなさい．ただし，整数Mの約数の個数を ≪M≫ という記号で表すことにします．

太郎： 花子さん，いろいろな数の約数の個数を調べてみようよ．

花子： じゃあ，7，15，56の3つの数について考えてみましょう．

太郎： 7の約数は，「1と7」だから … ≪7≫＝2になるね．
15の約数は「1，3，5，15」だから … ≪15≫＝4になるね．
56の約数は，「1，2，4，7，8，28，56」だから … ≪56≫＝7 かな？

花子： 太郎さん，56の約数を1つ見落としてるよ！
わたしは見落としがないように，求めた約数どうしでペアを組んでかけ算をして，56になることを確認しているんだ！
1×56 ，2×28 ，4×？ ，7×8
4の相手がいないから，14を見落としているよ．
だから，≪56≫＝8だよ．

太郎： そうか！約数を見つけるには，約数どうしペアを組んでいけばわかりやすいね！
そうすると，いままで調べた整数の約数には必ずペアができているから，どんな整数でも約数の個数は，偶数になるね．

花子： 本当にそうかな …
例えば，≪36≫ は … ≪36≫＝9 になるよ！

太郎： なんで偶数にならないんだろう．(ア)約数の個数が奇数になるのはどのようなときなんだろう …

(1) ≪ 180 ≫ の値を求めなさい.

(2) ≪ M ≫＝4 になる整数 M のうち，6 番目に小さい整数 M を求めなさい.

(3) 文中の下線部（ア）を参考にして，≪ M ≫＝7 になる 900 未満の整数 M のうち，最も大きい整数を求めなさい．ただし，答えだけでなく途中の考え方も書きなさい.

教英出版

# 理　科

注　　意

1．問題は【１】～【４】(1～8ページ) まであります。
2．試験時間は40分です。
3．解答は解答用紙に記入し，解答用紙だけ提出しなさい。
4．答えを直すときは，きれいに消してから新しい答えを書きなさい。
5．図やグラフをかく場合は，ていねいにはっきりとかきなさい。必要ならば定規を使ってもかまいません。

| 受験番号 | | 氏名 | |
|---|---|---|---|

(2023－J1)

【１】地層を調べることは，地球の過去のようすを知る手がかりになります。地層について，下の問いに答えなさい。

（１）少し離《はな》れた場所から２カ所の崖《がけ》を観察しました。それぞれの崖には，２種類の地層A，Bが観察でき，図１，２は２種類の地層A，Bの接し方を示しています。２カ所とも地層の逆転は見られませんでした。

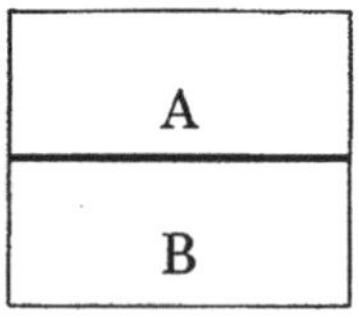

図１　整合

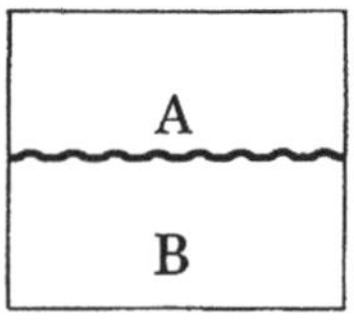

図２　不整合

①　図１の地層A，Bの接し方から必ず言えることは何ですか。下のア～カから１つ選び，記号で答えなさい。

②　図２の地層A，Bの接し方から必ず言えることは何ですか。下のア～カから２つ選び，記号で答えなさい。

ア．AよりBの方が古い。
イ．BよりAの方が古い。
ウ．AとBは海でできた地層である。
エ．AとBは陸でできた地層である。
オ．AとBとの境界は，雨や風などによって侵《しん》食されたあとがある。
カ．AとBとの境界は，A，B両方の地層がたい積した後にできた。

（２）図３のような地形を観察しました。西側の一部がくずれていて，図４のようにC，D，Eの３種類からなる地層が観察できました。

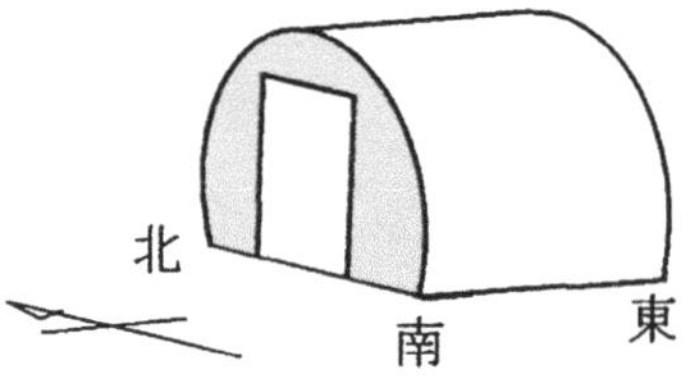

図３

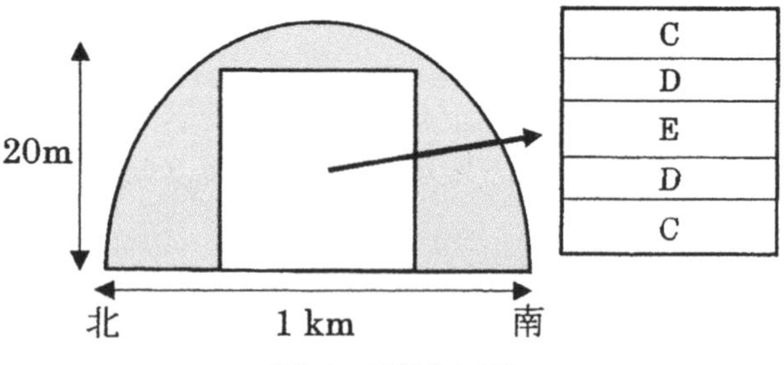

図４　西側の面

［観察の結果］

・地層Cには，アサリの仲間の化石が含《ふく》まれていた。
・地層Dには，ナウマンゾウの化石が含まれていた。
・地層Eには，三葉虫(サンヨウチュウ)の化石が含まれていた。

① 地層Cにアサリの仲間の化石が含まれていることで，たい積した当時の環《かん》境が浅い海だったことがわかります。たい積した当時の環境がわかる理由を次のア～オから2つ選び，記号で答えなさい。

ア．生きられる環境が限られているから。

イ．生きていた時代が限られているから。

ウ．似ている生物が現在も生きていて，生活のようすがわかるから。

エ．生きていた環境が様々であるから。

オ．世界中の広い範《はん》囲で生活していたから。

② 地球の歴史は，生物の進化の歴史にもとづいて時代区分が行われています。下の表は，その時代を代表する生物の一部をのせてあります。この表から考えて，地層Dと地層Eの重なり方を，次のア～エから1つ選び，記号で答えなさい。

| | | |
|---|---|---|
| 先カンブリア時代 | 約46億年前～約5.4億年前 | シアノバクテリア |
| 古生代 | 約5.4億年前～約2.5億年前 | 三葉虫，フズリナ |
| 中生代 | 約2.5億年前～約6600万年前 | アンモナイト，キョウリュウ |
| 新生代 | 約6600万年前～現在 | ナウマンゾウ，マンモス |

ア．隆《りゅう》起　　イ．沈《ちん》降　　ウ．整合　　エ．不整合

③ 図4の地層C，D，Eの重なり方から考えて，実際には見えていない次の図の太い点線内の地層のようすをかきなさい。ただし，東側の面は，地層Cだけが観察できました。作図するときには，地層C，D，Eがわかるようにかきなさい。

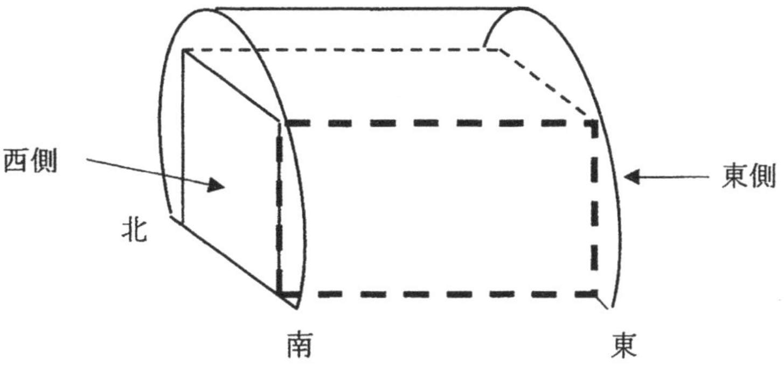

【２】自然界における二酸化炭素の循環《じゅんかん》について，下の問いに答えなさい。

植物は光エネルギーを用いて大気中や水中の二酸化炭素を取り込《こ》んで利用しています。植物がつくった物質はほかの生物のからだに取り込まれ，成長やエネルギー源に利用されます。図１は自然界における炭素の移動経路を示したものです。

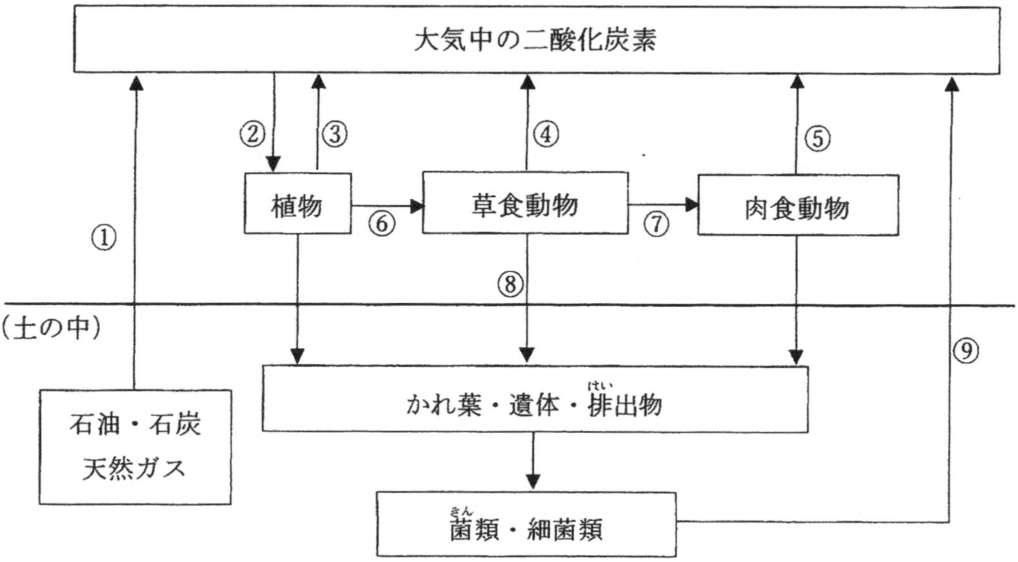


図１

（１）現在の大気における二酸化炭素の割合は何％ですか。次のア～エから１つ選び，記号で答えなさい。

ア．0.04 ％　　イ．0.4 ％　　ウ．4 ％　　エ．40 ％

（２）図１の矢印②は何とよばれるはたらきによるものですか。

（３）図１の矢印⑨と同じはたらきを表している矢印はどれですか。図１の①～⑧からすべて選び，記号で答えなさい。

（４）大気中の二酸化炭素が増えたことによって直接引き起こされる問題を次のア～エからすべて選び，記号で答えなさい。

ア．山に吹《ふ》きつけた風がふもとの地域に吹き下ろすフェーン現象がおこる。
イ．気温が高くなる地球温暖化がおこる。
ウ．オゾン層が破壊《かい》される。
エ．都市部でヒートアイランド現象がおこる。

（5）ある植物を用いて，二酸化炭素濃《のう》度が一定の状態で光の強さと温度を変えながら1時間あたりの二酸化炭素の吸収量・排出量を測定したところ図2のようになりました。次のア～エのうち，誤った説明をしているものを1つ選び，記号で答えなさい。

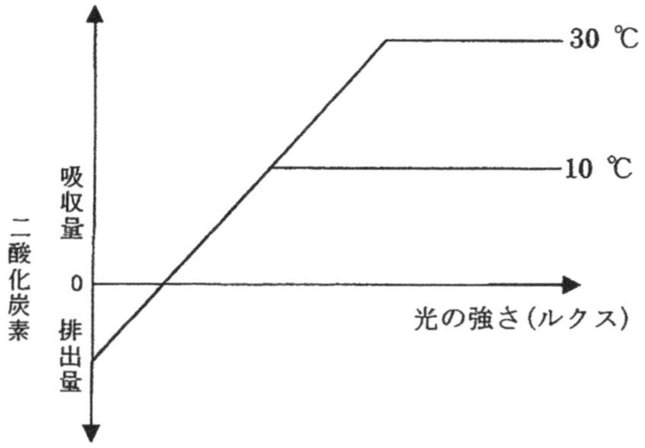


図2

ア．光を強くすればするほど二酸化炭素の吸収量は大きくなる。
イ．二酸化炭素の最大吸収量は温度が高い方が大きくなる。
ウ．光の強さが0ルクスのとき，植物は二酸化炭素を排出している。
エ．二酸化炭素の吸収量と排出量が等しくなる光の強さがある。

（6）図3は日本のある地点で測定した二酸化炭素濃度の変化を表したグラフです。なぜ直線ではなく折れ線のようなグラフになるのか，理由を推測し答えなさい。

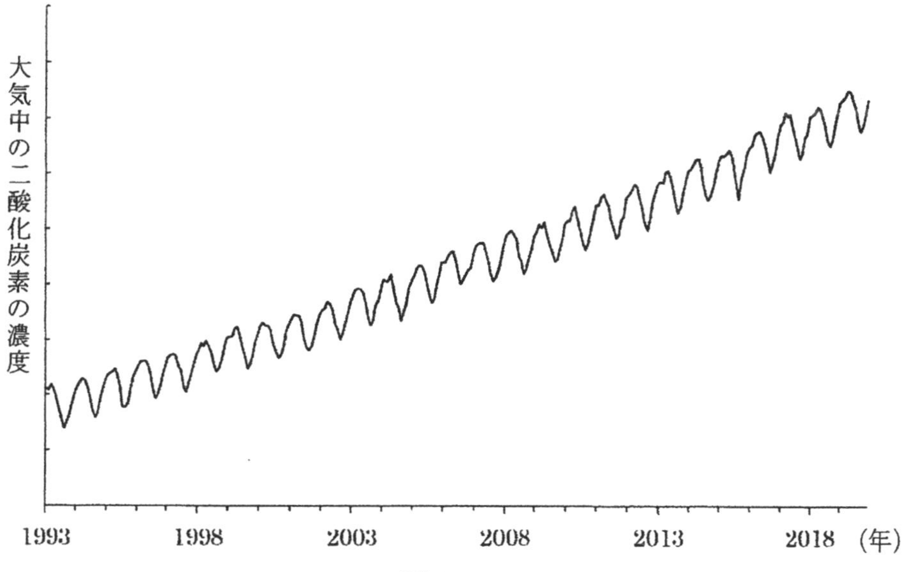


図3

【3】次の図は，物質A～Cと食塩について，水100 gに溶《と》ける最大の重さと，水の温度の関係を表したものです。下の問いに答えなさい。

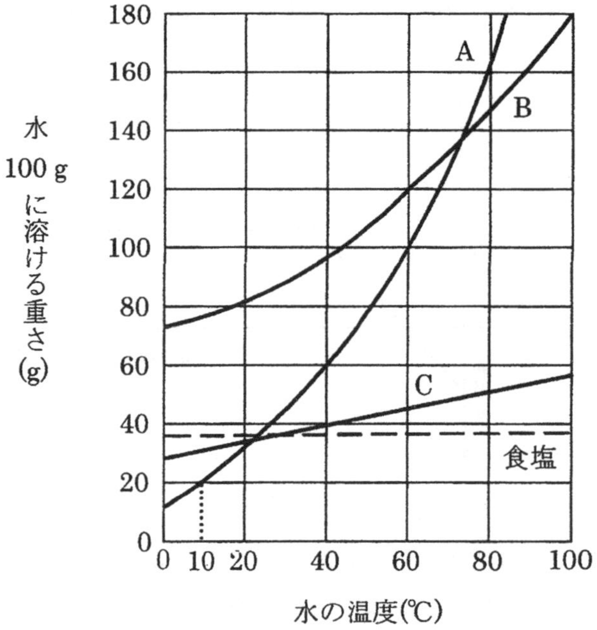


（1）物質A～Cを20 gずつとって50 gの水に溶かすとき，最も低い温度ですべて溶ける物質はA～Cのうちどれですか。

（2）食塩の水溶《よう》液を冷やしても，溶けている食塩をほとんど取り出すことはできません。その理由を答えなさい。

（3）60 ℃の水40 gに物質B 50 gを加えてよくかき混ぜました。この水溶液の濃《のう》度は何%ですか。答えが割り切れないときは，小数第1位を四捨五入して整数で答えなさい。

（4）物質Aを飽《ほう》和させた60 ℃の水溶液が150 gあります。

① この水溶液に溶けている物質Aの重さは何gですか。答えが割り切れないときは，小数第1位を四捨五入して整数で答えなさい。

② この水溶液を加熱して水を蒸発させました。その後，10 ℃に冷やすと溶けきれなくなった物質Aが62 g得られました。蒸発した水の重さは何gですか。答えが割り切れないときは，小数第1位を四捨五入して整数で答えなさい。

（5）40 ℃の水10 gに，物質Cを1 gずつ10 gまで加えていきました。加えた物質Cの重さ(g)と，水溶液の濃度(%)の関係をグラフに書きなさい。

【4】音の伝わり方を調べた次の［実験 1］～［実験 3］について，下の問いに答えなさい。ただし，音の速さは気温などの条件で日によって変わり，風が吹《ふ》いても変わります。また光の速さはとても速く，発せられてすぐ見えるとします。

［実験 1］

図 1 のように地点 A の船に乗った人が懐《かい》中電灯をつけると同時に船のスピーカーから音を出します。地点 A から 700 m 離《はな》れた地点 B で，懐中電灯の光が見えてから音が聞こえるまでの時間を測定しました。このとき風は吹いておらず，地点 B では懐中電灯の光が見えてから 2.1 秒後に最初の音が聞こえ，その 2.4 秒後に後方の建物 K で反射したと考えられる音が聞こえました。

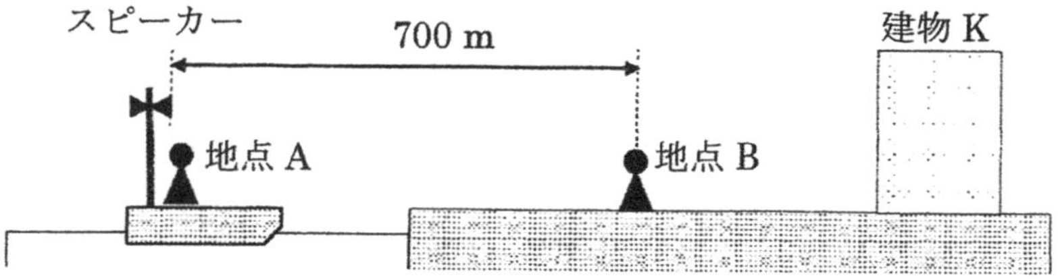


図 1

（1）［実験 1］より，この日の音の速さは毎秒何 m ですか。答えが割り切れないときは，小数第 1 位を四捨五入して整数で答えなさい。

（2）地点 B から後方の建物 K までの距離《きょり》は何 m ですか。答えが割り切れないときは，小数第 1 位を四捨五入して整数で答えなさい。

［実験 2］

［実験 1］とは別の日に，図 2 のように地点 A の船から地点 B と反対の方向に 700 m 離れた地点 C の船に乗った人も，地点 A の人がつけた懐中電灯の光が見えてから音が聞こえるまでの時間を測定しました。この実験をしたときは，地点 C から地点 B の向きに毎秒 7.0 m の速さの風が吹いていました。地点 B では懐中電灯の光が見えてから 2.0 秒後に音が聞こえました。

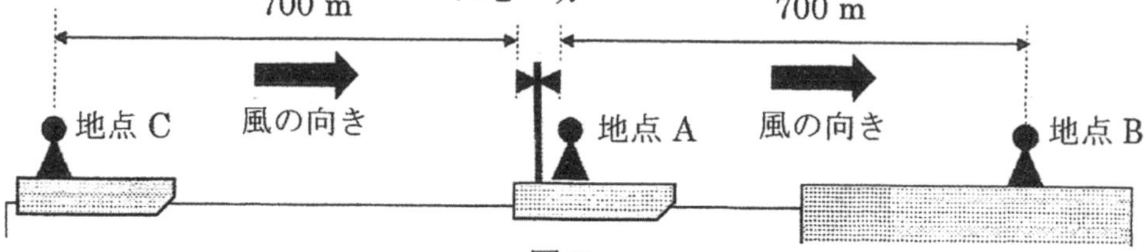


図 2

(3)[実験 2]について説明した次の文章中の空欄《らん》(　ア　)にあてはまる語句と(　イ　)と(　ウ　)にあてはまる数値をそれぞれ答えなさい。

風があるときの音の速さは，風がないときの音の速さに風の速さを足したり，引いたりすることで求めることができます。スピーカーから出た音が地点 B に向かうとき，音が進む向きと風の向きは（　ア　）になるので，音の速さは風の速さが足されて速くなっています。この速くなった音は，2.0 秒で地点 B に届いたので，その速さは毎秒（　イ　） m とわかります。また，この日の風がないときの音の速さは毎秒（　ウ　） m だと考えられます。

(4) 地点 C で音が聞こえたのは，懐中電灯の光が見えてから何秒後ですか。次のア～エからもっとも近い値を 1 つ選び，記号で答えなさい。

ア．1.9 秒後　　イ．2.0 秒後　　ウ．2.1 秒後　　エ．2.2 秒後

［実験 3］

次に［実験 1］と同じ実験を別の日に違う場所で行いました。図 3 のように，地点 D の船のスピーカーから地点 E までの距離は 360 m で，この実験のときは毎秒 15 m の風が地点 D から建物 L に向かって吹いていました。地点 E では，地点 D の人がつけた懐中電灯の光が見えてから 1.0 秒後に最初の音が聞こえ，その 2.3 秒後に後方の建物 L で反射したと考えられる音が聞こえました。

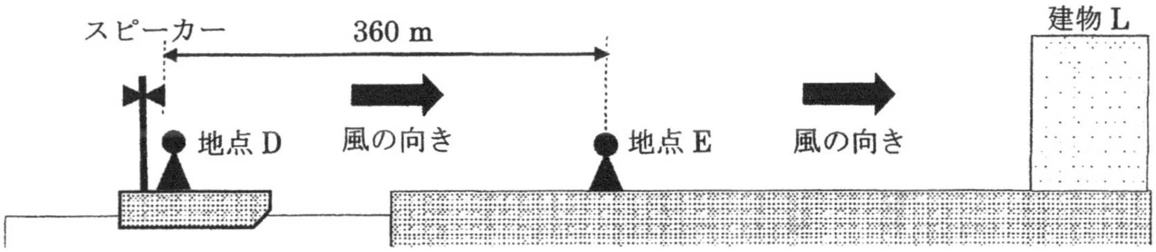


図 3

(5)［実験 3］より，この日の風がないときの音の速さは毎秒何 m ですか。答えが割り切れないときは，小数第 1 位を四捨五入して整数で答えなさい。

(6) 地点 E から建物 L までの距離は何 m ですか。答えが割り切れないときは，小数第 1 位を四捨五入して整数で答えなさい。

# 社　会

注　意

1．問題は問１から問２９まであります。
（１ページから 13 ページまであります。）
2．試験時間は４０分です。
3．解答は解答用紙に記入し、解答用紙だけ提出しなさい。

| 受験番号 | | 氏名 | |
|---|---|---|---|

(2023－J1)

次の文章を読んで、各問いに答えなさい。

「命《ぬち》どぅ宝」という言葉を知っていますか。「命《いのち》こそ宝」という意味をもつこの言葉は、沖縄で大切にされている言葉です。沖縄戦最後の地につくられた平和祈念《きねん》公園内の石碑《せきひ》には、「命《ぬち》どぅ宝　命《いのち》こそ最高の宝である」と刻まれており、この地を訪れる人たちに命の尊さや平和への願いを発信しています。2022年は、沖縄県が日本復帰50年を迎《むか》えた節目の年でした。沖縄は、きれいな青い①海、白い砂浜《すなはま》、温暖な気候により、国内外問わず多くの②旅行者が訪れます。一方、戦争での悲さんなできごと、戦後のアメリカによる占領《せんりょう》、そして復帰後もかかえる課題など、沖縄独自の苦しみがあることも忘れてはいけません。今日はさまざまな角度から沖縄について考えてみましょう。

まずは沖縄の地理的特色からみていきましょう。沖縄県は日本の南西部に位置し、③九州地方にふくまれます。南北約400kmの海域に点在する160の島々から成立しており、そのうちの１つである日本最西端《たん》の（　１　）島も沖縄県に属します。年間を通して温暖な気候で、④降水量は年間約2000㎜と多いですが、⑤沖縄ではしばしば水不足になり、これは沖縄の地形や気候が影響《えいきょう》しています。沖縄の農林水産業は、気候や環境《かんきょう》に適したかたちで営まれています。農業は、温暖な気候を利用した作物が栽培《さいばい》されており、水産業は、特に⑥海面養殖《ようしょく》業が盛《さか》んです。

沖縄では、⑦全国的に少子高齢化《こうれいか》で人口減少が進む中、人口が増加しています。2022年１月１日付けの⑧住民基本台帳によると、日本人住民について人口が増えた唯一《ゆいいつ》の都道府県が沖縄県です。

沖縄は⑨自動車が重要な交通手段となっています。戦争で壊滅《かいめつ》した鉄道が復旧しなかった影響で、陸上交通はもっぱら自動車中心です。⑩沖縄をささえる主産業である「観光」にも欠かせないレンタカーの普及《ふきゅう》の影響もあり、沖縄県の県庁所在地である那覇市周辺では、深刻な渋滞《じゅうたい》問題が起こっています。

沖縄にはかつて琉球王国という日本とは別の国が存在していました。その国の王宮であった首里城は、⑪世界遺産に登録されています。2019年、首里城が火災により焼失しました。このできごとは、沖縄の人のみならず日本全体に衝撃《しょうげき》をあたえました。琉球王国はどのように成立し、日本とどのような関わりを持ってきたか、沖縄の歴史を振り返ってみましょう。

およそ１万年前まで続いた氷河時代は、現在よりも海水面が低く、沖縄は日本列島と地続きでした。⑫沖縄では、国内最古の化石人骨とされる「山下洞人《どうじん》」が発掘《はっくつ》されており、約３万2000年前にはすでに沖縄に人が住んでいたと考えられています。

⑬弥生時代になると、日本列島には稲作が広まりましたが、沖縄では漁を中心とした食料採取をおこなう文化が育《はぐく》まれていました。この文化は⑭12世紀頃まで続いたとされます。その後、農耕中心の生産経済へと移行し、有力な指導者たちが勢力争いをくり返すグスク（城）時代が始まります。グスクとは、指導者たちが地域を治めるための拠点《きょてん》として築いた沖縄独特の石積みの建築物です。世界遺産に登録された今帰仁城《なきじんぐすく》は有名な観光名所です。⑮日本の戦国大名たちが建てた城は石垣《いしがき》が直線的であるのに対

し、グスクはなめらかなカーブをえがいているのが特徴《とくちょう》的です。15世紀になると尚巴志がはじめて沖縄を統一し、琉球王国が誕生しました。⑯琉球王国は周辺諸国と盛んに交易をおこない、さまざまな影響を受けながら⑰特色ある文化を生み出し、繁栄《はんえい》しました。

江戸時代になると、琉球王国は島津氏の武力侵攻《しんこう》により（　2　）藩の支配下におかれ日本に従属していましたが、⑱「異国」としての位置づけは残りました。幕府に対しては⑲将軍の代替《が》わりごとに使節を派遣《はけん》しました。

⑳明治時代になると、政府は琉球を沖縄県とし、これにより約450年間続いた琉球王国は解体されました。沖縄では、制度や風習が本土と大きく異なっていたため、改革が進みませんでした。例えば、はじめて㉑衆議院議員選挙が実施《じっし》されたのが㉒1912年になるなど、沖縄の近代化は他府県より遅《おく》れました。㉓太平洋戦争では、沖縄は本土防衛最後の拠点でした。1945年には、沖縄本島に上陸したアメリカ軍との地上戦がおこなわれ、沖縄での戦闘《せんとう》で亡くなった日本兵及《およ》び一般《いっぱん》住民の方々は、約20万人といわれています。

戦後、沖縄では㉔冷戦の影響により、アジアにおけるアメリカの重要拠点として基地建設がおこなわれました。㉕サンフランシスコ平和条約で日本の主権が回復したのちも、沖縄はアメリカの占領下だったため、㉖日本国憲法が適用されていませんでした。こうした状況《じょうきょう》の中、日本への復帰を求める声が高まりました。政府による沖縄返還交渉《へんかんこうしょう》がおこなわれましたが、アメリカは（　3　）戦争で沖縄の基地を使用していたため、交渉は思うように進みませんでした。しかし、日本側のねばり強い交渉の末、1969年、当時の首相であった（　4　）とニクソン大統領との会談で沖縄返還に合意、そして1972年5月15日、沖縄は日本に返還されました。返還後の沖縄では、㉗高度経済成長期を経《へ》た本土との間にある経済的な格差をうめるため、政府から財政的支援を受け、生活環境の整備が進みました。その一方で、㉘沖縄には多くのアメリカ軍基地が集中しています。基地をめぐる問題は、いまもなお、沖縄の大きな問題として残っているのです。

このように、美しい自然や独特な文化から沖縄の魅力《みりょく》を知ることができた一方で、歴史をひもとくことで沖縄が抱える問題もみえてきました。日本国民全体がこの問題を他人ごとにせず正面から向き合うことが大切ではないでしょうか。皆さんにもぜひ、考えてみてほしいと思います。

問１　文中の空らん（　１　）～（　４　）にあてはまる語句を答えなさい。空らんの（　３　）はカタカナで、それ以外は漢字で答えなさい。なお、人名が入る場合は、姓名で答えること。

問２　下線部①に関連する以下の各問いに答えなさい。

Ⅰ．右の表は、日本の都道府県の中で海岸線の長い上位５都道府県をしめしたものです。表中の空らん（　a　）・（　b　）に入る道府県として適切なものを、次のア～オからそれぞれ選び、記号で答えなさい。

ア．千葉県　　　イ．京都府
ウ．岩手県　　　エ．長崎県
オ．北海道（北方領土を含む）

（2019年度）

**都道府県別海岸線延長（海岸線の長さ）**

| 都道府県 | 海岸線延長（km） |
|---|---|
| （　a　） | 4,445 |
| （　b　） | 4,170 |
| 鹿児島県 | 2,643 |
| 沖縄県 | 2,029 |
| 愛媛県 | 1,704 |

（『日本国勢図会 2022／23』より作成）

Ⅱ．右の地図中ｃ・ｄは海流を表しており、矢印の方向に向かって流れていることをしめしています。ｃ・ｄの海流名の組み合わせとして正しいものを、次のア～エから一つ選び、記号で答えなさい。

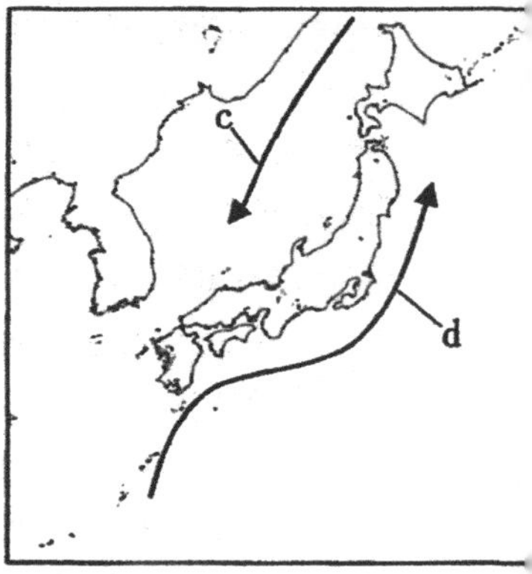


ア．ｃ－リマン海流　　ｄ－日本海流
イ．ｃ－リマン海流　　ｄ－対馬海流
ウ．ｃ－千島海流　　ｄ－日本海流
エ．ｃ－千島海流　　ｄ－対馬海流

問３　下線部②に関連する次の文章を読み、以下の各問いに答えなさい。

逗子開成の修学旅行は、中学ではニュージーランド研修旅行、高校では研究旅行というかたちで実施されます。研究旅行では、ⅰ．韓国《かんこく》・マレーシア・ベトナム・ⅱ．オーストラリア・沖縄から選択《せんたく》し、現地でのホームステイや現地校との交流をおこなっています。

Ⅰ．文章中の下線部ⅰについて、韓国について述べた説明として正しいものを、次のア～エから一つ選び、記号で答えなさい。

ア．ＡＳＥＡＮ諸国の１つで、外国企業《きぎょう》が多数進出してきており、日本との貿易も盛んである。

イ．現在は憲法で禁止されているものの、カーストにもとづく身分差別がいまだに残っている。

ウ．工業では自動車や鉄鋼の生産が盛んで、かつてアパルトヘイトといわれた人種隔離政策《かくりせいさく》をおこなっていた。

エ．アジアＮＩＥＳの１つで、造船・電子部品などの工業が発達しており、中国・アメリカに次ぐ日本の貿易相手国である。

Ⅱ. 文章中の下線部ⅱについて、次の雨温図はそれぞれキャンベラ（オーストラリア）・モスクワ（ロシア）・東京（日本）・パリ（フランス）のものです。キャンベラの雨温図として適切なものを、以下のア～エから一つ選び、記号で答えなさい。

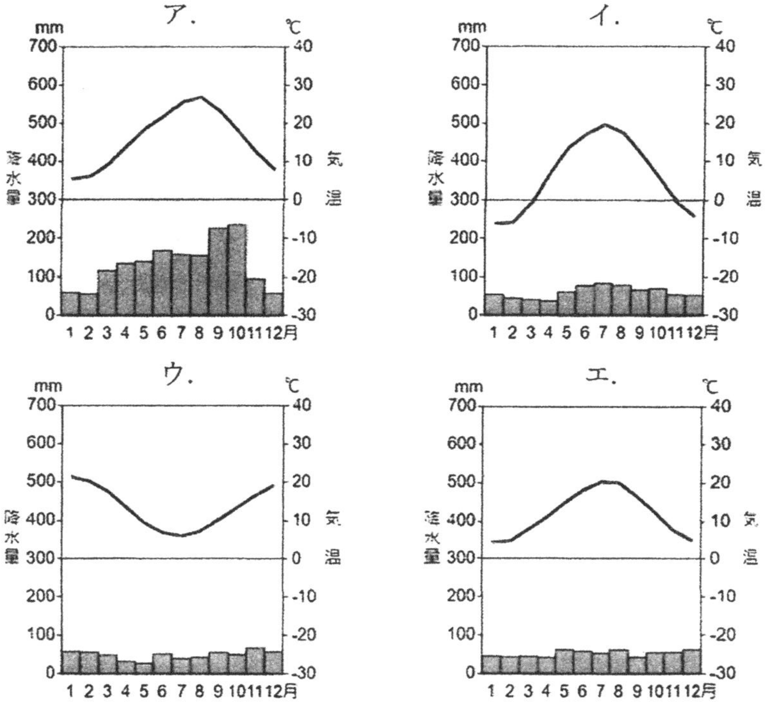


（『気象庁ホームページ』より作成）

問４　下線部③に関連する次の文章を読み、以下の各問いに答えなさい。

山がちな地形が特徴のこの県は、道路トンネルが日本一多い県です。その地形的な特徴はこの県の農林水産業にも影響しており、県北西部の都市は日本有数の林業地のひとつとして知られ、すぎの美しい人工林が広がっています。また、この県は日本を代表する温泉があります。火山の地中から取り出した蒸気を利用した発電が盛んにおこなわれています。

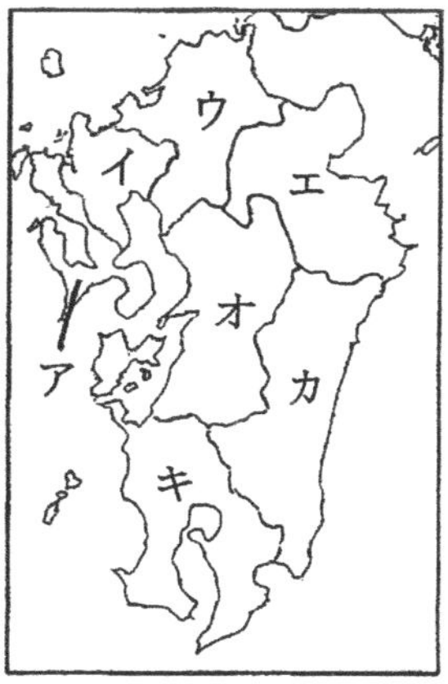


Ⅰ. 上の文章は九州地方のある県について説明したものです。この県の位置として正しいものを、上の地図中ア～キから一つ選び、記号で答えなさい。

Ⅱ. 文章中の下線部について、このような再生可能エネルギーによる発電方法を何とよびますか、漢字で答えなさい。

問５　下線部④に関連して、次の降水に関する新聞記事中の（　　）に入る適切な語句を漢字５字で答えなさい。なお、（　　）にはすべて同じ語句が入ります。

> 気象庁は28日、豪雨《ごうう》災害につながりやすい「（　　）」の発生を半日前に予報する取り組みを６月１日から始めると発表した。予報は「九州北部」「四国」「近畿」「関東甲信」など、国内を11の地域に区分して約12時間前に発表する。
>
> （　　）は、海から入ってきた湿《しめ》った空気で積乱雲が次々と発生し、およそ50～300キロ・メートルにわたる帯状の範囲《はんい》に短時間で強い雨を降らせる。発生の予報は、熊本県などで88人が犠牲《ぎせい》になった2020年７月の九州豪雨を受けて進めてきた取り組みで、斉藤国土交通相は28日の閣議後記者会見で、「大雨災害から一人でも多くの命を守れるよう取り組む」と述べた。
>
> （読売新聞　2022年４月28日）

問６　下線部⑤について、雨の多い地域である沖縄がしばしば水不足におちいる理由は、山地が少ないことなどが影響していますが、それ以外の要因について、右の表をふまえて説明しなさい。

**都道府県別河川延長（河川の長さ）順位**

| 順位 | 都道府県 | 河川の長さ（km） |
|---|---|---|
| 1 | 北海道 | 15455.3 |
| 2 | 長野県 | 7028.7 |
| 3 | 福島県 | 5443.2 |
| （中略） | | |
| 45 | 大阪府 | 964.6 |
| 46 | 東京都 | 862.8 |
| 47 | 沖縄県 | 392.0 |

（国土交通省『河川データブック 2022』より作成）

問７　下線部⑥について、下の地図中において●のある点線で囲まれた地域では、海面養殖がおこなわれています。これらの地域でおこなわれている養殖として適切なものを、次のア～エから一つ選び、記号で答えなさい。

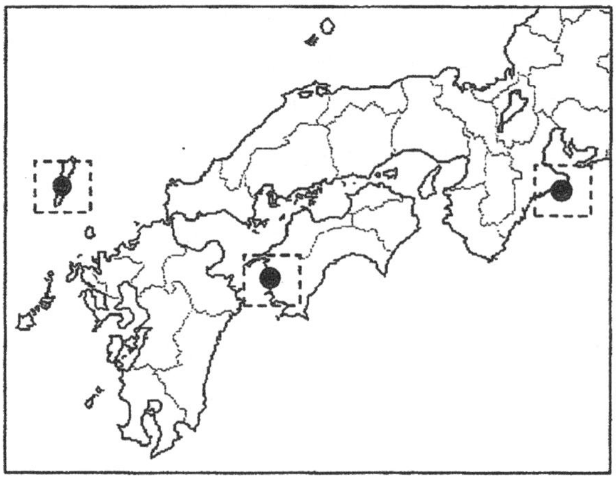

ア．こんぶの養殖　　イ．かきの養殖　　ウ．真珠の養殖　　エ．わかめの養殖

問８　下線部⑦に関連する以下の各問いに答えなさい。

Ⅰ．沖縄県では１人の女性が一生の間に産む子どもの平均数が全国平均よりも高いです。この平均数を何とよびますか、漢字７字で答えなさい。

Ⅱ．日本の少子高齢化にかかわる問題について述べた次の文Ｘ・Ｙについて、その正誤の組み合わせとして正しいものを、以下のア～エから一つ選び、記号で答えなさい。

Ｘ：今後、少子化が進行すると労働人口が減少することが考えられるため、高齢者の医療《いりょう》費や年金の費用を、少ない働き手で支えなければならなくなるという心配がある。

Ｙ：日本の現在の人口ピラミッドは、出生率、死亡率がともに低い人口停滞《ていたい》の型であるつりがね型のかたちをしている。

ア．Ｘ：正しい　Ｙ：正しい　イ．Ｘ：正しい　Ｙ：誤り
ウ．Ｘ：誤り　Ｙ：正しい　エ．Ｘ：誤り　Ｙ：誤り

問９　下線部⑧に関連して、この発表は国勢調査の実施や行政組織管理などをになう省庁によっておこなわれました。この省庁の名称《めいしょう》を漢字で答えなさい。

問 10　下線部⑨に関連して、下のグラフは世界の主な国の自動車生産台数の推移をしめしたものです。グラフ中の(a)～(c)にあたる国の組み合わせとして正しいものを、次のア～カから一つ選び、記号で答えなさい。

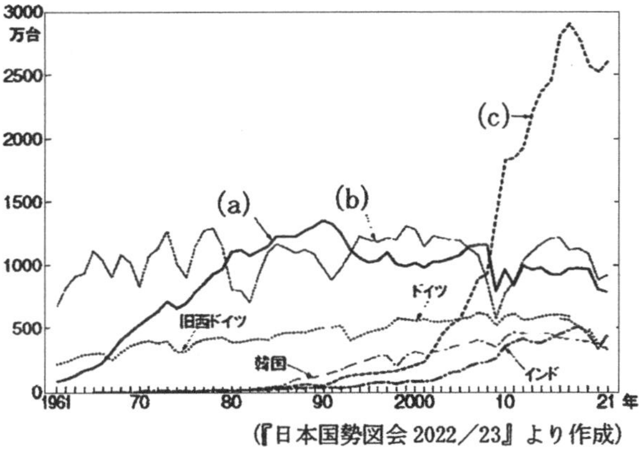


(『日本国勢図会 2022／23』より作成)

ア．(a)：アメリカ　(b)：中国　(c)：日本
イ．(a)：アメリカ　(b)：日本　(c)：中国
ウ．(a)：日本　(b)：アメリカ　(c)：中国
エ．(a)：日本　(b)：中国　(c)：アメリカ
オ．(a)：中国　(b)：アメリカ　(c)：日本
カ．(a)：中国　(b)：日本　(c)：アメリカ

問 11　下線部⑩に関連して、下の表は産業別就業者数の都道府県別の割合をしめしたものです。表中の(a)～(c)にあたる都道府県の組み合わせとして正しいものを、次のア～カから一つ選び、記号で答えなさい。

| 都道府県 | 就業者数（2015年10月1日現在） | | | |
|---|---|---|---|---|
| | 総数（千人） | 第一次産業（%） | 第二次産業（%） | 第三次産業（%） |
| 全国 | 58919 | 4.0 | 25.0 | 71.0 |
| 沖縄県 | 590 | 4.9 | 15.1 | 80.0 |
| (a) | 519 | 11.0 | 21.1 | 67.9 |
| (b) | 1865 | 3.9 | 33.2 | 62.9 |
| (c) | 4122 | 0.9 | 22.4 | 76.7 |

（『日本国勢図会 2022／23』より作成）

ア．(a)：神奈川県　(b)：宮崎県　(c)：静岡県
イ．(a)：神奈川県　(b)：静岡県　(c)：宮崎県
ウ．(a)：宮崎県　(b)：神奈川県　(c)：静岡県
エ．(a)：宮崎県　(b)：静岡県　(c)：神奈川県
オ．(a)：静岡県　(b)：神奈川県　(c)：宮崎県
カ．(a)：静岡県　(b)：宮崎県　(c)：神奈川県

問 12　下線部⑪について、次の日本の世界遺産とその所在地の組み合わせのうち正しいものはいくつありますか、数字で答えなさい。

- 百舌鳥・古市古墳群－古代日本の墳墓群－ … 奈良県
- 「神宿る島」宗像・沖ノ島と関連遺産群 … 福岡県
- 白川郷・五箇山《ごかやま》の合掌造り集落 … 岐阜県・富山県
- 石見銀山遺跡とその文化的景観 … 鳥取県
- 富岡製糸場と絹産業遺産群 … 群馬県

問 13　下線部⑫に関連して、日本列島では、ある遺跡で見つかった石片が打製石器と認められたことで、１万年以上前から人が住んでいたことがはじめて証明されました。この遺跡名を漢字で答えなさい。また、この遺跡がある位置として正しいものを、右の地図上ア～エから一つ選び、記号で答えなさい。

# 国語 解答用紙

（2023 J1）

受験番号

氏　名

※150点満点
（配点非公表）

↓ここにシールを貼ってください↓

230110

【一】

問一

①
②
③
④
⑤
⑥
⑦
⑧
⑨ れる
⑩ く
⑪
⑫
⑬
⑭ い
⑮

問二

a
b
c

問三

Ⅰ
Ⅱ

【二】

問一

a
b
c

問二

i
ii

三

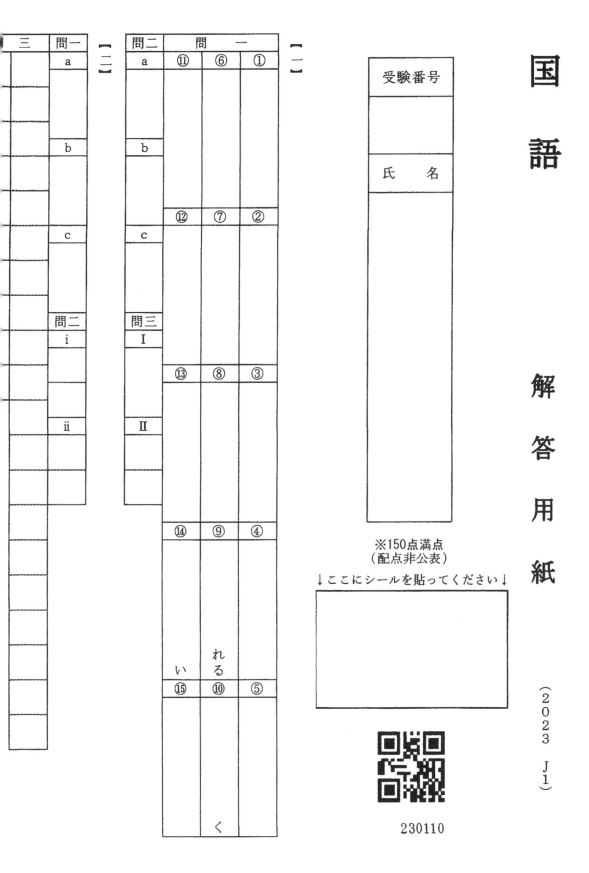

5

(3)

↓ここにシールを貼ってください↓

※150点満点
（配点非公表）

| | |
|---|---|
| 受験番号 | |
| 氏　　名 | |

230120

【3】

| | |
|---|---|
| (1) | |
| (2) | |

| | |
|---|---|
| (3) %<br>(4) ① g<br>(4) ② g | (5) 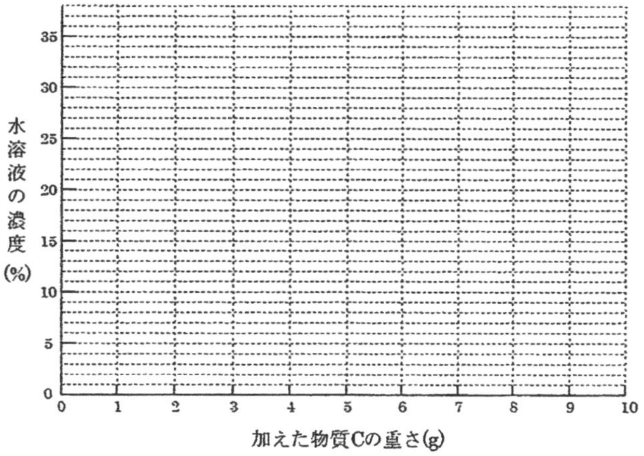 |

【4】

| | |
|---|---|
| (1)<br>毎秒 m | (2)<br>m |

| | | |
|---|---|---|
| (3) (ア) | (3) (イ) | (3) (ウ) |
| (4) | (5)<br>毎秒 m | (6)<br>m |

↓ここにシールを貼ってください↓

※100点満点
（配点非公表）

230140

| | | | | | | | | | |
|---|---|---|---|---|---|---|---|---|---|
| 問21 | | | | | | | | | |
| 問22 | Ⅰ | 「直接国税(　　　)円以上を納める満(　　　)歳以上の男性」 | | | | | Ⅱ | | |
| 問23 | 運動 | 問24 | | 問25 | 書記長 | | 問26 | | |
| 問27 | Ⅰ | 年　　月　　日 | Ⅱ | a | | | b | | |
| | Ⅲ | | | | | | | | |
| 問28 | | | | | | | | | |
| 問29 | | | | | | | | | |

↓ここにシールを貼ってください↓

230130

※100点満点
（配点非公表）

| | |
|---|---|
| 受験番号 | |
| 氏　　名 | |

# 社 会　　解 答 用 紙

(2023−J1)

| | | | | | | | | | | | |
|---|---|---|---|---|---|---|---|---|---|---|---|
| 問1 | 1 | | 2 | | 3 | | | | | | |
| | 4 | | | | | | | | | | |
| 問2 | Ⅰ | a | | b | | Ⅱ | | 問3 | Ⅰ | | Ⅱ |
| 問4 | Ⅰ | | Ⅱ | 発電 | 問5 | | | | | | |
| 問6 | | | | | | | | | | | |
| 問7 | | 問8 | Ⅰ | | Ⅱ | | | | | | |
| 問9 | | 問10 | | 問11 | | 問12 | | | | | |
| 問13 | 遺跡名 | 遺跡 | 位置 | | 問14 | → | → | → | | | |
| 問15 | | | | | | | | | | | |
| 問16 | Ⅰ | | | | | | | | | | |
| | Ⅱ | | | | | | | | | | |
| 問17 | | | | | | | | | | | |

【解答

# 理科　解　答　用　紙　(2023 - Ｊ1)

【1】

| | |
|---|---|
| (1) ① | (1) ② |
| (2) ① | (2) ③ 西側 東側 |
| (2) ② | |

【2】

| | |
|---|---|
| (1) | (2) |
| (3) | (4) |
| (5) | |
| (6) | |

| | |
|---|---|
| 受験番号 | |
| 氏　　名 | |

# 2023年度　1次入試　算数　解答用紙

| | | | | | | |
|---|---|---|---|---|---|---|
| 1 | (1) | | (2) | | (3) | |

| | | | | | | |
|---|---|---|---|---|---|---|
| 2 | (1) | | (2) | | (3) | |
| | (4) | | (5) | | (6) | |

| | | | | | | |
|---|---|---|---|---|---|---|
| 3 | (1) | | (2) | | (3) | |

| | | | | | | |
|---|---|---|---|---|---|---|
| 4 | (1) | | (2) | | (3) | |

| | | | | |
|---|---|---|---|---|
| | (1) | | (2) | |
| | | | | |

【解答

問六
Ⅰ
Ⅱ

【三】

問一

問二

問三

問四
X
Y
Z
最初
〜
最後

問五
1
2

問六

問 14　下線部⑬に関連して、弥生時代から古墳時代の日本の様子は、中国の歴史書から知ることができます。日本の様子について述べた次の文章ア～エを古いものから並べかえ、記号で答えなさい。

ア．興《こう》が亡くなり弟の武が王に即位《そくい》した。武はみずからを安東大将軍、倭国《わこく》王と称した。

イ．光武帝《こうぶてい》は倭の奴国の王に、印章と組みひもをさずけた。

ウ．楽浪《らくろう》郡から海をこえたところに倭人が住んでいる。そこは百あまりの小国に分かれている。

エ．その国では以前は男子を王としていた。七、八十年前に倭国は乱れ、戦いが続いた。そこで一人の女子を王に立てた。その名を卑弥呼という。

問 15　下線部⑭について、12 世紀におこったできごととして正しいものを、次のア～エから一つ選び、記号で答えなさい。

ア．東北地方の豪族であった清原氏一族の争いを源義家が平定した。

イ．崇徳上皇との勢力争いに勝利したのち、後白河上皇が院政を開始した。

ウ．後鳥羽上皇が、政権奪還《だっかん》を目的に北条義時追討の命令をだした。

エ．最澄と空海が中国にわたり、帰国後、新しい仏教を開いた。

問題は次のページに続きます。

問 16　下線部⑮に関連する次の文章を読み、以下の各問いに答えなさい。

戦国大名たちはさまざまな工夫のもとで自身の治める領国を豊かにしようと試みました。甲斐国の戦国大名だった武田信玄も、その一人です。

山梨県にある釜無川《かまなしがわ》と御勅使川《みだいがわ》は、甲府盆地にむかって流れる急流河川で、山腹などを浸食し、大量の土砂を運び何度も氾濫《はんらん》をくり返した結果、土砂が積もってできた日本有数の（　　）を甲府盆地に形成しました。両河川は、古くからあばれ川として有名で、大雨が降ると洪水《こうずい》をおこし、甲府盆地中央部に大きな水害をもたらしていました。この水害に対応するため、武田信玄が治水事業に着手したといわれています。

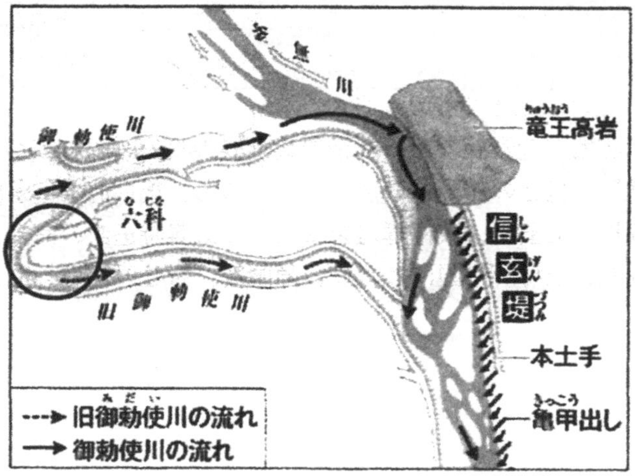


（山川出版社『中学歴史　日本と世界』より作成）

Ⅰ．文章中の（　　）に入る適切な語句を漢字３字で答えなさい。

Ⅱ．上の図は、武田信玄がおこなった治水事業をしめしたものです。武田信玄は、洪水を防ぐために図中の〇でかこまれた付近に石積みの堤防《ていぼう》をつくりました。その理由を、文章と図をふまえて説明しなさい。
なお、説明の際は、次の語群の語句を必ず使用して答えなさい。

＜語群＞

| | |
|---|---|
| 御勅使川 | 釜無川 |

問 17　下線部⑯に関連して、琉球王国は海外貿易を盛んにおこなうことで繁栄しました。この時代の琉球王国がおこなっていた貿易について、その形態を明らかにしたうえで特徴を説明しなさい。

問 18　下線部⑰に関連して、この時代、シャム（現在のタイ）との交流の中で、沖縄を代表する酒である「泡盛《あわもり》」がうまれました。泡盛の原料である米は、主にタイ産の米が使用されていますが、タイは世界有数の米の輸出国として知られています。下の表Ⅰは日本の米の輸入先上位３カ国、表Ⅱは世界の米生産量、輸出入量の上位５カ国をしめしたものです。表中の空らん（　A　）～（　C　）に入る国名の組み合わせとして正しいものを、次のア～カから一つ選び、記号で答えなさい。

**表Ⅰ：日本の米の輸入先の上位３カ国（2021 年）**

| 国名 | 輸入量（千t） |
|---|---|
| （ A ） | 320 |
| タイ | 272 |
| （ B ） | 61 |

**表Ⅱ：世界の米生産量、輸出量、輸入量の上位５カ国（2020 年）**

| 国名 | 生産量（千t） |
|---|---|
| （ B ） | 211860 |
| （ C ） | 178305 |
| バングラデシュ | 54906 |
| インドネシア | 54649 |
| ベトナム | 42759 |

| 国名 | 輸出量（千t） |
|---|---|
| （ C ） | 14463 |
| ベトナム | 5686 |
| タイ | 5665 |
| パキスタン | 3944 |
| （ A ） | 2792 |

| 国名 | 輸入量（千t） |
|---|---|
| （ B ） | 2902 |
| フィリピン | 1908 |
| サウジアラビア | 1535 |
| コートジボワール | 1338 |
| ガーナ | 1320 |

（表はすべて『日本国勢図会 2022／23』より作成）

ア．A：インド　　B：中国　　C：アメリカ
イ．A：インド　　B：アメリカ　　C：中国
ウ．A：中国　　B：インド　　C：アメリカ
エ．A：中国　　B：アメリカ　　C：インド
オ．A：アメリカ　　B：インド　　C：中国
カ．A：アメリカ　　B：中国　　C：インド

問 19　下線部⑱に関連して、鎖国体制下において交流のあった国や地域の説明として**誤っているもの**を、次のア～エから一つ選び、記号で答えなさい。

ア．朝鮮との貿易は、朝鮮の商人が長崎にやってきておこなわれた。

イ．日本がオランダとの貿易で輸入した主な品目は中国産の生糸であった。

ウ．松前藩は、幕府からアイヌの人々との交易の独占《どくせん》権を認められていた。

エ．中国との貿易は、長崎に設けられた唐人屋敷《とうじんやしき》でおこなわれた。

問 20　下線部⑲について、江戸時代の将軍がおこなった政策について述べた次のア～エの文を古いものから並べかえ、記号で答えなさい。

ア．財政難を切りぬけるため、貨幣《かへい》の質を落とした元禄小判を発行した。

イ．前土佐藩主である山内豊信のすすめで、政権を朝廷に返した。

ウ．在職中に限って石高の不足を足す制度を定めた。

エ．参勤交代を武家諸法度で制度化した。

問 21　下線部⑳について、下の文章は明治政府の発展に貢献《こうけん》した人物について述べたものです。文章中で説明されている人物の姓名を漢字で答えなさい。

> この人物は、明治政府の大蔵卿《おおくらきょう》などを歴任しました。1881 年には、国会の早期開設を主張したのち、イギリス流のゆるやかな立憲主義を目指す政党の党首となりました。総理大臣を２度経験し、２度目の内閣の時に第一次世界大戦への参戦を決定しました。

問 22　下線部㉑に関連する以下の各問いに答えなさい。

Ⅰ．1890 年におこなわれた第１回衆議院議員選挙において、有権者として選挙権があたえられた人の資格は、

> 「直接国税（　　）円以上を納める満（　　）歳以上の男性」

です。（　　）に入る適切な数字を、解答らんに合わせてそれぞれ答えなさい。

Ⅱ．現在の衆議院には「衆議院の優越」といわれる参議院よりも強い権限が認められています。次のうち、衆議院の優越にあたるものはいくつありますか。数字で答えなさい。

| | |
|---|---|
| ・条約締結《ていけつ》の承認 | ・憲法改正の発議 |
| ・内閣総理大臣の指名 | ・予算の先議権 |
| ・内閣不信任の決議 | ・国政調査権 |

問 23　下線部㉒について、この年に成立した桂太郎内閣に対して、尾崎行雄らが藩閥《はんばつ》政治を批判し、政党による議会政治をもとめる運動をおこしました。この運動を何とよびますか。漢字で答えなさい。

問 24　下線部㉓に関連して、太平洋戦争中のできごとについて述べた説明として**誤っているもの**を、次のア～エから一つ選び、記号で答えなさい。

ア．日本は、「大東亜共栄圏《だいとうあきょうえいけん》」の建設を戦争目的にかかげ、占領地の住民に日本を中心とした共存共栄の新しい地域をつくることを説いた。

イ．1944 年にサイパン島が陥落《かんらく》すると、そこからやってくる爆撃機《ばくげきき》により日本国内は空襲《くうしゅう》を受けるようになった。

ウ．沖縄戦では中学生や女学生も戦場にかり出され、多くの学生が亡くなった。

エ．1945 年８月８日、ソ連は日ソ共同宣言を破って日本に宣戦し、朝鮮や千島に侵攻《しんこう》した。

問 25　下線部㉔について、1989 年、マルタ会談で冷戦の終結が宣言されました。この会談に参加したソ連の書記長を答えなさい。

問 26　下線部㉕について、次の資料は、サンフランシスコ平和条約の内容の一部を記したものです。（　　）に入る適切な語句を漢字２字で答えなさい。

> 第２条（c）日本国は、千島列島並びに日本国が 1905 年９月５日のポーツマス条約の結果として主権を獲得《かくとく》した（　　）の一部及《およ》びこれに近接する諸島に対するすべての権利、※権原《けんげん》及び請求《せいきゅう》権を放棄《ほうき》する。
>
> ※権原 … 法律上、権利を正当なものとする根拠《こんきょ》のこと

問 27　下線部㉖に関連する以下の各問いに答えなさい。

Ⅰ．日本国憲法が公布された年月日を西暦で答えなさい。

Ⅱ．大日本帝国憲法と日本国憲法を比較《ひかく》してみると、

> 第 20 条　日本（　a　）ハ法律ノ定ムル所ニ従ヒ兵役ノ義務ヲ有ス
>
> （大日本帝国憲法）

> 第 25 条　すべて（　b　）は、健康で文化的な最低限度の生活を営む権利を有する。
>
> （日本国憲法）

以上のように、大日本帝国憲法と日本国憲法では、人民に対するとらえ方が異なります。資料中の空らん（　a　）・（　b　）に入る適切な語句を、それぞれ漢字２字で答えなさい。

Ⅲ．日本国憲法で保障されている人権の中に社会権があります。社会権とはあまり関係がないと考えられるものを、次のア～エから一つ選び、記号で答えなさい。

ア．公的扶助　　イ．表現の自由

ウ．学ぶ権利　　エ．団体行動権

問 28　下線部㉗に関連して、1950 年代後半～1960 年代にかけての日本では、経済成長の一方で、公害問題が起こりました。この時代の公害問題について述べた次の文X・Yについて、その正誤の組み合わせとして正しいものを、以下のア～エから一つ選び、記号で答えなさい。

X：四大公害病の１つであるイタイイタイ病の原因は、神通《じんづう》川上流の金属鉱山から流れ出たカドミウムによる川の汚染《おせん》であるとされている。

Y：公害に対する住民運動が高まった結果、政府は 1967 年に公害対策基本法を制定した。

ア．X：正しい　　Y：正しい　　イ．X：正しい　　Y：誤り

ウ．X：誤り　　Y：正しい　　エ．X：誤り　　Y：誤り

問 29　下線部㉘に関連して、沖縄県の経済は、ながらくアメリカ軍が駐留《ちゅうりゅう》することで生まれる雇用《こよう》や消費などにたよる「基地経済」への依存《いぞん》度が高いといわれてきました。一方、米軍基地が沖縄の経済に大きく貢献しているとはいえないという意見もあります。後者の意見が出る理由について、次のグラフⅠ・表Ⅱをふまえてあなたの考えを述べなさい。

**グラフⅠ：沖縄県民総所得に占める基地関連収入の割合の推移**

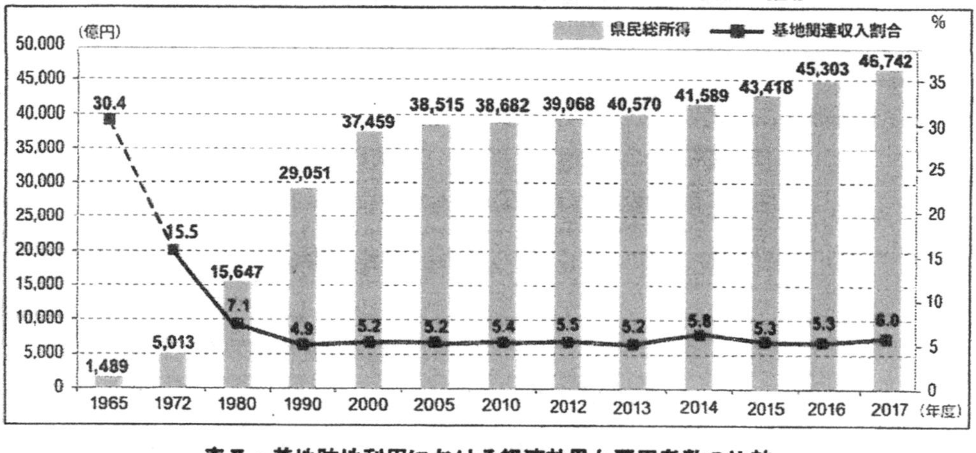


**表Ⅱ：基地跡地利用における経済効果と雇用者数の比較**

| 現在は日本に返還されているアメリカ駐留軍用地跡地 | 沖縄県への経済効果（億円／年） | | 雇用者数（人） | |
|---|---|---|---|---|
| | 返還前 | 返還後 | 返還前 | 返還後 |
| A 地区 | 52 | 1634 | 168 | 15, 560 |
| B 地区 | 34 | 489 | 159 | 4, 636 |
| C 地区 | 3 | 336 | 0 | 3, 368 |

（グラフⅠ・表Ⅱともに『沖縄から伝えたい。米軍基地の話。Q&A　Book　令和２年版』より引用・作成）

**問題は以上です。**

逗子開成中学校　１次

# 国語

注意

１、問題は【一】から【三】まで、ページ数は１ページから１４ページまであります。

２、試験時間は５０分です。

３、解答は解答用紙に記入し、解答用紙だけ提出しなさい。

４、字数制限のある問題では、句読点やかっこ、その他の記号も一字として数えます。

５、答えを直すときは、きれいに消してから新しい答えを書きなさい。

６、問題文には、設問の都合で、文字・送りがななど、表現を改めたところがあります。

| | |
|---|---|
| 受験番号 | |
| 氏名 | |

（２０２２ ― Ｊ１）

【一】　次の各問に答えなさい。

問一　次の①～⑮の各文の――線部のカタカナを漢字で書き、――線部の漢字の読み方をひらがなで書きなさい。

① 反対者が多いのはイガイだった。
② 生きるキボウを決して捨てるな。
③ 友人の結婚をシュクフクする。
④ 目的をタッセイした。
⑤ この釣り竿はシンシュク自在だ。
⑥ ハクラン会が開催された。
⑦ 休日は体育館をカイホウする。
⑧ 事件はヒゲキ的な結末を迎えた。
⑨ 王者が声援をアびて入場してきた。
⑩ 王の意見に異をトナえた。
⑪ 意志薄弱な男は情けないぞ。
⑫ コロナ禍に便乗した悪徳商法だ。
⑬ それは悪霊の仕業に違いない。
⑭ 海のそばに新居を構える。
⑮ 青年は大きな志を持って生きよ。

問二　次の各文の内容を表した言葉になるように、言葉内の（　①　）～（　⑤　）にそれぞれ入る漢字として最も適切なものを、後の選択肢ア～サから一つずつ選び、記号で答えなさい。ただし、同じ記号を二度以上用いてはならない。

○　織田信長はこれまでの常識の枠《わく》にとらわれず、桶狭間《おけはざま》の戦いや長篠《ながしの》の戦いでは敵方が予想もつかない戦法によって勝利した。

↓　（　①　）想天外

○　貧しい農民の子にすぎなかった豊臣秀吉は、織田信長の家臣になって以来またたく間に出世し、織田家の重臣に名を連ねた。

↓　（　②　）角を現す

○徳川家康は幼少期は大名の人質として過ごし、成人して後は信長、秀吉に仕え、苦労に耐えてチャンスを待った。

↓（　③　）の上にも三年

○多くの戦国武将が自国の利益のために戦争を重ねる中、上杉謙信は強者に脅《おびや》かされる弱者を助けるために戦った。

↓（　④　）を見てせざるは勇無きなり

○貴族に仕える武士の立場から身を立てて権力を手中にした後に衰退し滅亡した平氏は、勢いのある者でもいつかは力を失うという人間世界のありようを示している。

↓　栄（　⑤　）盛衰

ア　石　　イ　利　　ウ　鬼　　エ　功　　オ　頭

カ　岩　　キ　枯　　ク　奇　　ケ　華　　コ　義　　サ　光

【二】　次の文章を読んで、後の各問に答えなさい。なお、設問の都合上、本文は省略されているところがある。

人里《ひとざと》においては、人間が人間の意図にもとづいて、［　a　］①人間の論理にしたがって、自然に変化を加える。しかし、自然は自然なりに、自然の論理にもとづいて押し戻してくる。この押し合いが続く間は、＊1エコトーンとしての人里は維持される。

人里は心なごむ自然であり、人はそこに自然を見、そこから自然の論理を学ぶことができる。自然の論理を知ること――それは今日の人間にとってきわめて大切な意味をもっている。ぼくが「人里をつくろう」と訴えているのもそのためである。

［ b ］、人里をつくるにはどうしたらよいのか。それは人間の論理の無理押しをしないことである。自然が自然の論理で押し返してくるのを許すことである。

人間はしばしば自然の巻き返しを嫌い、自然の論理を徹底的につぶしてしまおうとする。道は完璧に舗装《ほそう》し、側溝《そっこう》は水を流す目的だけのためにコンクリートで固める。林の木の侵入を食い止めるため芝生にして、それを維持する。そしていかにも自然らしく見えるように植木を植え、その植木はこぎれいに＊2剪定《せんてい》する。

このようにして生じるものは人里ではなく、たんに＊3擬似《ぎじ》人里、人里もどきにすぎない。人里もどきには自然の論理ははたらいていない。わずかながらはたらくとしても、人間は人間の論理にしたがって、自然が生やした草を刈り、虫を退治する。一見、自然のように見えても、そこに自然はない。徹底的に人間の論理で貫かれているからである。今、あちこちでつくられている「自然の森」や「水と緑の公園」は、そのほとんどすべてがこのような人里もどきであると言ってよい。

なぜそれがいけないのか？　それは人間が「自然界のバランス」を崩しているからだ、と考える人がいる。残念ながらそうではない。人間が「自然と共生する」姿勢を忘れているからだと言う人もいる。これも残念ながらあたっていない。

「自然界のバランス」「自然と人間の共生」というようなことはよく言われる。いかにも人を納得させるひびきをもったことばである。けれど、近年の動物行動学あるいは行動生態学の研究を見ていると、どうもそのようなものは②われわれの幻想にすぎなかったのではないかという気がしてくる。

昔の生態学は、自然界のバランス、生態系（エコシステム）の調和、ということを強調した。そして、人間がこのバランスを崩さないようにすれば、自然と共生していけると考えた。しかしこの一〇年、二〇年ほどの間に明らかになってきたとおり、自然界の中では、動物も植物もそれぞれの個体がそれぞれ自分自身の子孫をできるだけたくさん後代に残そうとして、きわめて＊4利己《りこ》的にふるまっているように見える。かつて信じられていた「種族保存のためのシステム」というものもなく、個体がそれぞれ他人を蹴落としてもいいから自分だけは子孫を残そうと、きわめて利己的にふるまっている結果として、種族が維持され、進化も起こるのである。「自然界のバランス」なるものも、そこになにか予定調和的なバランスがあって、自然はそれを目指して動いている、というようなものではけっしてない。［　中略　］結果的にバランスが保たれているにすぎないのだ。

自然界に見られる③「共生」についても同じような見方ができる。花と昆虫のみごとな共生に、われわれは心を打たれる。けれどこれも、花と昆虫が「お互いうまく生きていきましょう」と言ってやっていることではないらしい。花は昆虫に花粉を運んでもらえばよいのであって、つくるのに＊5コストのかかる蜜など提供したくはない。昆虫は昆虫で、自分たちの食物である蜜を花からできるだけたくさん奪えばいいのであって、花粉など運んでやるつもりは毛頭ない。

この両者の「利己」がぶつかりあったとき、花はますます精巧な構造を発達させることになった。④できるだけ少ない蜜を提供しつつ、なんとしても昆虫の体に花粉がついて、昆虫がいやでも花粉を運んでしまうような花の構造ができあがっていったのである。

人間も動物であるから、利己的にふるまうのは当然である。しかし、動物たちは利己的であるがゆえに、損することを極端に嫌う。浅はかに利己的にふるまいすぎてしっぺ返しを食ったときに、やっとそれをやめるのではなく、もっと「先」を読んでいるらしい。どのようにしてそれを予知するのかわからないが、これはどうも損になりそうだと思ったら、もうそれ以上進まないのである。その点では、動物たちのほうが徹底して利己的である。きわめて賢く利己的だと言ってもよかろう。

⑤人間はじつに浅はかに利己的であった。［ c ］これからは自然が自然の論理でふるまうのを許せるぐらいに「賢く利己的に」ふるまうべきではなかろうか？

（日高敏隆『人間はどういう動物か』ちくま学芸文庫）

注　＊1　エコトーン……ここでは、様々な植物や生物が生息する場所という意味。　＊2　剪定……枝の一部を切ること。
＊3　擬似……本物によく似た、にせもの。　＊4　利己的……自分の利益を中心に考える様子。
＊5　コスト……品物の生産に必要な費用や労力。

問一　［a］～［c］に入る言葉として最も適切なものを次の選択肢ア～オから一つずつ選び、記号で答えなさい。
ただし、同じ記号を二度以上用いてはならない。

ア　そして　　イ　しかし　　ウ　ましてや　　エ　それとも　　オ　では

問二　――線部①「人間の論理にしたがって、自然に変化を加える。しかし、自然は自然なりに、自然の論理にもとづいて押し戻してくる」とあるが、その例として最も適切なものを次の選択肢ア～エから一つ選び、記号で答えなさい。

ア　遊泳禁止区域であるにも関わらず、多くの人が無視して海で泳いでいたところ、潮の流れが急変し、沖に流され多数の遭難者が出る事態となった。

イ　果樹園で害虫を絶滅させるため大量の農薬を使用したところ、果物の内部に人体に有害な物質が残ってしまっていることが発覚し、大きな被害が出た。

ウ　印鑑《いんかん》・薬の原料にするために、象牙《ぞうげ》を求める大国が存在することによって、大規模な密猟が横行し、アフリカゾウが絶滅の危機に直面している。

エ　村人が家畜を襲う狼を駆除《くじょ》した結果、狼によって適度に間引《まび》きされていた鹿が大量に増えて農作物を食い荒らし、人々の生活が困窮する状況になった。

問三　――線部②「われわれの幻想にすぎなかったのではないか」とあるが、筆者は「自然界のバランス」についてどのように考えているか。端的にまとめた説明になるように、次の（　　　　）に五十字以内で書きなさい。

自然界のバランスは（　　　　五十字以内　　　　）ということ。

問四　――線部③「『共生』」とあるが、この表現にはどのような意味が含まれているか。最も適切なものを次の選択肢ア～エから一つ選び、記号で答えなさい。

ア　生き物たちの生きる知恵への賞賛　　イ　自然界の見事な調和への感嘆
ウ　共生とは異なる実態への皮肉　　エ　身勝手な振る舞いへの非難

問五　――線部④「できるだけ少ない蜜を提供しつつ、なんとしても昆虫の体に花粉がついて、昆虫がいやでも花粉を運んでしまうような花の構造ができあがっていったのである」とあるが、この様子を最も端的に表現している漢字二字の語をこの――線部より前の本文中から探し、抜き出して答えなさい。

問六　――線部⑤「人間はじつに浅はかに利己的であった」とあるが、どういうことか説明しなさい。ただし、「自然破壊」という言葉を必ず用いること。

問七　次のア～オについて、本文の内容に合うものは○、合わないものは×で答えなさい。

ア　自然と触れ合うためにに作られた公園などは、人間が表面的な自然を楽しみつつ快適に過ごせることを目的としており、自然の仕組みが除去されているものが多い。

イ　生態系の微妙なバランスの中で生きる各生物種は、調和が崩れそれぞれの生存が脅《おびや》かされる事態に陥《おちい》った場合、互いに連携し、協力し合うことがある。

ウ　人里は自然に恵まれた環境ではあるが、人工的に造られたものであるため結局は擬似自然の枠《わく》を超えるものではなく、そこに自然の論理が入り込むことはできない。

エ　人間以外の動物の多くは自然の中で他者を顧《かえり》みず自分の欲望のままに振る舞うが、一定のラインで本能的に自然への負担を考慮し、行動を慎《つつし》む傾向がある。

オ　自然との共生は、生態系との調和を目指して人間が自身の行動を統制することで可能になるとする考え方に対し、筆者は否定的な見解を持っている。

【三】　次の文章を読んで、後の各問に答えなさい。なお、設問の都合上、本文は省略されているところがある。

> 裕福な家に生まれ、美しく勝ち気な娘だったお留伊《るい》は、殿様の御前《ごぜん》で鼓《つつみ》の名手が腕を競う「鼓くらべ」の出場者に選ばれ、日々稽古《けいこ》に明け暮れていたが、いつからともなく、見知らぬ老人が庭先にお留伊の鼓を聴きに来るようになった。旅絵師だというその老人は、常に左手をふところに隠している得体の知れない男であったが、お留伊は次第に言葉を交わすようになった。ある日、老人が重い病気にかかったと聞いて見舞いに行ったお留伊に、老人は十年以上前に行われた鼓くらべの言い伝えについて話し始めた。それは観世市之亟《かんぜいちのじょう》と六郎兵衛《ろくろべえ》という負けず嫌いで激しい気性をもつ二人が技を競い、市之亟が打ち込みの精魂込めた気合いで六郎兵衛の鼓を割り、勝利したという伝説の試合についてであった。

打込む気合だけで、相手の打っている鼓の皮を割ったのである。一座はその神技に驚嘆して、「友割りの鼓」といまに語り伝えている。

「わたくしは福井の者ですが」

と老人は話を続けた。「……あのときの騒ぎはよく知って居《お》ります、市之亟の評判はたいそうなものでございました。……けれど、それほどの面目《めんぼく》をほどこした市之亟が、それから間もなく何処《どこ》かへ去って、行衛《ゆくえ》知れずになったということを御存じでございますか」

「それも知っています。あまり技が神《しん》に入ってしまったので、神隠しにあったのだと聞いています」

「そうかも知れません、本当にそうかも知れません」

老人は息を休めてから云《い》った。「……市之亟はある夜自分で、鼓を持つ方の腕を折り、生きている限り鼓は持たぬと誓って、何処《いずこ》ともなく去ったと申します。……わたくしはその話を聞いたときに斯《こ》う思いました。すべて芸術は人の心をたのしませ、清くし、高めるために役立つべきもので、そのために誰かを負かそうとしたり、人を押し退《の》けて自分だけの欲を満足させたりする道具にすべきではない。鼓を打つにも、絵を描くにも、＊1清浄《しょうじょう》な温かい心がない限りなんの値打ちもない。……お嬢さま、あなたはすぐれた鼓の打ち手だと存じます、お城の鼓くらべなどにお上がりなさらずとも、そのお手並みは立派なものでございます。おやめなさいまし、人と優劣を争うことなどはおやめなさいまし、音楽はもっと美しいものでございます、人の世で最も美しいものでございます」

お留伊を迎えに来た少女が、薬湯を嚥《の》む刻《とき》だと云って入って来た。……老人は苦しげに身を起こして薬湯を啜《すす》ると、話し疲れたものか暫《しばら》く凝平《じっ》と眼をつむっていた。

「では、聴かせて頂きましょうか」

老人はながい沈黙のあとで云った。「……もう是《これ》が聴き納めになるかも知れません、失礼ですが寝たままで御免《ごめん》を蒙《こうむ》ります」

金沢城＊2二の曲輪《くるわ》に設けられた新しい＊3楽殿《がくでん》では、城主前田侯をはじめ重臣たち臨席のもとに、＊4嘉例《かれい》の演能を終わって、すでに鼓くらべが数番も進んでいた。

　これには色々な身分の者が加わるので、城主の席には＊5御簾《みす》が下ろされている。お留伊は控えの座から、その御簾の奥をすかし見しながら、幾度《いくど》も総身《そうしん》の顫《ふる》えるような感動を覚えた。……然《しか》しそれは気臆《きおく》れがしたのではない。楽殿の舞台でつぎつぎに披露される鼓くらべは、まだどの一つも彼女を惧《おそ》れさせるほどのものがなかった。彼女の勝ちは確実である。そしてあの御簾の前に進んで賞を受けるのだ。遠くから姿を拝んだこともない＊6太守《たいしゅ》の手で、一番の賞を受けるときの自分を考えると、①その誇らしさと名誉の輝かしさに身が顫えるのであった。

　やがて、ずいぶん長いときが経ってから、遂《つい》にお留伊の番がやって来た。

「落ち着いてやるのですよ」

　師匠の仁右衛門《じんうえもん》は自分の方でおろおろしながら繰り返して云った。「②……御簾の方を見ないで、いつも稽古するときと同じ気持ちでおやりなさい、大丈夫、大丈夫きっと勝ちますから」

　お留伊は静かに微笑しながらうなずいた。

　相手はやはり能登屋《のとや》のお宇多《うた》であった。［　中略　］

　そして曲がはじまった。お留伊は自信を以《もっ》て打った、鼓はその自信によく応《こた》えて呉《く》れた。使い慣れた道具ではあったが、かつてそのときほど快く鳴り響いたことはなかった。……三ノ地へかかったとき、早くも充分の余裕を持ったお留伊は、ちらと相手の顔を見やった。

　お宇多の顔は蒼白《あおざ》め、その唇《くちびる》はひきつるように片方へ歪《ゆが》んでいた。［　中略　］

　その時である、お留伊の脳裏にあの旅絵師の姿がうかびあがって来た、殊《こと》に、いつもふところから出したことのない左の腕が！

——あの人は観世市之亟さまだった。

　お留伊は愕然《がくぜん》として、夢から醒《さ》めたように思った。

　老人は、市之亟が鼓くらべに勝ったあとで自分の腕を折り、それも鼓を持つ方の腕を、自ら折って行衛をくらましたと云ったではないか。……いつもふところへ隠している腕が、それだ。——市之亟さまだ、それに違いない。

そう思うあとから、眼のまえに老人の顔があざやかな幻となって描きだされた、それからあの温雅《おんが》な声が、耳許《みみもと》ではっきり斯う囁《ささや》くのを聞いた。……音楽はもっと美しいものでございます。お留伊は振り返った。③そして其処《そこ》に、お宇多の懸命な顔をみつけた。眸《ひとみ》のうわずった、すでに血の気を喪《うしな》った唇を片方へひき歪めている顔を。

——音楽はもっと美しいものでございます、音楽は人の世で最も美しいものでございます。老人の声が再び耳によみがえって来た。

……お留伊の右手がはたと止まった。

お宇多の鼓だけが鳴り続けた。お留伊はその音色と、いがいな出来事に驚いている客たちの動揺を聴きながら、鼓をおろしてじっと眼をつむった。［　中略　］

【　「どうしたのです」

舞台から下りて控えの座へ戻ると、師匠はすっかり取り乱した様子で詰《なじ》った。「……あんなに旨《うま》く行ったのに、なぜやめたのです」

「打ち違えたのです」

「そんな馬鹿なことはない、いやそんな馬鹿なことは断じてありません、あなたはかつてないほどお上手に打った。わたくしは知っています、あなたは打ち違えたりはしなかった」

「わたくし打ち違えましたの」

お留伊は微笑しながら云った。「……ですからやめましたの、済《す》みませんでした」

「あなたは打ち違えはしなかった、あなたは」

仁右衛門はX躍起《やっき》となって同じことを何十回となく繰り返した。

「……あなたは打ち違えなかった、そんな馬鹿なことはない」と。　】

父や母や、集っていた親族や知人たちにも、お留伊はただ自分が失敗したと告げるだけであった。誰が賞を貰《もら》ったかということももう興味がなかった、ただ少しも早く帰って老人に会いたかった。森本へ帰ったのは正月七日の昏《く》れがたであった。疲れてもいたし、粉雪がちらちらと降っていたが、お留伊は誰にも知れぬように裏口から家を出て行った。

「まあお嬢さま！」

松葉屋の少女は、不意に訪ねて来たお留伊を見て驚きの眼を瞠《みは》った。……そして直《す》ぐ、訊《き》かれることは分かっているという風に、

「あのお客さまは亡くなりました」

とあたりまえ過ぎる口調で云った。「……あれから段々と病気が悪くなるばかりで、到頭《とうとう》ゆうべお亡くなりになりました。今日は日が悪いので、お葬《とむら》いは明日だそうでございます」

お留伊は裏の部屋へ通された。［　中略　］

困難な長い旅が終わって、老人はいまやすらかな、眼覚《めざ》めることのない眠《ねむり》の床に就いているのだ。

——ようなさいました。

お留伊には老人の死顔《しにがお》が、そう云って微笑するように思えた。

——さあ、わたくしにあなたのお手並みを聴かせて下さいまし。

「わたくしお教《おしえ》で眼が明きましたの」

お留伊は囁くように云った。「……それで色々なことが分かりましたわ、今日まで自分がどんなに醜い心を持っていたか、どんなにy思いあがった、＊7嗜《たしな》みのない娘であったか、ようやくそれが分かりましたわ、それで急いで帰って来ましたの、おめにかかって褒《ほ》めて頂きたかったものですから」

お留伊の頬《ほお》にはじめて温かいものが滴《したた》った。それから長いあいだ、袂《たもと》で顔を蔽《おお》いながら声を忍ばせて泣いた。……長いあいだ泣いた。

「今日こそ本当に聴いて頂きます」

やがて涙《なみだ》を押し拭《ぬぐ》って、お留伊は＊8袱紗《ふくさ》を解きながら囁いた。「④……今までのようにではなく、生まれ変わった気持ちで打ちます、どうぞお聴き下さいまし、お師匠さま」［　中略　］

「いィやあ――」

こうとして、鼓は、よく澄んだ、荘厳《そうごん》でさえある音色を部屋いっぱいに反響させた。……お留伊は「男舞」の曲を打ちはじめた。

（山本周五郎「鼓くらべ」『松風の門』新潮文庫）

注　＊1　清浄な……けがれがなく清らかな。　＊2　二の曲輪……城の周りに築いた土塁。
＊3　楽殿……音楽や舞踊を上演する建物。　＊4　嘉例……めでたい先例。　＊5　御簾……すだれ。
＊6　太守……国主大名。　＊7　嗜み……慎《つつし》み。　＊8　袱紗……大切なものを包むための布。

問一　――線部x「躍起となって」・y「思いあがった」の意味として最も適切なものを、次のそれぞれの選択肢ア～エから一つずつ選び、記号で答えなさい。

x　躍起となって　……　ア　苦しまぎれに　イ　必死になって　ウ　目覚めたように　エ　いらいらして

y　思いあがった　……　ア　ひとりよがりな　イ　考え違いをした　ウ　うぬぼれた　エ　意地の悪い

問二　――線部①「その誇らしさと名誉の輝かしさに身が顫えるのであった」とあるが、この後、お留伊の鼓くらべに対する思いがすっかり変化してしまった様子が最も端的に表れている一文を、この――線部の後の本文中から探し、最初の四字を抜き出して答えなさい。

問三　——線部②「……御簾の方を見ないで、いつも稽古するときと同じ気持ちでおやりなさい、大丈夫、大丈夫きっと勝ちますから」とあるが、仁右衛門のどのような心情が読み取れるか。最も適切なものを次の選択肢ア～エから一つ選び、記号で答えなさい。

ア　教え子の心の焦《あせ》りを読み取り、温かい言葉をかけて不安を取り除き、本番に集中させようとしている。
イ　殿様を恐れ多く思っているため、同じ心境と思われる教え子が緊張により失敗することを恐れている。
ウ　師匠としての立場を自覚し、教え子の自分への信頼を受け止め、精神的な支えになろうとしている。
エ　殿様の視線を意識して、細やかに教え子を気遣《づか》うふりをしつつ、自分の評価を上げようとしている。

問四　——線部③「そして其処に、お宇多の懸命な顔をみつけた。眸のうわずった、すでに血の気を喪った唇を片方へひき歪めている顔を」について、お姉さんがミチ君に感想を聞いている。次の二人の会話文中の（　　A　　）は十二字以内、（　　B　　）は六十字以内で、それぞれあてはまる言葉を書きなさい。ただし句読点も一字とします。

お姉さん　ミチ君、お留伊がなぜ鼓を打つ手を止めてしまったのか考えてみましょう。
ミチ君　きっかけは演奏中にお宇多の顔を見たことだよね。そのとき、お宇多の表情には「（　　A　　）」という心情が表れていたんだね。
お姉さん　きっとお留伊は優しい娘だったのね。お宇多がかわいそうになって鼓の手を止めたんだわ。
ミチ君　そういうけど……、本当にそうなのかなあ？　ぼくはお留伊がお宇多の顔を見たとき、老人の姿が思い浮かんだという箇所に着目すべきだと思うよ。そのとき、お留伊にとってお宇多の姿は鏡のような役割を果たしたんじゃないかな。（　　B　　）ことに気づいたんだよ。
お姉さん　そうかあ、なるほどね。すごいねミチ君、さすが天才少年だね。

問五　本文中の【　　　】のお留伊と仁右衛門のやりとりについての説明として最も適切なものを、次の選択肢ア～エから一つ選び、記号で答えなさい。

ア　仁右衛門は予期せぬ出来事に困惑し追及しているが、お留伊は仁右衛門には自分の気持ちを理解してもらえるわけがないと思い、懸命にその場しのぎの嘘《うそ》でごまかそうとしている。

イ　失敗を潔く認めて観念しているお留伊に対し、仁右衛門は断固として否定しながらも、真相がどうであれ結果が覆《くつがえ》ることがない今の状況に気づき、諦《あきら》めが胸に広がり始めている。

ウ　わざと演奏を止めたにも関わらず不慮の事故として済まそうとするお留伊に対し、理由はどうであれ、仁右衛門自身は長年の指導の努力が水の泡になったことに怒りを感じている。

エ　お留伊が自身の鼓に対する根本的な考え方の誤りを「打ち違えた」と言っていることに気づかない仁右衛門は、お留伊が演奏でミスを犯《おか》したと言っていると思い込み、混乱している。

問六　――線部④「……今までのようにではなく、生まれ変わった気持ちで打ちます、どうぞお聴き下さいまし、お師匠さま」とあるが、この後、老人の前でお留伊が奏でた音楽はどのようなものであったと考えられるか、説明しなさい。

《　問題は以上です　》

【このページは白紙です】

# 算　数

## 注　意

1．試験時間は50分です．

2．問題は1から5（1ページから9ページ）まであります．
試験開始後，抜け落ちているページがないか，印刷が不鮮明《ふせんめい》なページがないか確認してください．不備がある場合は監督者《かんとくしゃ》に申し出てください．

3．定規・コンパス・筆記用具以外の使用は認めません．

4．問題用紙や解答用紙を折ったり切ったりして，問題を解くためのヒントとなる形に変形することを禁止します．

5．解答用紙への記入上の注意

・考え方を書く指示がある問題以外は，答えだけを書いてください．

・答えに単位が必要な問題は，必ず単位をつけて答えてください．

・答えが分数になる場合は，それ以上約分できない一番簡単な分数で答えてください．また，仮分数は帯分数に直してください．

・図やグラフをかいて答える問題に対し，定規・コンパスを忘れた場合は手がきでていねいにかいてください．

| 受験番号 | | 氏名 | |
|---|---|---|---|

2022(R4) 逗子開成中　1次
教英出版

1 次の $\square$ にあてはまる数を求めなさい.

(1) $125-59+105-60+85-61+65-62+45-63+25-64=\square$

(2) $9-3\times 2\frac{1}{7}\div\left\{2-\left(2\frac{3}{7}-\frac{3}{8}\times 4\right)\right\}=\square$

(3) $\left\{(11+0.5)\times 0.8-2.25\times\square\right\}\div 1\frac{2}{15}=1\frac{1}{2}$

2 次の各問いに答えなさい.

(1) 一郎君は算数のテストを複数回受けました. 前回までの一郎君の算数のテストの平均点はちょうど 81 点でした. 今回受けた算数のテストの得点は 95 点であったため, 平均点はちょうど 83 点になりました. 一郎君は算数のテストを全部で何回受けましたか.

(2) 底面の半径が 20 cm , 高さ 30 cm の円柱の容器に, 底から 10 cm のところまで水が入っています. この容器に, たて 12 cm , 横 12 cm , 高さ 30 cm の四角柱のおもりを底まで入れると, 水面の高さは底から何 cm になりますか. 小数第 2 位を四捨五入して答えなさい. ただし, 円周率は 3.14 とします.

(3) 連続した 47 個の整数があります. これらの整数を偶数と奇数の 2 つのグループに分け, それぞれのグループの和を求めました. これらの差が 46 であるとき, この 47 個の整数の中で, もっとも小さい整数はいくつですか.

(4) 次郎君はまっすぐな道を自転車で毎時 12 km の速さで走っています. また, その道を次郎君が走っている方向に 10 分間かくでバスも走っています. 次郎君が 16 分ごとにバスに追いこされるとき, バスの速さを求めなさい.

(5) 下の図は，1 辺 8 cm の正方形 ABCD に点 B と点 C を中心とし正方形の 1 辺を半径として 2 個のおうぎ形を描いたものです．図のアの部分とイの部分の面積の差を求めなさい．ただし，円周率は 3.14 とします．

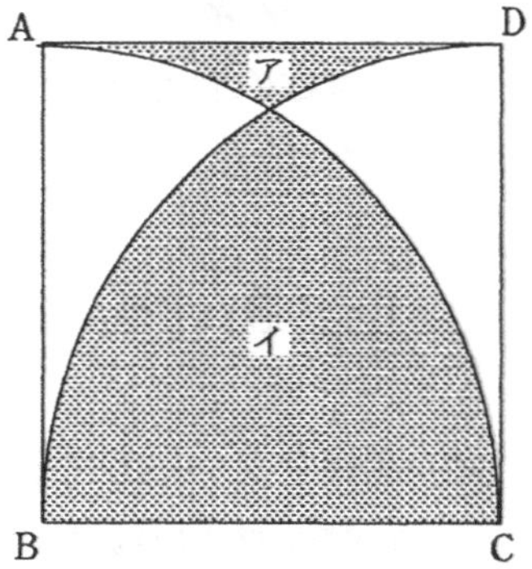


(6) 下の図 1 は，各面がすべて正三角形でできた立体（正八面体）です．図 2 は図 1 の立体の展開図です．いま，図 2 のクの正三角形を切り取ったとき，図 3 の①〜⑤の中からどの正三角形を 1 つ補うと，図 1 の正八面体の展開図になりますか．①〜⑤の中からふさわしいものをすべて選びなさい．

図 1

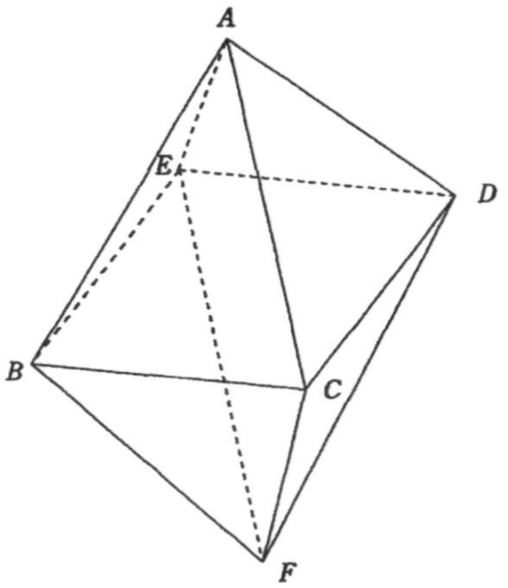


図 2

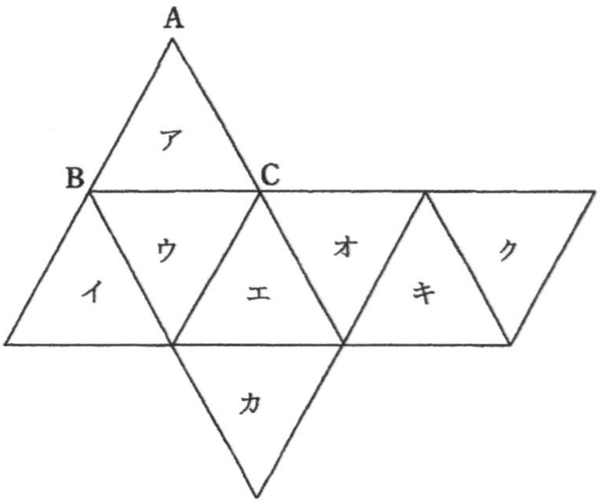


図 3

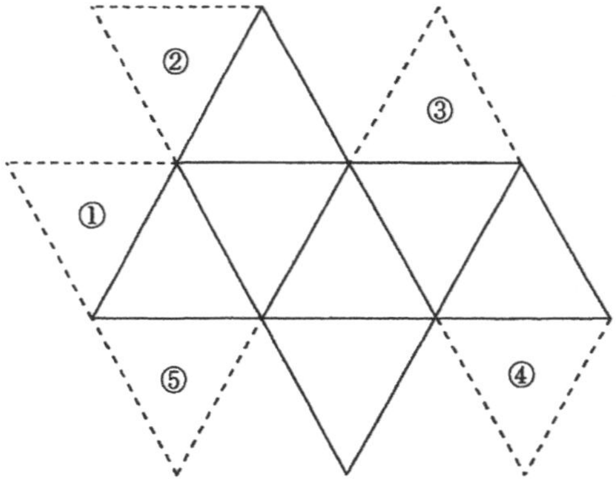

3　あるイベント会場の入場ゲートで，受付けを開始しようとしたところ，すでに660人の人が受付けの順番を待っています．その後も毎分10人の割合で人が増えていきます．今までの経験から，入場ゲートの窓口を3つにして受付けを開始すると，ちょうど60分で受付けの順番を待つ人がいなくなることがわかっています．このとき，次の各問いに答えなさい．

(1) 1つの窓口では1分間に何人，受付けができますか．

(2) 窓口を5つにして受付けを開始すると，受付けの順番を待つ人がいなくなるのにかかる時間は何分何秒ですか．

(3) 窓口を5つにして受付けを開始し，途中で窓口をさらに4か所増やしたところ，受付けを開始してからちょうど18分で受付けの順番を待つ人がいなくなりました．最初の5か所の窓口で受付けをしていた時間は何分何秒ですか．

《計算余白》

4 子供たちに配るためにアメを用意しました．9個入りの袋にアメをつめると，アメは余ることなくちょうどつめることができます．用意したアメの個数は，150個以上300個以下です．このとき，次の問いに答えなさい．

(1) 7個入りの袋にアメをつめていくと，アメは余ることなくちょうどつめることができました．このとき，用意したアメの個数として考えられる数をすべて答えなさい．

(2) 7個入りの袋にアメをつめていくと，最後の袋にはアメを5個しか入れることができませんでした．このとき，用意したアメの個数として考えられる数をすべて答えなさい．

(3) 9個入り，7個入り，5個入りの袋を用意し，アメの個数を

9，7，5，5，9，7，5，5，9，7，5，5，…

のように規則的にアメをつめていくと，最後の袋にはアメを1個しか入れることができませんでした．最後の袋が5個入りの袋であったとき，用意したアメの個数として考えられる数をすべて答えなさい．

《計算余白》

5 1から5までの数字が一つずつ書かれた5枚のカードを一列に並べます．並べた5枚のカードの数を左から順にA，B，C，D，Eとし，となり合ったカードの数字の積，A×B，B×C，C×D，D×Eの中で，最も大きい数をMとします．太郎君と花子さんはMの値をいろいろ変えたときに，5枚のカードの並べ方は何通りになるのかを考えています。次の2人の会話を読んで，各問いに答えなさい．

太郎：　最初に5枚のカードの並べ方は全部で何通りあるかを考えてみようよ．

花子：　カードはすべて異なるから，カードの並べ方は（　ア　）通りになるね．

太郎：　次にMが20になるときの5枚のカードの並べ方を考えてみよう．

花子：　Mが20になるには，4と5のカードがとなり合えばいいから，そうなるカードの並べ方を調べてみると …　（　イ　）通りになるね．

太郎：　じゃあ最後にMが12以下になる5枚のカードの並べ方は何通りあるか考えてみよう．

花子：　Mが12以下になるときを考えればいいから …　まず，Mが一番小さくなるのは，1と2のカードがとなり合ったときだから …

太郎：　花子さんちがうよ．1と2のカードがとなり合っても，他のとなり合った数字の積のほうが大きくなるから，Mは2をとれないよ．3，4といった小さい値もMはとれないよ．

花子：　じゃあ，Mが12以下でとれる値はどんな数が …　5，6，8といった数はとれるのかしら．

太郎：　花子さん，発想を変えて今まで求めた値を利用して考えてみようよ．

(1) ( ア ) に入る数を求めなさい.

(2) ( イ ) に入る数を求めなさい.

(3) M が 12 以下になる 5 枚のカードの並べ方は何通りあるか求めなさい. ただし, 答えだけではなく, 途中の考え方も書きなさい.

# 理　科

注　　意

1．問題は【１】～【４】（1～10 ページ）まであります。
2．試験時間は 40 分です。
3．解答は解答用紙に記入し，解答用紙だけ提出しなさい。
4．答えを直すときは，きれいに消してから新しい答えを書きなさい。
5．図やグラフをかく場合は，ていねいにはっきりとかきなさい。必要ならば定規を使ってもかまいません。

| 受験番号 | | 氏名 | |
|---|---|---|---|

(2022−J1)

【１】水溶液《すいようえき》の性質について，下の問いに答えなさい。

（１）理科室に透《とう》明な液体A〜Gがあり，中身は次に示す７種類の液体のいずれかであることはわかっていますが，ラベルがやぶれておりどれがどの液体かわかりません。これら７種類の液体を安全な方法で特定するために，次のような実験操作・観察を行いました。

| | | | |
|---|---|---|---|
| 水 | 炭酸水 | 塩酸 | アンモニア水 |
| 石灰水 | 食塩水 | 砂糖水 | |

［実験 1］
すべての液体の様子を観察すると，Dのみ泡《あわ》が出ていた。

［実験 2］
すべての液体の臭《にお》いをかぐと，F，Gからつんとした臭いがした。

［実験 3］
すべての液体を蒸発皿に少量ずつ取り，加熱するとA，Cは白い固体が残り，Eは黒くこげたものが残った。

［実験 4］
AとFをリトマス紙につけると，Fは青色リトマス紙が赤色に変化したが，Aは赤色リトマス紙，青色リトマス紙のいずれも変化が見られなかった。

① ［実験 1］で観察された泡は何という気体ですか。

② BTB溶液を加えて青色に変化するものをA〜Gからすべて選び，記号で答えなさい。

③ C，E，Fは何ですか。上の７種類の液体からそれぞれ選びなさい。

（2）アルミニウムは塩酸にも水酸化ナトリウム水溶液にも溶《と》け，気体を発生します。ある濃《こ》さの塩酸と水酸化ナトリウム水溶液をいろいろな量で組み合わせて水溶液H～Pを作り，それぞれ同じ量のアルミニウムを加えて気体を発生させました。下の表は，その結果をまとめたものです。

| | H | I | J | K | L | M | N | O | P |
|---|---|---|---|---|---|---|---|---|---|
| 塩酸(mL) | 60 | 90 | 100 | 120 | 90 | 150 | Z | 0 | 0 |
| 水酸化ナトリウム水溶液(mL) | 0 | 0 | 0 | 80 | 90 | 20 | 70 | 60 | 20 |
| 発生した気体(mL) | 72 | 108 | 108 | 0 | X | Y | 30 | 36 | 12 |

① 塩酸と水酸化ナトリウム水溶液を混ぜ合わせたとき，水以外にできるものは何ですか。

② この塩酸 24 mL をちょうど中和するために必要な水酸化ナトリウム水溶液の体積は何 mL ですか。答えが割り切れないときは，小数第 1 位を四捨五入して整数で答えなさい。

③ 表の X，Y に当てはまる数値を答えなさい。答えが割り切れないときは，小数第 1 位を四捨五入して整数で答えなさい。

④ 水溶液 N では 100 mL 以上の塩酸を使用しました。Z に当てはまる数値を答えなさい。答えが割り切れないときは，小数第 1 位を四捨五入して整数で答えなさい。

【２】神奈川県のある場所で，自作の日時計とアナログ時計(長針と短針がある時計)を用いて，次のように太陽の動きを観察しました。下の問いに答えなさい。

［観察 1］

図 1 のように，最初に工作用紙に 2 本の線をかきました。2 本の線は直角に交わっており，交点をアとして，長さ 15 cm ほどの棒を工作用紙に垂直に立て，日時計を作りました。

図 2 は図 1 を真上から見た図で，30° ごとに点線をかきました。直線上のイには方位磁針をおき，工作用紙にかいた矢印が南を指すようにしたところ，図 2 のように棒の影《かげ》ができました。また，太陽は空を決まった向きに一定の速さで移動しています。この日は午前 11 時 45 分に太陽が南中しました。

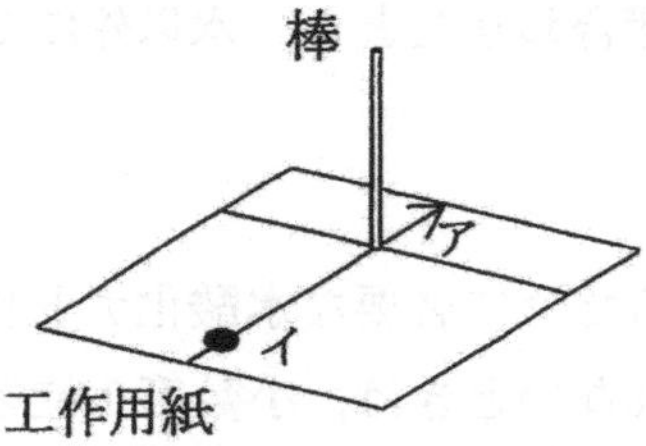


図 1

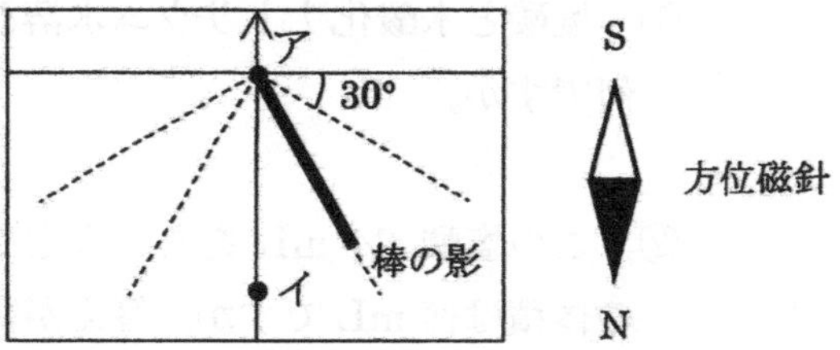


図 2

［観察 2］

［観察 1］と同じ日の別の時刻に，同じ場所で日時計を観察したところ，図 3 のようになりましたが，工作用紙にかいた矢印を南に向けるのを忘れてしまいました。このとき，方位磁針は図 4 のようになっていました。

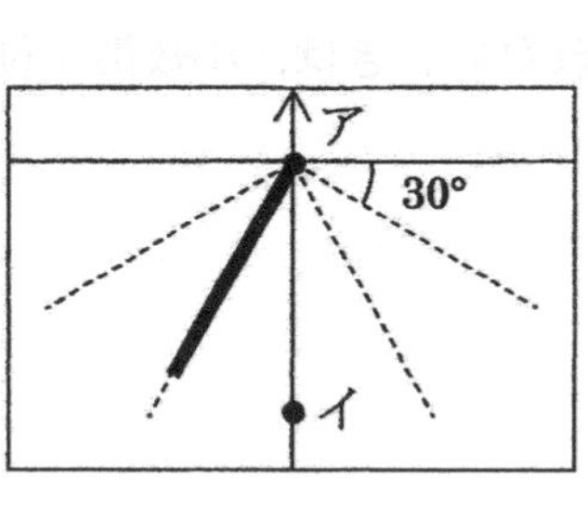


図 3

図 4

（1）太陽の動きについて，次の①，②に答えなさい。

① 文章中の下線部のように太陽が動く理由を簡単に答えなさい。

② 太陽は空を 1 時間に何度移動しますか。

（2）図 2 の棒の影ができた時刻を答えなさい。午前，午後も書くこと。

（3）神奈川県よりも北にある経度が同じ場所で，［観察 1］と同じ時刻に図 2 の日時計を使って，影の長さやできる向きを観察するとどうなりますか。正しいものをア～エから 1 つ選び，記号で答えなさい。

ア．影の長さは短くなり，向きも変わる。

イ．影の長さは短くなり，向きは変わらない。

ウ．影の長さは長くなり，向きも変わる。

エ．影の長さは長くなり，向きは変わらない。

（4）図 3 の棒の影ができた時刻を答えなさい。午前，午後も書くこと。

（5）野外で調査するとき，方位磁針が無くても，アナログ時計と太陽の向きを使っておよその方位を下のような［方法］で求めることができます。図 6 の午後 4 時で南を示しているのは，アナログ時計の文字ばんの何時の方向ですか。1～12 の数字から 1 つ選びなさい。

［方法］

アナログ時計を上から見ながら，図 5 のように正午に短針を太陽の方向に向け，文字ばんの 12 時の方向を南とします。

次に，図 6 のように午後 4 時に短針を太陽の方向に向けました。

図 5　正午

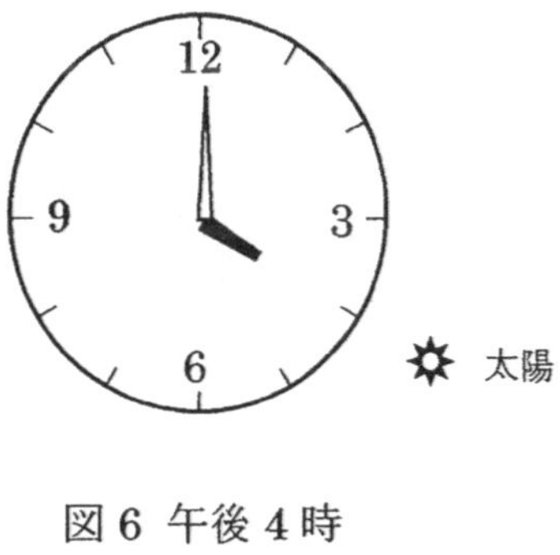


図 6　午後 4 時

【3】太郎さんは，自分の家にある明かりをつけるためのスイッチの仕組みを調べて，2つのスイッチの模型をつくりました。図1は，作成したスイッチ1，スイッチ2を表しています。太郎さんが調べたスイッチは1回押すごとに，図1の接続1と接続2の状態が切りかわります。このはたらきにより，図2のような回路につながった豆電球をつけたり消したりすることができます。この模型を使った太郎さんの実験と調査について，下の問いに答えなさい。

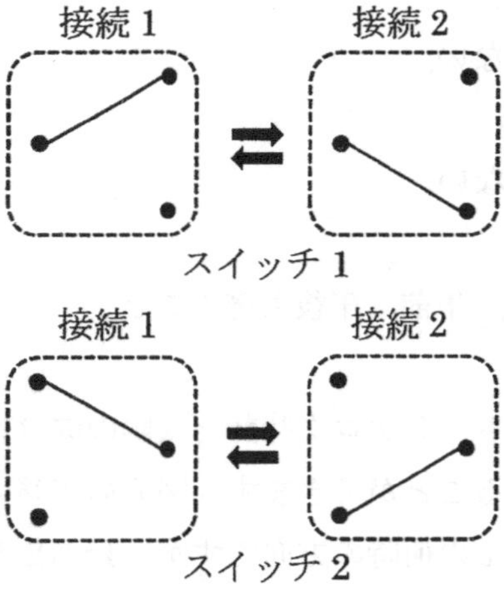


図1

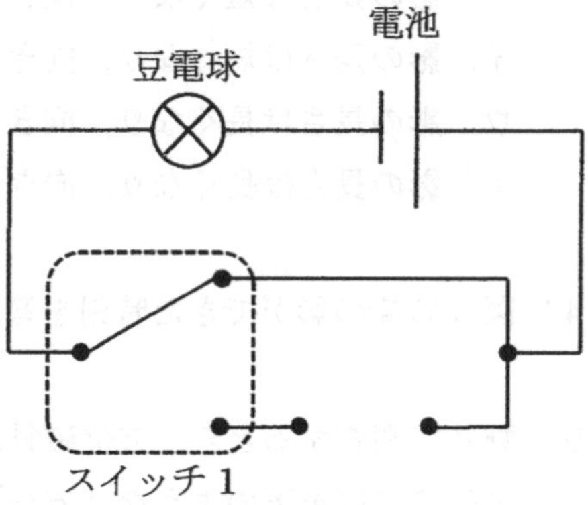


図2

［実験1］

太郎さんは模型のスイッチと，図2で使ったものと同じ種類の豆電球，電池を使って，図3，図4の回路をつくり，豆電球の明るさについて調べました。図4はスイッチ1とスイッチ2の2つのスイッチを使いました。

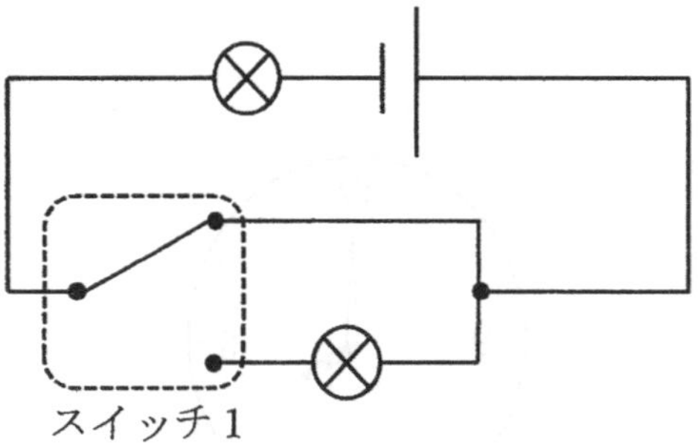


図3

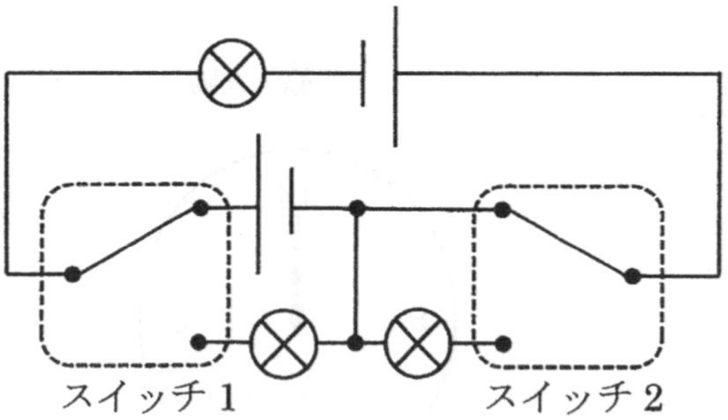


図4

（1）図3について説明した次の文中の空欄《らん》（　ア　），（　イ　）にあてはまる語句を答えなさい。

「スイッチを押して接続1から接続2に切りかえると，豆電球が（　ア　）つなぎになり，豆電球の明るさは（　イ　）なる。」

（2）次の①～③の条件を満たす，図 4 のスイッチの組合せを表のア～オからそれぞれ 1 つずつ選び，記号で答えなさい。

① 図 4 でついている豆電球の明るさが，図 3 の接続 1 の明るさと等しい

② 図 4 でついている豆電球の明るさが，図 3 の接続 2 の明るさと等しい。

③ 図 4 で一つも豆電球がつかない。

| | スイッチ 1 | スイッチ 2 |
|---|---|---|
| ア | 接続 1 | 接続 1 |
| イ | 接続 1 | 接続 2 |
| ウ | 接続 2 | 接続 1 |
| エ | 接続 2 | 接続 2 |
| オ | そのような組み合わせはない | |

［調査］

太郎さんの家の 1 階と 2 階をつなぐ階段をてらす電球は，1 階と 2 階のどちらにあるスイッチでもつけたり消したりすることができます。太郎さんはこの仕組みを模型でつくり，図 5 のように回路図をかきました。また，太郎さんは 1 階と 2 階にあるスイッチが，1 日にそれぞれ何回押されるか調べたところ，1 階が 15 回，2 階が 7 回でした。この調査を始めたとき階段の電球は消えていました。

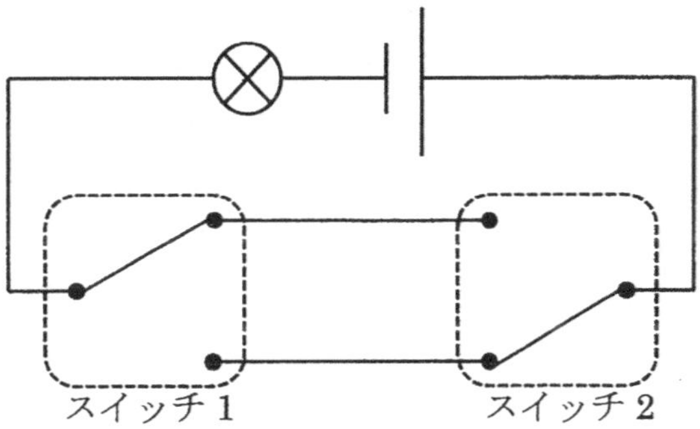


図 5

（3）調査の結果と図 5 の回路図から，調査の後に電球がついているか，消えているかを答え，その理由を「1 階と 2 階のスイッチが押された回数が」で始まる文章で説明しなさい。

［実験 2］

太郎さんは図 5 の回路に，スイッチ 3 の模型を追加して，3 か所のスイッチから電球をつけたり消したりすることができる模型をつくりました。図 6 はその回路図です。

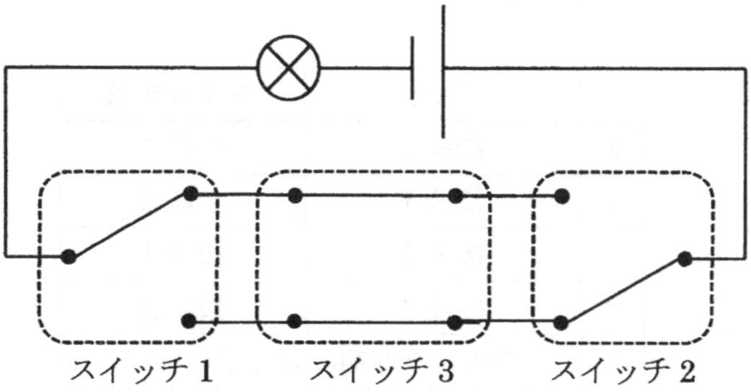

図 6

（4）図 6 の回路は豆電球が消えている状態を表しています。このときのスイッチ 3 の状態を接続 1 とします。下の条件を満たす，スイッチ 3 の接続 2 の状態の様子を解答欄に図示しなさい。

［条件］

- 図 6 の状態からスイッチ 1〜スイッチ 3 のどのスイッチでも 1 回押すと豆電球がつき，もう 1 回押すと豆電球が消えます。
- スイッチ 3 は 1 回押すごとに接続 1 と接続 2 の状態が切りかわります。
- スイッチ 3 の接続 2 の状態は，図 7 の 4 つの点 A〜D のうち 2 点をつないだ直線を，2 本以上引いてつくられています。
- 2 点をつないだ直線どうしが交差しても，それぞれの直線を流れる電流がまざることはありません。

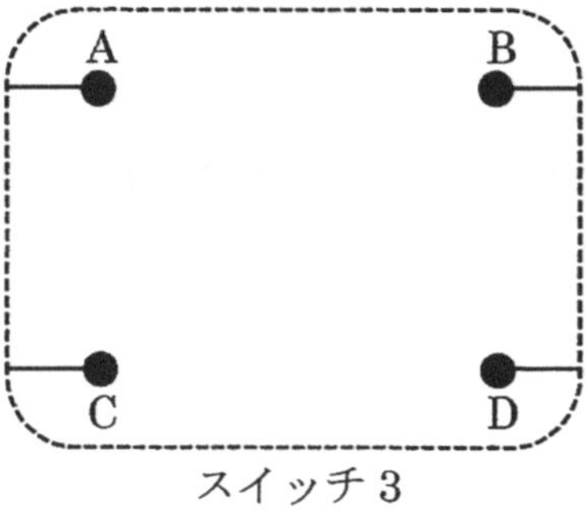

図 7

【4】二枚貝の生態について，下の問いに答えなさい。

（1）二枚貝のなかまは体外で卵に精子をかけることで受精を行います。二枚貝と同じ方法で受精をする生物を次のア～オからすべて選び，記号で答えなさい。

ア．メダカ　　イ．スズメ　　ウ．カエル　　エ．ネコ　　オ．ヘビ

（2）動物は様々な方法でなかま分けをすることができます。次の空欄《らん》にあてはまる共通の語句を答えなさい。

□のある動物・・・サメ，ワニ，イモリ

□のない動物・・・アサリ，イカ，ウニ

（3）貝は生まれたときから貝がらを持っているわけではなく，生まれてしばらくはプランクトンとして水中をただよっており，この時期の貝は幼生《ようせい》と呼ばれます。貝の幼生と同じ養分の取り方をするプランクトンを次のア～エから1つ選び，記号で答えなさい。

ア．ミカヅキモ　　イ．ヤコウチュウ　　ウ．アオミドロ　　エ．ボルボックス

砂浜に生息している二枚貝の個体数を調べるために区画法《くかくほう》という方法を用いました。区画法とは，生息域にある大きさの正方形の区画を設定し，その中の一部の区画の個体数を計測することで全体の個体数を推測する方法です。

（4）1 m×1 m の 25 か所の区画から 5 か所の区画の中にいた個体数を調べたところ，図1のようになりました。この時，5 m×5 m の範《はん》囲に生息していると思われる二枚貝の個体数を求めなさい。

（5）区画法は魚や鳥などの個体数を調べることに適していません。その理由を答えなさい。

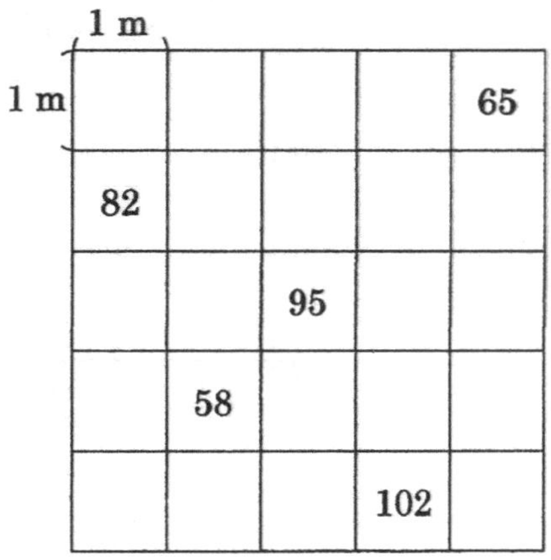

図1

砂浜に生息しているある種類の二枚貝を毎月1日《ついたち》に 100 個体採取し，貝がらの大きさを測ったところ，図 2 のような結果となりました。図 3 は各月の平均海水温を，表 1 は各月の貝がらの大きさの平均値を表しています。

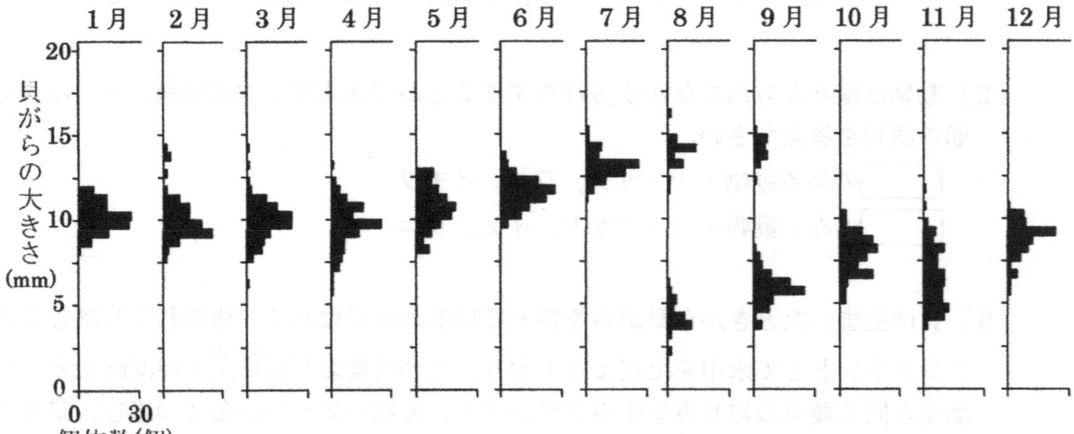


図 2 各月の貝がらの大きさと個体数

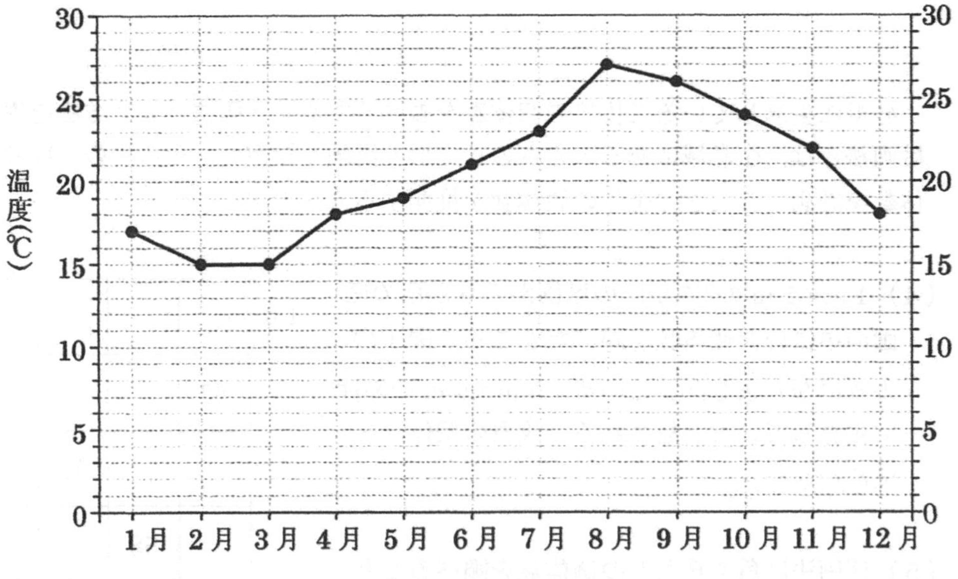


図 3 各月の平均海水温

表 1 各月の貝がらの大きさの平均値(mm)

| 1月 | 2月 | 3月 | 4月 | 5月 | 6月 | 7月 | 8月 | 9月 | 10月 | 11月 | 12月 |
|---|---|---|---|---|---|---|---|---|---|---|---|
| 9.7 | 9.5 | 9.6 | 9.4 | 10.3 | 11.5 | 13.0 | 7.3 | 7.0 | 7.6 | 6.0 | 8.8 |

（6）採取した貝について，図 2，図 3，表 1 から読み取れることとして適当なものを次のア～クから 2 つ選び，記号で答えなさい。

ア．冬の間は冬眠している。

イ．貝がらの最大の大きさは 13 mm である。

ウ．この貝の寿命は約 1 年である。

エ．メスよりもオスの数が多い。

オ．貝がらの大きさが 3 mm 以下の個体も採取することができる。

カ．海水温が 28 ℃以上だと生息することができない。

キ．最も大きい貝を採取したのは 7 月である。

ク．海水温が低い時期は貝がらが小さくなっていく。

（7）図 2，図 3，表 1 を参考に次の文章中の空欄（　X　），（　Y　）にあてはまる適当な数字を整数で答えなさい。

「この貝は卵の受精後，プランクトンとして生活し，2 か月後に砂浜に定着することが分かっています。この貝は 6 月から産卵を始めます。産卵のピークは 2 回あり，6 月と（　X　）月であることが推測できます。また，貝がらが大きくなるためには海水温が（　Y　）℃以上である必要があり，その温度より低い期間は砂にもぐって海水温が高くなるのを待っています。」

# 社　会

注　意

1．問題は問１から問２７まであります。
（１ページから 14 ページまであります。）
2．試験時間は４０分です。
3．解答は解答用紙に記入し、解答用紙だけ提出しなさい。

| | | | |
|---|---|---|---|
| 受験番号 | | 氏名 | |

(2022－J1)

次の文章を読んで、各問いに答えなさい。

2022年は、日本で初めての鉄道が新橋～横浜間に開業してから150年という節目の年にあたります。日本での鉄道開業に先立ち、世界で初めて本格的な鉄道が（　1　）で開業したのは①1830年のことでした。世界に広がる鉄道の情報はやがて日本にも伝えられ、②1854年には将軍への献上《けんじょう》品の一つとして蒸気機関車の模型がアメリカからもたらされました。それ以前の日本では、陸上での移動といえば③道を歩いたり、馬に乗ったりなどでしたので、蒸気機関車の模型は人びとを驚《おどろ》かせました。江戸幕府を倒した明治新政府は（　1　）などから招いた技術者の力を借り、産業の発展などを目的として、1872年に鉄道を開業させました。その後も鉄道建設は進められ、1889年には東京・大阪・神戸が鉄道で結ばれました。

鉄道を建設したのは政府だけではありません。1880年代には④上野～熊谷《くまがや》間に鉄道を開業した日本鉄道会社などの私鉄も登場し、全国に鉄道網《もう》が整備されていきました。（　2　）が小説『坊《ぼっ》ちゃん』で「マッチ箱のよう」と表現した汽車を⑤松山に走らせた伊予《いよ》鉄道は、このころに登場した私鉄の一つです。私鉄の中には神社・仏閣を目的地とするものも登場しました。10世紀に建立《こんりゅう》された⑥成田山新勝寺《しんしょうじ》を目的地とした成田鉄道や、⑦12世紀に建立された川崎大師《かわさきだいし》を目的地とした大師《だいし》電気鉄道はその一例です。

私鉄が増えていくと、鉄道会社同士の連携《れんけい》が不十分などの問題点があげられるようになりました。そこで日本が（　1　）と同盟を結んで戦った日露戦争後には私鉄の主な路線が国有化されました。1918年に立憲政友会の⑧原敬を首相とする内閣が成立すると、政府は国有鉄道の建設に力を入れました。国有鉄道の運営にあたった⑨鉄道院を鉄道省に昇格《しょうかく》させて権限を強め、⑩原の地元を通る山田線などの鉄道建設を推《お》し進めたのです。こうして国有鉄道が拡大して⑪鉄道輸送量が増加する一方、国有の幹線鉄道網を補《おぎな》う存在として位置づけられた私鉄も、都市人口の増加などを背景に発展していきました。1937年に⑫日中戦争がおこると、1938年には議会の承認なしに戦争に必要な物資や労働力を動員できる権限を政府にあたえる法律である（　3　）が公布され、鉄道はますます軍事輸送の重要な手段として利用されるようになりました。軍事関係者や軍需《ぐんじゅ》物資の輸送、⑬空襲などの危険を避《さ》けて大都市から地方に移動する人々の輸送などを担《にな》い、戦争が続く中で休まず運行を続けたのです。

第二次世界大戦が終わると国有鉄道の経営は政府ではなく、新たに生まれた公共企業体である日本国有鉄道（国鉄）によって担われるようになりました。⑭戦後赤字に陥《おちい》った国鉄は一時的に黒字化を達成した時期もあり、そのころには⑮東海道新幹線の開業や⑯高度経済成長で高まる旅行熱をとらえた⑰周遊券の販売《はんばい》など、さまざまな取り組みがおこなわれました。しかし、このような取り組みにもかかわらず、人件費の増大や、自動車の普及による利用者数の伸《の》び悩《なや》みなどの影響《えいきょう》で、国鉄は慢性的《まんせいてき》な赤字経営に陥っていきました。そうした中、1987年に国鉄は⑱民営化され、その事業はJRグループ各社により受け継《つ》がれて現在に至っています。一方の私鉄も、戦後まもなくは人件費の高まりなどでほとんど利益を得られない状況《じょうきょう》が続きました。その後、高度経済成長期に人口がますます都市部へ集中すると、通勤客の利用増加などによって大手私鉄を中心として経営が上向いていきました。こうした私鉄のなかには、⑲百貨店、遊園地、不動産事業など、さまざまな事業を展開して高い利益をあげるものも出てきました。

このように約 150 年にわたって日本の交通を支え続けている鉄道ですが、近年はさまざまな課題や困難に直面しています。その一つが、相次ぐ⑳自然災害や鉄道設備の老朽《ろうきゅう》化への対応です。防災対策や北海道と本州を結ぶ（　4　）トンネルなど大規模な鉄道設備の修繕《しゅうぜん》には多くの時間や費用がかかることが見込まれています。災害後の復旧も大きな課題です。例えば、東日本大震災は線路に大きな被害《ひがい》をもたらし、多くの鉄道が運休に追い込まれました。その復旧には時間も費用もかかり、㉑東京都と宮城県を結ぶ常磐《じょうばん》線の全線が復旧したのは、地震発生から約 9 年がたった 2020 年 3 月のことでした。さらに鉄道会社を苦しめたのが、新型コロナウイルス感染症《かんせんしょう》の流行です。感染予防のための人々の移動自粛《じしゅく》は鉄道各社の売上を押《お》し下げ、2020 年度には JR 各社や大手私鉄など多くの会社が赤字に転落しました。例えば、利用者の減少など、従来から苦しい経営が続いていた㉒JR 北海道は、過去最大の赤字に陥ってしまいました。

こうした課題や困難に立ち向かう取り組みも始まっています。大規模災害への対応や地域の活力の向上など、政府が推進する交通施策《しさく》の基本理念が㉓交通政策基本法で定められ、鉄道橋の補強や駅の耐震《たいしん》化などが進められつつあります。被災後の復旧についても、㉔国の予算から助成を受けられる対象が拡大されるなど、制度の整備が進んでいます。合わせて、鉄道会社自身による経営の立て直しへの挑戦《ちょうせん》も始まっています。例えば、JR 東日本は保守点検の機械化による費用の削減《さくげん》や、新鮮な海産物・農産物の輸送に新幹線を活用するなど需要《じゅよう》の増加への取り組みをおこなっています。京浜急行電鉄は持続的な成長を実現するために三浦半島の㉕地方公共団体との連携を深め、観光地の再整備を進めることで利用者数を伸ばそうとしています。さらに、地方公共団体のなかには、公共交通機関のありかたを見直し、新たなまちづくりを進めようという動きもあります。例えば、㉖富山市は、市内を走る鉄道を再整備するなどして、公共交通機関を軸《じく》としたまちづくりを進めることで、すべての人が安心して住み続けられる街の実現をめざしています。

今回は鉄道開業 150 年をきっかけに、鉄道をとりまく諸問題について考えてみました。現代の社会はさまざまな課題を抱《かか》えていますが、課題と向き合って解決策を模索《もさく》し続ければきっと道は拓《ひら》けるはずです。10 年、20 年後の社会を担い、解決策を模索するのは君たち自身です。中学・高校の 6 年間でさまざまな社会的な課題などについて知り、自分の考えを持って動き出せるように一緒《いっしょ》に学んでいきましょう。

問１　文中の空らん（　１　）～（　４　）にあてはまる語句を答えなさい。なお、空らんの（　１　）はカタカナで、それ以外は漢字で答えなさい。

問２　下線部①に関連して、19 世紀前半におこった出来事はどれですか。正しいものを次のア～エから一つ選び、記号で答えなさい。

ア．モリソン号事件や幕府の鎖国政策を批判した蘭学者が処罰《しょばつ》されました。

イ．新井白石が長崎新令を出して貿易の輸出入のバランスをとりました。

ウ．ノルマントン号事件がおこり、条約改正を求める動きが高まりました。

エ．オランダ人を長崎の出島に移し、鎖国が完成しました。

問３　下線部②について、このときに将軍へ蒸気機関車の模型を献上した人物は、艦隊を率いて来日した人物ですが、それはだれですか。カタカナで答えなさい。

問４　下線部③に関連して、次の各問いに答えなさい。

Ⅰ．右の資料は唐の都・長安にならってつくられた平城京の模式図です。平城京の中央を南北に通る、資料中のＸで示された道は「〇〇大路」と呼ばれました。〇〇にあてはまる語句として正しいものを漢字２字で答えなさい。

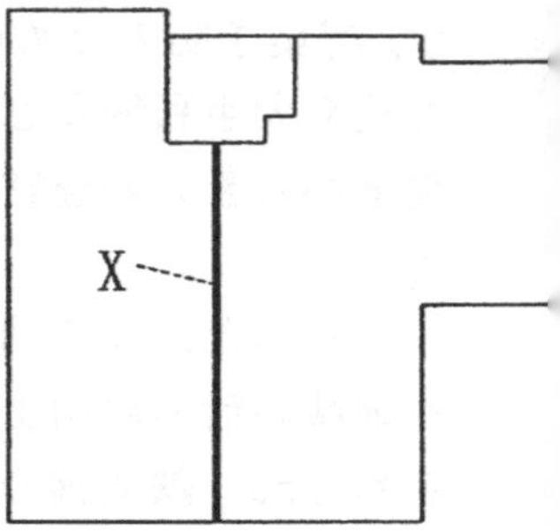


Ⅱ．日本の道について述べた次の文を古いものから年代順に並べかえ、ア～エの記号で答えなさい。

ア．城下町が新たにつくられた安土では、道におかれた関所が廃止《はいし》され、物の流通が盛《さか》んになりました。

イ．大名行列が江戸と領国を行き来する中で、宿場町や道が整えられました。

ウ．鎌倉とその外の地域を結ぶために、山を切り開いた道が鎌倉時代に整備されました。

エ．全国が国・郡・里に分けられ、中央と各国とを結ぶ道が整備されました。

問５　下線部④に関連して、右の資料は 1910 年ごろの熊谷駅周辺の地形図の一部を示したものです。上野～熊谷間の鉄道が開業すると、ある商品が上野、さらには開港場横浜まで鉄道で運ばれるようになりました。その商品とは何ですか。地形図を参考にして考え、漢字２字で答えなさい。

問６　下線部⑤に関連して、次の各問いに答えなさい。

Ⅰ．次の雨温図は、秋田、高知、那覇、松山の雨温図です。このうち、松山の雨温図はどれですか。次のア～エから一つ選び、記号で答えなさい。

ア．
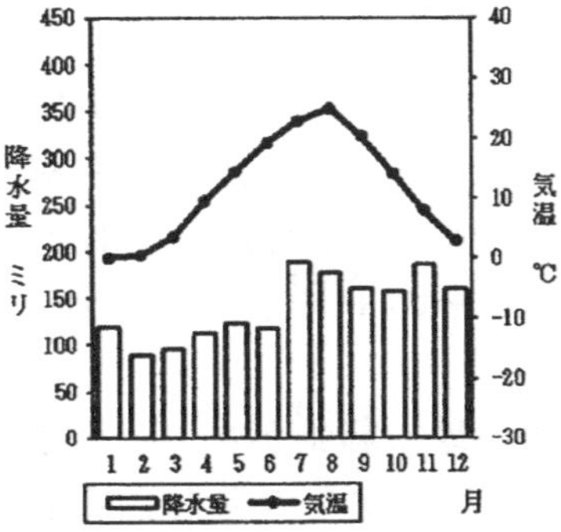


イ．
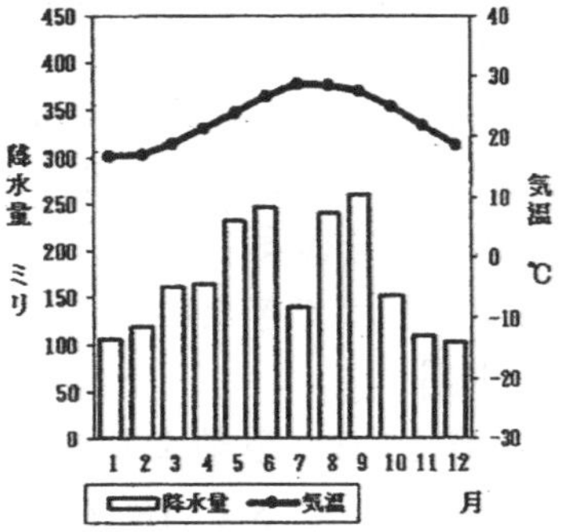


ウ．
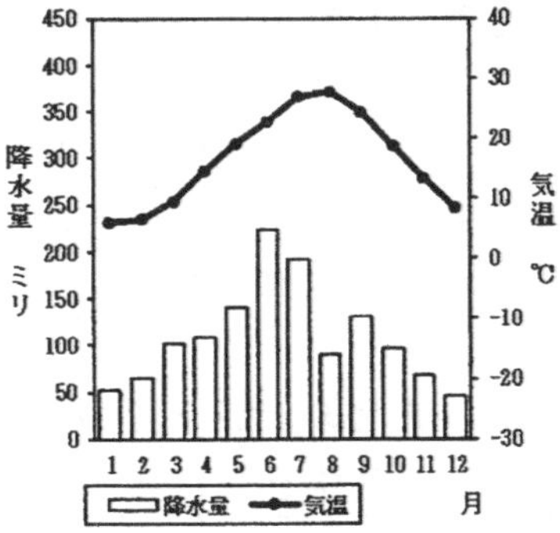


エ．
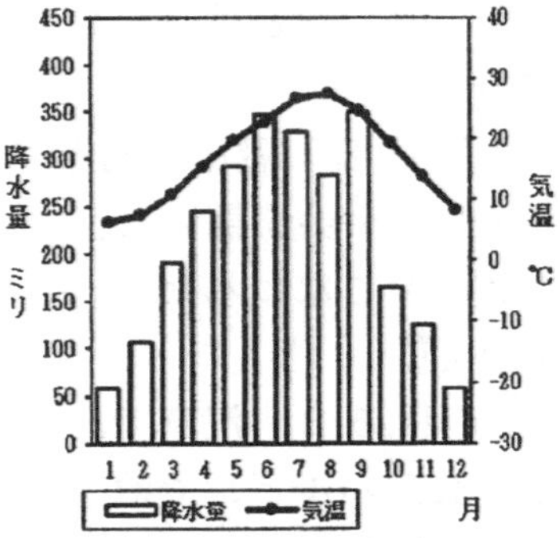


（『理科年表 2021』より作成）

Ⅱ．松山をふくむ県について述べた文として正しいものを次のア～エから一つ選び、記号で答えなさい。

ア．県東部の都市からは淡路島を経由して本州につながる橋がかけられています。

イ．県西部の宇和海沿岸では真珠の養殖が盛んです。

ウ．県中央部の平野ではピーマンの促成栽培が盛んです。

エ．県北部の平野部には満濃池《まんのういけ》など多数のため池があります。

問７　下線部⑥について、成田山新勝寺は 10 世紀におこった平将門の乱が鎮《しず》まるように祈願《きがん》した僧侶《そうりょ》によって開山されたとされますが、平将門の乱がおこった地域はどこですか。右の地図中のア～エから正しいものを一つ選び、記号で答えなさい。

問８　下線部⑦に関連して、12 世紀ごろから難しい学問や修行を必要としない、簡単でわかりやすく、実行しやすい教えを説く新しい仏教が現れました。これらの仏教のうち、阿弥陀仏を信じて念仏を唱えれば、だれもが救われると教えた浄土宗を開いた人物はだれですか。漢字で答えなさい。

問９　下線部⑧について、次の【資料１】～【資料４】は原敬が記した日記の内容の一部をわかりやすく簡潔に書き改めたものです（なお資料は年代順に並んでいません）。これを読んで各問いに答えなさい。

【資料１】
5月6日　ロシア、（　a　）、（　b　）に回答して、その勧告《かんこく》をすべて承諾《しょうだく》した。駐ロシア公使がロシア政府にリャオトン半島南部の一部を残して他は返還《へんかん》することを提案したが、ロシアは承諾せず、協議の結果、我が兵力では三国と戦うことはできないとして、やむを得ずその干渉《かんしょう》を受け入れることとなった。

【資料２】
8月15日　以前より米価暴騰《ぼうとう》のため各地に騒動《そうどう》があり、軍隊の出動までおこなわれた。よって18日に札幌で開催《かいさい》する東北での党大会は予定通り開催はするが、宴会《えんかい》などは見合わせるのがよいだろうと考えた。

【資料３】
2月11日　憲法が発布されるというので、パリに在留する日本人を公使館に招いて祝賀会を開いた。ちょうど会の最中に、人々が歓声《かんせい》をあげる中で憲法発布式がおこなわれたという電報が届いたので、披露《ひろう》した。

【資料４】
10月26日　汽車で三田尻《みたじり》に到達《とうたつ》すると前代議士が下関から発送した、伊藤博文公がハルビンで韓国人に暗殺されたとの電報を受け取った。

Ⅰ．【資料１】中の空らん（　a　）、（　b　）に入る国名として正しいものをそれぞれカタカナで答えなさい。

Ⅱ．原内閣は【資料２】の出来事のあとに誕生《たんじょう》しましたが、【資料２】の出来事の責任をとって総辞職した内閣の総理大臣はだれですか。次のア～エから正しいものを一つ選び、記号で答えなさい。

ア．犬養毅　　　　イ．黒田清隆
ウ．大隈重信　　　エ．寺内正毅

Ⅲ．【資料１】～【資料４】を古いものから年代順に並べかえ、1～4の数字で答えなさい。

問10　下線部⑨に関連して、次の各問いに答えなさい。

Ⅰ．鉄道省は植民地などに置かれた鉄道の監督《かんとく》もおこないました。このような鉄道のうち、ポーツマス条約によって日本が権利を獲得《かくとく》したのちに、日本が経営をおこなった鉄道を何といいますか。解答らんに合うように漢字３字で答えなさい。

Ⅱ．官庁が、省に格上げされたことはこのあとにもありましたが、2001年の中央省庁再編の際に、省に格上げされた官庁はどれですか。次のア～エから正しいものを一つ選び、記号で答えなさい。

ア．環境庁　　イ．観光庁　　ウ．宮内庁　　エ．金融庁問 11　下線部⑩について、右の資料のように、盛岡駅と釜石《かまいし》駅をつないだ山田線は以前からその建設計画があったにもかかわらず、原敬が首相に就任するまで建設が進みませんでした。その理由の一つは、山田線がYの山地を横切るために難工事が予想されたためでした。このYの山地を何といいますか。漢字で答えなさい。

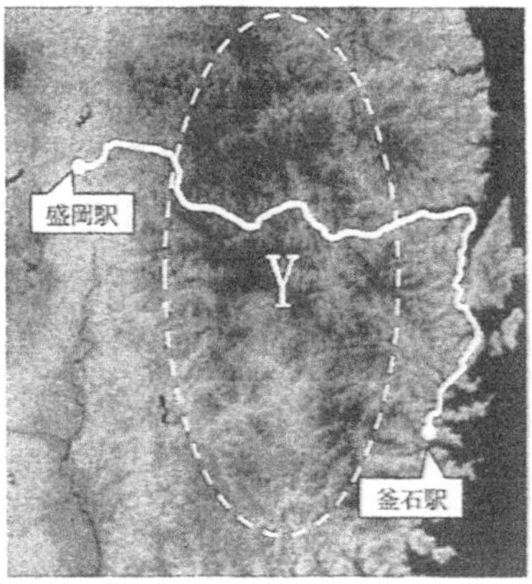


問 12　下線部⑪に関連して、【資料 1】は 1920 年度から 1936 年度の国有鉄道における旅客輸送量を、【資料 2】は 1920 年と 1936 年の国有鉄道における主要貨物輸送量とその内訳をあらわしたものです。これらについて述べた文のうち、**誤っているもの**を次のア～エから一つ選び、記号で答えなさい。

【資料 1】国有鉄道における旅客輸送量

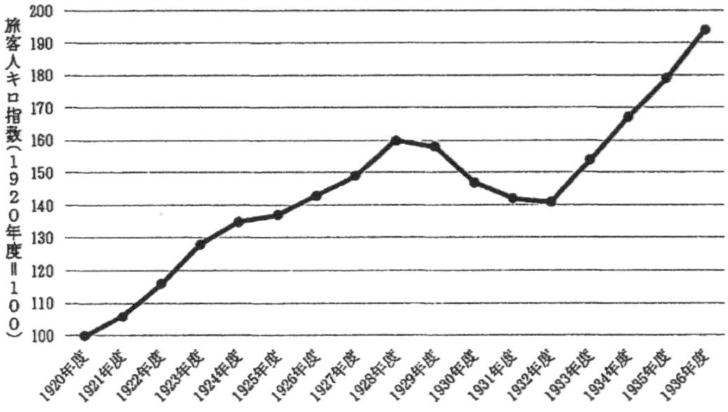


【資料 2】国有鉄道における主要貨物輸送量とその内訳

| | | 1920年 | 1936年 |
|---|---|---|---|
| 輸送トン数（千トン） | | 44,376 | 69,115 |
| 代表的な品類の内訳（%） | 鉱産品 | 54.8 | 56.3 |
| | 林産品 | 17.2 | 13.2 |
| | 農産品 | 9.9 | 10.5 |
| | 畜産品 | 0.9 | 0.6 |
| | 水産品 | 2.0 | 2.1 |
| | 化学工業品 | 2.3 | 11.9 |
| | 食品工業品 | 3.3 | 2.1 |
| | 繊維工業品 | 3.4 | 3.3 |

（近代日本輸送史研究会編『近代日本輸送史―論考・年表・統計―』より作成）

ア．国有鉄道における旅客輸送量は、関東大震災がおこった年度は前年度よりも減少しました。

イ．1930 年度の旅客輸送量が前年度より減少しているのは、世界恐慌をきっかけにおこった不況の影響です。

ウ．1920 年に対して 1936 年の貨物輸送量が最も伸びたのは化学工業品です。

エ．繊維工業品の輸送量について 1920 年と比べて 1936 年は、貨物輸送量全体に占める比率は下がっていますが、輸送トン数は増えています。

問 13　下線部⑫について、日中戦争について述べた文として正しいものを次のア～エから一つ選び、記号で答えなさい。

ア．日中戦争のきっかけとなった盧溝橋事件を受けて、国際連盟はリットンを団長とする調査団を送りました。

イ．日中戦争はすぐには終わらず、戦いは北から南へと広がりました。

ウ．日中戦争に反対する陸軍の青年将校らが二・二六事件をおこしました。

エ．日中戦争への反対意見が広がり、日本は国際連盟の脱退《だったい》を決めました。

問 14　下線部⑬について、これらの移動のうち、大都市の小学生が空襲の危険を避けるため、地方へ移動したことを「集団〇〇」といいました。〇〇にあてはまる語句を漢字2字で答えなさい。

問 15　下線部⑭に関連して、右の資料は 1945 年度から 1955 年度までの国有鉄道事業の黒字・赤字を示したものです。1950 年度に国有鉄道が大幅《おおはば》な黒字を達成しているのは、ある出来事によって日本全体に特需景気がもたらされたためです。その出来事とは何ですか。漢字で答えなさい。

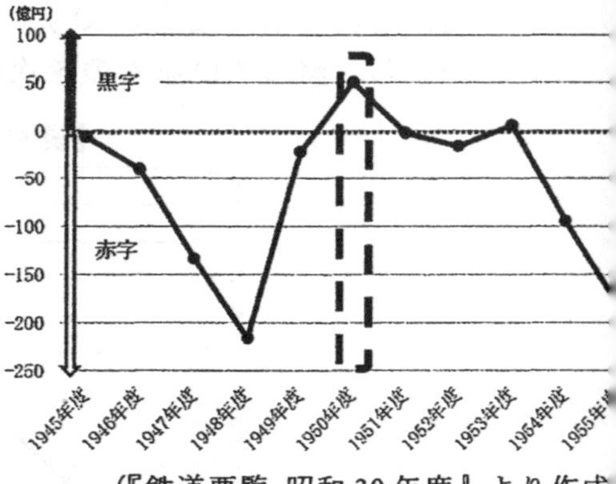


(『鉄道要覧 昭和 30 年度』より作成

問 16　下線部⑮に関連して、次の各問いに答えなさい。

Ⅰ．東海道新幹線は次に示した8つの都府県を通過しますが、空らんA・Bにあてはまるのは何県ですか。それぞれ答えなさい。

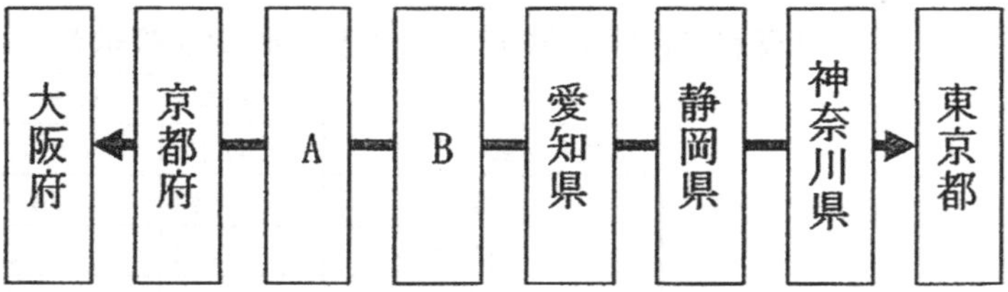


Ⅱ．東海道新幹線沿線にある都府県では工業が発達していますが、次の資料のア～エは、阪神工業地帯、中京工業地帯、東海工業地域、京浜工業地帯いずれかの 2018 年の製造品出荷額とその構成を示したものです。このうち阪神工業地帯にあたるものを次のア～エから一つ選び、記号で答えなさい。

| | 製造品出荷額等(単位:億円) | 構成(単位:%) | | | | | |
|---|---|---|---|---|---|---|---|
| | | 金属 | 機械 | 化学 | 食料品 | 繊維 | その他 |
| ア | 602,425 | 9.6 | 69.1 | 6.4 | 4.6 | 0.7 | 9.6 |
| イ | 345,443 | 20.9 | 37.7 | 16.8 | 10.9 | 1.3 | 12.4 |
| ウ | 264,195 | 8.9 | 49.3 | 18.0 | 10.9 | 0.4 | 12.5 |
| エ | 176,639 | 8.2 | 52.0 | 10.9 | 13.2 | 0.7 | 15.0 |

(『日本国勢図会《ずえ》 2021/22』より作成)

# 国語 解答用紙

（2022 J1）

| 受験番号 |
| --- |
| |

| 氏名 |
| --- |
| |

※150点満点
（配点非公表）

↓ここにシールを貼ってください↓

220110

【一】

問一

| | | | | |
| --- | --- | --- | --- | --- |
| ① | ② | ③ | ④ | ⑤ |
| ⑥ | ⑦ | ⑧ | ⑨　びて | ⑩　えた |
| ⑪ | ⑫ | ⑬ | ⑭　える | ⑮ |

問二

| | | | | |
| --- | --- | --- | --- | --- |
| ① | ② | ③ | ④ | ⑤ |

【二】

問一

| | | |
| --- | --- | --- |
| a | b | c |

問二

| | | |
|---|---|---|
| 5 | (3) | |

↓ここにシールを貼ってください↓

220120

| | |
|---|---|
| 受験番号 | |
| 氏　　名 | |

【3】

(3)〔理由〕1階と2階のスイッチが押された回数が,

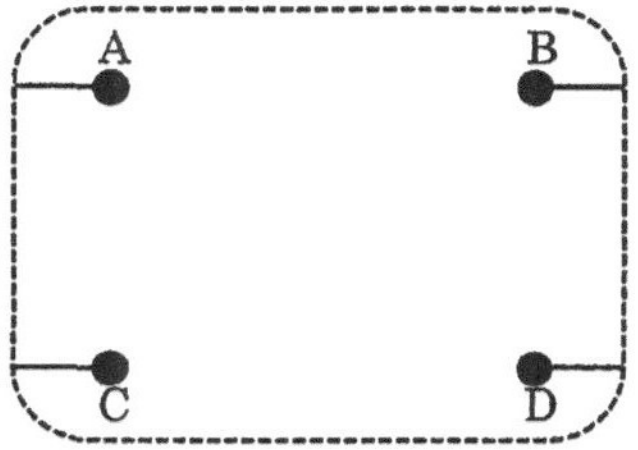


【4】

| | | |
|---|---|---|
| (1) | (2) | (3) |

(4) 個体

(5)

(6)

(7) X　Y

↓ここにシールを貼ってください↓

220140

| | |
|---|---|
| 受験番号 | |
| 氏　　名 | |

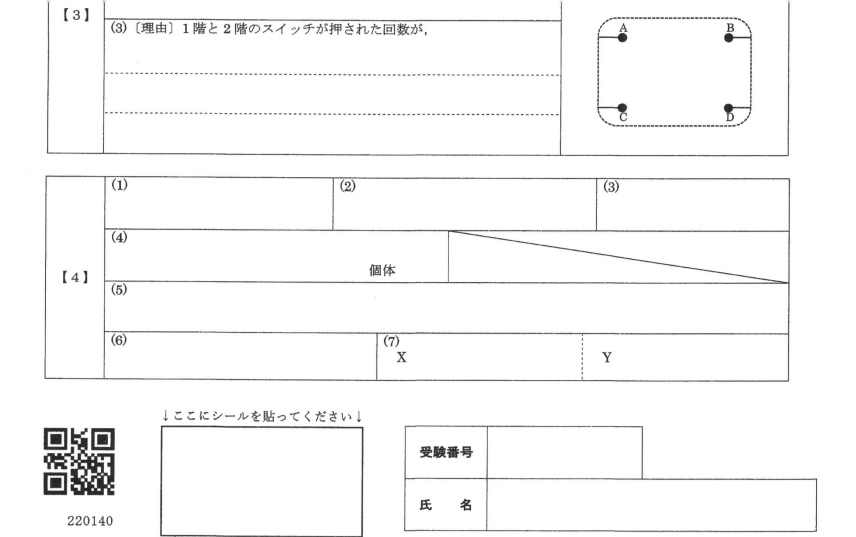

| | | | | |
|---|---|---|---|---|
| 問26 | Ⅰ | | Ⅱ | |
| 問27 | Ⅰ | | | |
| | Ⅱ | 富山市では生活に自動車が欠かせなくなっていたが、 | | |
| | | | | |
| | Ⅲ | ＜どのような行動を促すためか＞ | | |
| | | | | |
| | | ＜富山市の利点＞ | | |
| | | | | |
| | | ＜富山市民の利点＞ | | |
| | | | | |

220130

↓ここにシールを貼ってください↓

| | |
|---|---|
| 受験番号 | |
| 氏　　名 | |

| 社会 | 解答用紙 | ※100点満点<br>（配点非公表） | （2022−J1） |
|---|---|---|---|

| | | | | | | | | | | |
|---|---|---|---|---|---|---|---|---|---|---|
| 問１ | 1 | | 2 | | 3 | | | | | |
| | 4 | | | | | | | | | |
| 問２ | | 問３ | | | | | | | | |
| 問４ | Ⅰ | | Ⅱ | → → → | 問５ | | | | | |
| 問６ | Ⅰ | | Ⅱ | | 問７ | | 問８ | | | |
| 問９ | Ⅰ | a | | b | | Ⅱ | | | | |
| | Ⅲ | → → → | | | | | | | | |
| 問10 | Ⅰ | 鉄道 | Ⅱ | | 問11 | | 問12 | | | |
| 問13 | | 問14 | | 問15 | | | | | | |
| 問16 | Ⅰ | A | 県 | B | 県 | Ⅱ | | 問17 | | |
| 問18 | a | | b | | c | | d | | 問19 | |
| 問20 | | | | | | | | | | |
| 問21 | | 問22 | | | | | | | | |

理科

# 解　答　用　紙

※100点満点
（配点非公表）

(2022 - J 1)

| 【1】 | | | |
|---|---|---|---|
| | (1) ① | (1) ② | |
| | (1) ③ C | E | F |
| | (2) ① | (2) ② mL | |
| | (2) ③ X mL | Y mL | (2) ④ Z mL |

| 【2】 | | | |
|---|---|---|---|
| | (1) ① | | |
| | (1) ② 度 | (2) | (3) |
| | (4) | (5) | |

| | | | |
|---|---|---|---|
| | (1) ア | イ | |
| | (2) ① | (2) ② | (2) ③ |

【解答

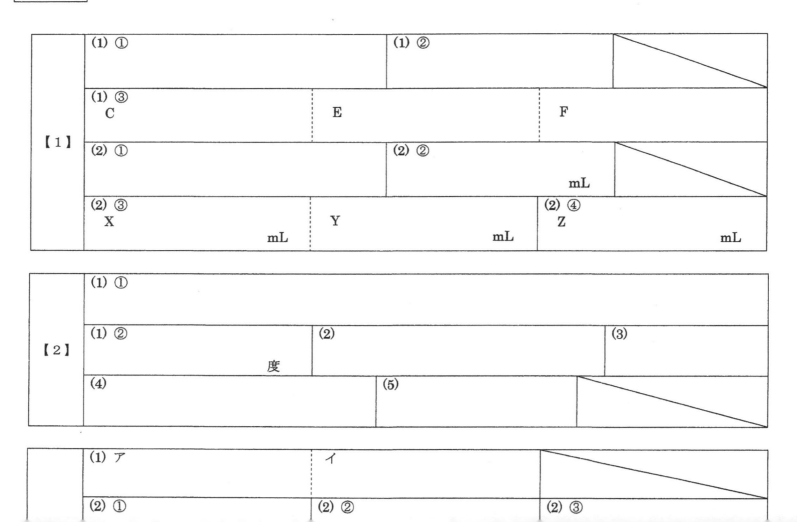

# 2022 年度　1 次入試　算数　解答用紙

※150点満点
（配点非公表）

| | | | | | | |
|---|---|---|---|---|---|---|
| 1 | (1) | | (2) | | (3) | |

| | | | | | | |
|---|---|---|---|---|---|---|
| 2 | (1) | | (2) | | (3) | |
| | (4) | | (5) | | (6) | |

| | | | | | | |
|---|---|---|---|---|---|---|
| 3 | (1) | | (2) | | (3) | |

| | | | | | | |
|---|---|---|---|---|---|---|
| 4 | (1) | | (2) | | (3) | |

| | | | | |
|---|---|---|---|---|
| | (1) | | (2) | |
| | | | | |

【解答

問四

問五

問六

問七
ア
イ
ウ
エ
オ

【三】

問一
x
y

問二

問三

問四
A
B

問五

問 六

問 17　下線部⑯に関連して、1960 年代の日本の出来事について述べた文のうち、波線部が**誤っているもの**を次のア～エから一つ選び、記号で答えなさい。

ア．日本で初めての原子力発電所が建設された茨城県東海村で原子力発電が始まりました。

イ．日韓基本条約により大韓民国との国交を回復すると、それに続いて朝鮮民主主義人民共和国との国交回復も実現しました。

ウ．『伊豆《いず》の踊子《おどりこ》』などの著作のある川端康成が日本人で初めてノーベル文学賞を受賞しました。

エ．名神高速道路に続いて、東名高速道路が開通するなど、高速道路が相次いで開通しました。

（問題は次のページに続きます）

問 18　下線部⑰に関連して、【資料 1】は JR 東日本が発売している、新潟県内 1 日自由乗車券（えちごワンデーパス）の乗車区間を示したもの、【資料 2】は【資料 1】の乗車区間（黒い太線）と主要な駅を地図上に記したものです。これを見ながら新潟駅を出発地とした、えちごワンデーパスを使った旅行計画を立てている太郎くんと次郎くんの＜会話文＞を読んで、その空らん（　a　）～（　d　）にあてはまる語句を＜語群＞から選び、記号で答えなさい。

【資料 1】えちごワンデーパス乗車区間

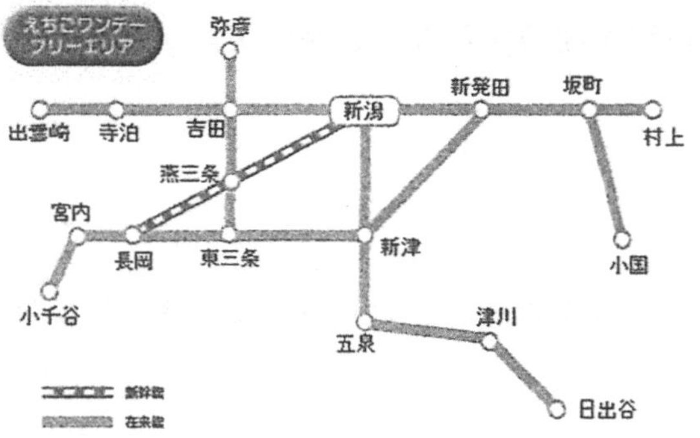


（JR 東日本ホームページより）

【資料 2】地形図上のワンデーパス乗車区間

＜会話文＞

太郎：新潟駅からどこに向かう？

次郎：ぼくは伝統工芸品が好きだから、燕三条駅が気になるな。この周辺には、包丁研《と》ぎの体験などができる施設《しせつ》もあるんだって。

太郎：燕は（　a　）、三条は刃物の生産が古くから有名なんだよね。伝統工芸品という観点からみると、小千谷《おぢや》駅も面白そうだね。

次郎：小千谷（　b　）という麻織物が有名だよね。冬の農家の副業として発達したんだって。ところで、太郎くんはどこか気になるところがある？

太郎：ぼくが気になるのは、県境を越《こ》えていく路線かな。特に小国《おぐに》駅に向かう路線は、新潟県と（　c　）県の県境を越えるんだよね。県をまたぐのって何かワクワクしない？

次郎：面白い観点だね。県境といえば、日出谷《ひでや》駅に向かっている磐越西線《ばんえつさいせん》は（　c　）県の南にある県との県境を日出谷駅の少し先で越えるんだね。

太郎：磐越西線は新潟水俣病を学習したときに学んだ（　d　）川の流域を走っているらしいよ。

次郎：そうなんだ！地図を見ているといろいろな発見があって面白いね。

＜語群＞

ア．阿賀野　　イ．しぼり　　ウ．ちぢみ　　エ．福島
オ．山形　　カ．洋食器　　キ．和紙　　ク．渡良瀬

問 19　下線部⑱に関連して、国鉄以外にも民営化された国営事業がありました。2005 年に民営化が決定され、2007 年から民営化がすすめられた組織として正しいものを次のア～エから一つ選び、記号で答えなさい。

ア．郵便局　　イ．税務署　　ウ．保健所　　エ．水道局

問 20　下線部⑲に関連して、右の資料のように大型スーパーと比べて百貨店の販売《はんばい》額は 1990 年代前半に減少しましたが、それはなぜですか。1990 年代前半におきた日本経済の大きな変化と、百貨店で販売されている商品の価格の特徴をふまえて、「バブル」という用語を用いて、その理由を説明しなさい。

百貨店・大型スーパーの販売額推移

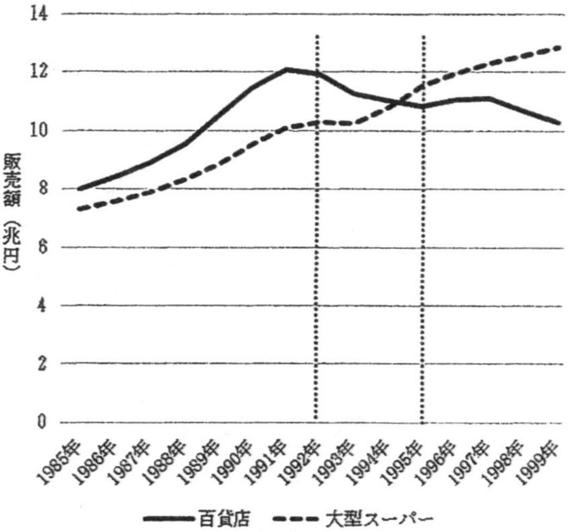


（経済産業省「商業動態統計調査」より作成）

問 21　下線部⑳に関連して、日本における自然災害やその被害防止策について述べた文のうち、**誤っているもの**を次のア～エから一つ選び、記号で答えなさい。

ア．地震が多い日本では、その被害を少しでも防ぐために緊急《きんきゅう》地震速報が出されています。

イ．大雨などが原因で発生する災害の例として、地すべりや山崩《やまくず》れ、火砕流があげられます。

ウ．台風や集中豪雨などによる災害への備えとして、河川の改修や保安林の指定などがおこなわれています。

エ．北海道や東北地方の太平洋側で春から夏に吹《ふ》く寒冷な北東風（やませ）による冷害を防ぐため、品種改良などがおこなわれています。

問 22　下線部㉑に関連して、次の資料は常磐線が通過する千葉県・茨城県・福島県が主な生産地となっている果実の 2019 年の主な生産県を示したものです。この果実とは何ですか。次のア～エから一つ選び、記号で答えなさい。

ア．ぶどう　　イ．もも
ウ．日本なし　　エ．くり

| | 収穫量（単位：t） | 割合（%） |
|---|---|---|
| 茨城 | 20,000 | 9.5 |
| 千葉 | 19,300 | 9.2 |
| 栃木 | 18,100 | 8.6 |
| 福島 | 16,000 | 7.6 |
| 鳥取 | 14,700 | 7.0 |
| 長野 | 12,800 | 6.1 |
| 福岡 | 8,420 | 4.0 |
| 熊本 | 8,350 | 4.0 |
| 全国 | 209,700 | 100.0 |

（『日本国勢図会 2021/22』より作成）

問 23　下線部㉒について、人件費の圧縮などのさまざまな努力にも関わらず、JR 北海道は新型コロナウイルス感染症の流行以前から経営が苦しい状態にありました。それには利用者の減少以外にもさまざまな理由がありますが、そのうち、次の【資料 1】【資料 2】から読み取れる理由について説明しなさい。

【資料 1】札幌市の雨温図

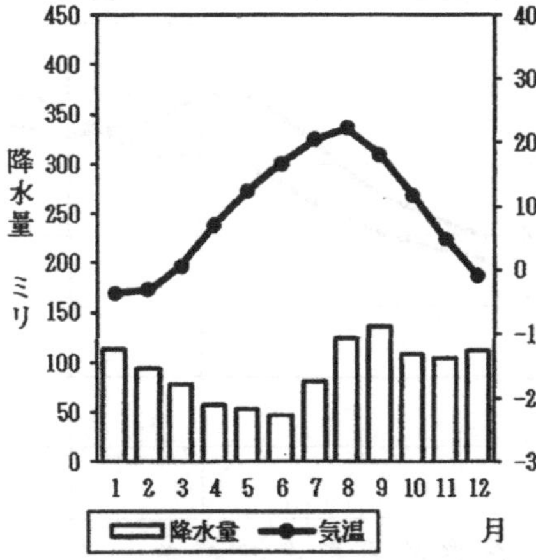


(『理科年表 2021』より作成)

【資料 2】JR 北海道で活躍する機械の例

(JR 北海道ホームページより)

問 24　下線部㉓に関連して、次の各問いに答えなさい。

Ⅰ．次の年表は交通政策基本法案が閣議決定されてから成立するまでの過程を示したものです。この中の空らん（　a　）、（　b　）にふさわしい語句を漢字で答えなさい。

| | |
|---|---|
| 2013 年 11 月 1 日 | 交通政策基本法案が閣議決定 |
| 2013 年 11 月 12・13 日 | 衆議院国土交通（　a　）で質疑・採決 |
| 2013 年 11 月 15 日 | 衆議院（　b　）で可決 |
| 2013 年 11 月 26 日 | 参議院国土交通（　a　）で質疑・採決 |
| 2013 年 11 月 27 日 | 参議院（　b　）で可決 |

Ⅱ．次の文章は、交通政策基本法第十六条の条文の一部です。この条文と関連が最も深いと考えられる日本国憲法の条文を次のア～エから一つ選び、記号で答えなさい。

国は、国民が日常生活及《およ》び社会生活を営むにあたって必要不可欠な通勤、通学、通院その他の人又《また》は物の移動を円滑《えんかつ》におこなうことができるようにするため、離島《りとう》に係《かかわ》る交通事情その他地域における自然的経済的社会的諸条件に配慮《はいりょ》しつつ、交通手段の確保その他必要な施策を講ずるものとする。

ア．勤労者の団結する権利及び団体交渉その他の団体行動をする権利は、これを保障する。

イ．すべて国民は、健康で文化的な最低限度の生活を営む権利を有する。

ウ．国民は、法律の定めるところにより、納税の義務を負う。

エ．学問の自由は、これを保障する。

問 25　下線部㉔に関連して、次の資料は一般会計歳出の主要経費別割合の推移を示したものです。このうち A～D は「公共事業関係費」「社会保障関係費」「地方交付税交付金」「防衛関係費」のいずれかです。このうち、「社会保障関係費」と「防衛関係費」の組み合わせとして正しいものを次のア～エから一つ選び、記号で答えなさい。

一般会計歳出の主要経費別割合の推移（会計年度）

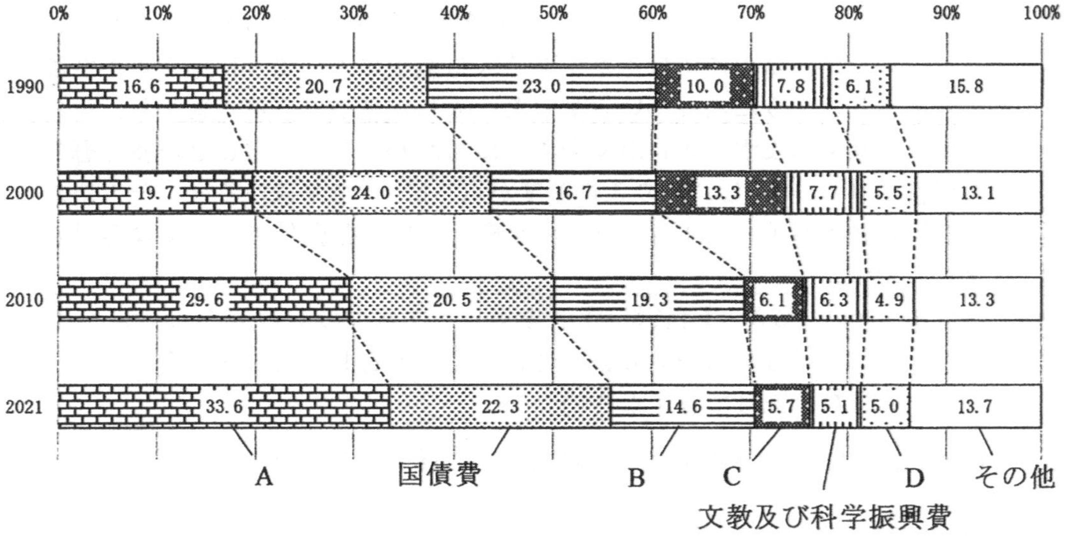


（『日本国勢図会 2021/22』より作成）

ア．社会保障関係費―A　防衛関係費―C

イ．社会保障関係費―A　防衛関係費―D

ウ．社会保障関係費―B　防衛関係費―C

エ．社会保障関係費―B　防衛関係費―D

問 26　下線部㉕について、地方公共団体は地域の住民の毎日のくらしにかかわりの深い仕事をしています。これに関連して次の各問いに答えなさい。

Ⅰ．市町村がおこなっている仕事として**誤っているもの**を次のア～エから一つ選び、記号で答えなさい。

ア．出生届の受付など戸籍に関する仕事をおこなっている。

イ．保育所の設置や運営をおこなっている。

ウ．ごみの収集や処理をおこなっている。

エ．地方裁判所を設置し、民事裁判をおこなっている。

Ⅱ．市町村における政治を進めていくうえで市町村議会によって定められる、その地方公共団体の中だけで通用するきまりを何といいますか。漢字で答えなさい。

問27　下線部㉖について、次の<文章>は富山市が新たなまちづくりを始めた背景の一部について述べたものです。これを読んで各問いに答えなさい。

<文章>

従来の富山市民の豊かな生活とは、広々とした持ち家に住み、自家用車を複数所有するようなものでした。そのような生活を実現するために、より広くて安い土地を求めて郊外《こうがい》の住宅地が増加しました。道路沿いには大型スーパーや家電《かでん》量販店《りょうはんてん》などが立ち並び、富山市民の暮らしには自動車が欠かせないものになっていきました。こうして郊外に住宅地が増加した結果、人びとが多く暮らす地域の面積は（　a　）し、その地域の人口密度は（　b　）なっていきました。そうした状況のなか、富山市ではやがて来る人口減少にどのように備えるかが課題として考えられるようになっていきました。人口が減ると経済が縮小し、それに伴って税収も減少します。人口が減少するにもかかわらず、人びとが多く暮らす地域の面積が（　a　）し、その人口密度が（　b　）なり続けると、一人あたりにかかる行政費用が（　c　）し、十分な行政サービスを提供《ていきょう》できなくなる恐れが出てきたのです。

Ⅰ．次の【資料1】【資料2】を参考に、文章中の空らん（　a　）～（　c　）にあてはまる語句の組み合わせとして正しいものを次のア～クから一つ選び、記号で答えなさい。

【資料1】富山市・人口集中地区の人口と面積

| 国勢調査年 | 富山市人口集中地区の人口（人） | 富山市人口集中地区の面積（㎢） |
|---|---|---|
| 1970年 | 151,928 | 25.6 |
| 1980年 | 184,872 | 39.5 |
| 1990年 | 209,855 | 49.5 |
| 2000年 | 214,542 | 52.1 |

（『国勢調査』より作成）

【資料2】人口密度と一人あたり行政費用

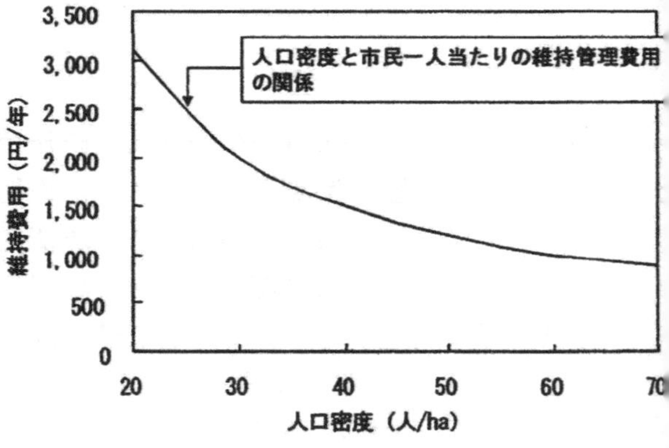


（『富山市総合交通戦略』より）

ア．a－拡大　b－高く　c－増加
イ．a－拡大　b－高く　c－減少
ウ．a－拡大　b－低く　c－増加
エ．a－拡大　b－低く　c－減少
オ．a－縮小　b－高く　c－増加
カ．a－縮小　b－高く　c－減少
キ．a－縮小　b－低く　c－増加
ク．a－縮小　b－低く　c－減少

Ⅱ．富山市は新たなまちづくりをめざす際に、鉄道などの公共交通機関を軸に置きましたが、それは次の【資料 1】【資料 2】から読み取れる事態に富山市が課題を感じていたためです。その課題とはどのようなものですか。「富山市では生活に自動車が欠かせなくなっていたが、」を書き始めとして、その課題について説明しなさい。

【資料 1】富山市の総人口と年齢構成

| 国勢調査年 | 総人口(人) | 年齢構成 (%) | | |
|---|---|---|---|---|
| | | 0-14歳 | 15-64歳 | 65歳以上 |
| 2005年 | 421,239 | 13.7 | 64.8 | 21.5 |
| 2010年 | 421,953 | 13.3 | 62.2 | 24.5 |
| 2015年 | 418,686 | 12.6 | 59.0 | 28.4 |

(『国勢調査』より作成)

【資料 2】車が自由に使えない（免許がない、自由に使える車がない）と答えた人の年齢構成

| | | | |
|---|---|---|---|
| 10代 | 9.8% | 50代 | 8.5% |
| 20代 | 3.7% | 60代 | 21.8% |
| 30代 | 2.5% | 70代 | 31.1% |
| 40代 | 4.3% | 80代以上 | 18.3% |

(2006 年「富山市の公共交通(電車やバスなど)に関する市民意識調査」より作成)

Ⅲ．次の【資料】は富山市が新たなまちづくりのためにおこなった取り組みの一つを説明したものです。これは人々にどのような行動を促《うなが》すためにおこなわれたと考えられますか。
また、この取り組みには、富山市・富山市民にとって、それぞれどのような利点があると考えられますか。富山市については＜文章＞に述べられている課題を、富山市民についてはⅡで考えた課題をふまえて、解答らんに合わせてそれぞれ説明しなさい。

【資料】住宅取得支援事業

鉄道や路面電車の駅・停留所から半径 500m 以内の範囲《はんい》、もしくは運行本数の多いバス路線のバス停から半径 300m 以内の範囲に一戸建て住宅やマンションなどを購入《こうにゅう》して居住する場合には、補助金を支給することとした。

問題は以上です

2022(R4) 逗子開成中　1次
K 教英出版

逗子開成中学校　１次

# 国語

注意

１、問題は【一】から【三】まで、ページ数は１ページから１０ページまであります。

２、試験時間は５０分です。

３、解答は解答用紙に記入し、解答用紙だけ提出しなさい。

４、字数制限のある問題では、句読点やかっこ、その他の記号も一字として数えます。

５、答えを直すときは、きれいに消してから新しい答えを書きなさい。

６、問題文には、設問の都合で、文字・送りがななど、表現を改めたところがあります。

| 受験番号 | |
|---|---|
| 氏名 | |

（２０２１－Ｊ１）

2021(R3) 逗子開成中　1次
教英出版

【一】　次の各問に答えなさい。

問一　次の①～⑮の各文の――線部のカタカナを漢字で書き、――線部の漢字の読み方をひらがなで書きなさい。

① ネダンが安い。
② カゲキな発言をする。
③ 悪事をカンカすることはできない。
④ 正月に神社にサンパイする。
⑤ 日米ドウメイを結ぶ。
⑥ 知事がシュウニンの挨拶をする。
⑦ 首相がアジア諸国をレキホウする。
⑧ 指示にシタガって動く。
⑨ 五月三日はケンポウ記念日だ。
⑩ スイソウ楽部に入部する。
⑪ 突然のことに仰天する。
⑫ 規模が大きい。
⑬ 芸術作品を創る。
⑭ この空模様なら雨は必至だ。
⑮ 小麦などの穀物を輸入に頼る。

問二　次の①～③の各文の～～～線部がかかる言葉をそれぞれ一つずつ抜き出し、記号で答えなさい。

① ア明るく　静かな　イ部屋で　ウ兄と　エ一緒に　オ熱心に　カ読書を　キする。

② たぶん　ア大きな　イ花が　ウきれいに　エ咲くだろう。

③ ア注文した　品物が　イ私の　ウ家に　エ届いた。

問三　次のア～エの各文の――線部から、「何もない空間」というときの「ない」と文法的性質が異なるものを二つ選び、記号で答えなさい。

ア　人生は、はかないものだ。
イ　今日は宿題がなく、気楽だ。
ウ　勉強しなければ、テストはできない。
エ　私に勝てるはずがなかろう。

【二】次の文章を読んで、後の各問に答えなさい。なお、設問の都合上、本文は省略されているところがある。

著作権に関係する弊社の都合により
本文は省略いたします。

教英出版編集部

（M・J・アドラー／C・V・ドーレン　外山滋比古／槇未知子　訳『本を読む本』講談社学術文庫）

注　＊1　積極的読書……筆者が本文の他の章でその必要性を主張した、受動的にならず意欲を持って読む態度のこと。
　　＊2　ベーコン……フランシス・ベーコン。イギリスの哲学者、神学者、法学者、政治家、貴族。
　　＊3　反駁……他の意見に対し、論じ返すこと。
　　＊4　吟味……詳しく調べ、確かめること。
　　＊5　ウォルター・スコット……スコットランドの詩人・小説家。
　　＊6　セルバンテス……近世スペインの作家。

問一　［A］～［C］に当てはまる語句として最も適切なものを、次の選択肢ア～オから一つずつ選び、記号で答えなさい。
なお、同じ記号を二度以上用いてはならない。

ア　つまり　　イ　たとえば　　ウ　まず　　エ　たしかに　　オ　また

問二　――線部①「せっかく与えられた機会をいかしているとは言えない」とあるが、「与えられた機会」をいかせないのは、読者が読書をどのように考えてしまう場合か。三十字以内で説明しなさい。

問三　[X] に当てはまるように、次のア～エを正しく並べ替えなさい。

ア　残念ながら、著者には自分の立場を弁護することができない。
イ　著者は言うだけ言ってしまったのだから、こんどは読者の番である。
ウ　だが、読者が未熟だったり、無作法だと、対話は決してうまくはいかない。
エ　本と対話する読者は、相手が終わるのを待って発言するわけだから、外見上、対話は整然と運んでいるようにみえる。

問四　[Y] に当てはまる体の部位を漢字一字で答えなさい。

問五　本文中には次の一文が欠落している。この一文を当てはめる箇所として最も適切なものを、本文中の [I] ～ [IV] から一つ選び、記号で答えなさい。

| |
|---|
| それがなければ、対話は、ただの言い合いにすぎなくなり、有益なコミュニケーションは期待できない。 |

問六　――線部②「読者にも、対話の相手として、対等に語り返すことを要求できるのである」とあるが、「読者」が「対等に語り返す」という営みはどのようなものか。五十字以内でわかりやすく説明しなさい。

【三】次の文章を読んで、後の各問に答えなさい。

著作権に関係する弊社の都合により
本文は省略いたします。

**教英出版編集部**

著作権に関係する弊社の都合により
本文は省略いたします。

**教英出版編集部**

（半藤末利子『夏目家の福猫』新潮文庫）

注　＊1　長岡の在……地名の下に「在」をつけて、その土地周辺の「いなか」のことを表す。

＊2　紺絣……紺の生地に、かすったようにところどころ小さな模様を出した織物。

＊3　上糝粉《じょうしんこ》……うるち米を加工した粉。主に製菓材料として用いられる。

＊4　子の欲目……親への愛情から、子が親を過大評価すること。

問一　［A］に当てはまる四字熟語として最も適切なものを、次の選択肢ア～エから一つ選び、記号で答えなさい。

ア　意味深長　　イ　言語道断　　ウ　縦横無尽　　エ　支離滅裂

問二　〰〰線部で用いられている表現技法として最も適切なものを、次の選択肢ア～エから一つ選び、記号で答えなさい。

ア　隠喩法　　イ　擬人法　　ウ　対句法　　エ　直喩法

問三　[B] に当てはまることわざとして最も適切なものを、次の選択肢ア～エから一つ選び、記号で答えなさい。

ア　怪我《けが》の功名　　イ　河童の川流れ　　ウ　下手の横好き　　エ　石の上にも三年

問四　――線部①「吾が家には一月遅れの端午の節句を祝う笹団子とちまきが越後の親戚や友人から送られてくる」とあるが、「私」はそのときどのように思っているか。その説明として最も適切なものを、次の選択肢ア～エから一つ選び、記号で答えなさい。

ア　良くも悪くも無難な味であり、あまり印象には残らないと思っている。
イ　自分への心遣いには感謝し、味そのものも素直に美味しいと思っている。
ウ　名店の品の味に深く感動し、何度でも食べたいと思っている。
エ　自分の味の好みを熟知してもらっていることを、この上なく嬉しく思っている。

問五　――線部②「学校から帰ってきた子供達がそれぞれ自家製の笹だんごを持ち寄って食べていた」とあるが、この子供達に対する「私」の心情について、四十字以内で説明しなさい。

問六　――線部③「試行錯誤の末、母は完璧な比率で上糝粉のほかに糯米や白玉粉や砂糖を混ぜ合わせて、しっとりとした肌理の細かい生地を作ることに成功した」とあるが、ここに至るまでの母の笹団子作りの説明として最も適切なものを、次の選択肢ア～エから一つ選び、記号で答えなさい。

ア　隣家のお嫁さんに負けないような笹団子を作ろうという意気込みが空回りしてばかりだったが、作り方をもう一度勉強し直して納得のいくものを作ることができるようになった。

イ　戦争で材料が不足していたために手本通りに作れずにいたが、戦争が終わったことで十分な材料の確保が可能になって手本通りのものを作ることができるようになった。

ウ　味や作り方を誰かに教えてもらうことは一切なく悪戦苦闘していたが、材料の活かし方を研究し続けたことでより上質なものを作ることができるようになった。

エ　「私」にしつこくせがまれて作り始めた当初は失敗続きだったが、自身の努力と「私」の献身《けんしん》的な手伝いのおかげでよりよいものを作ることができるようになった。

問七　――線部④「五十年前に隣家のお嫁さんがそっとくれた三個が私にとっては世界一素晴らしい笹団子であった」とあるが、このエピソードを通して「私」はどのように感じているか。説明しなさい。

≪　問題は以上です　≫

【このページは白紙です】

【このページは白紙です】

【このページは白紙です】

【このページは白紙です】

【このページは白紙です】

# 算　数

## 注　意

1．試験時間は50分です．

2．問題は[1]から[5]（1ページから9ページ）まであります．
試験開始後，抜け落ちているページがないか，印刷が不鮮明《ふせんめい》なページがないか確認してください．不備がある場合は監督者《かんとくしゃ》に申し出てください．

3．定規・コンパス・筆記用具以外の使用は認めません．

4．問題用紙や解答用紙を折ったり切ったりして，問題を解くためのヒントとなる形に変形することを禁止します．

5．解答用紙への記入上の注意
- 考え方を書く指示がある問題以外は，答えだけを書いてください．
- 答えに単位が必要な問題は，必ず単位をつけて答えてください．
- 答えが分数になる場合は，それ以上約分できない一番簡単な分数で答えてください．また，仮分数は帯分数に直してください．
- 図やグラフをかいて答える問題に対し，定規・コンパスを忘れた場合は手がきでていねいにかいてください．

| 受験番号 | | 氏名 | |
|---|---|---|---|

(2021-J1)

1 次の $\square$ にあてはまる数を求めなさい.

(1) $(26+39+52+65+78)\div(4+6+8+10+12)=\square$

(2) $\dfrac{3}{5}\times1\dfrac{4}{9}-\dfrac{1}{3}\div\left\{1\dfrac{5}{12}-\left(1\dfrac{1}{4}-\dfrac{1}{3}\right)\right\}=\square$

(3) $3\div\left\{2\dfrac{2}{5}+\dfrac{3}{5}\times8+\left(5.6-4\dfrac{2}{3}\right)\times\square\right\}=0.3$

2 次の各問いに答えなさい.

(1) 長さ 4 m の角材を 50 cm ずつに切り分けていきます. 角材を 1 回切るのに 45 秒かかり, 一度角材を切ってから次の角材を切るための準備に 20 秒かかります. この角材を切り始めてからすべて切り終わるまでに, 何分何秒かかりますか.

(2) 太郎君と次郎君は 2 人で買い物に行きました. 太郎君の所持金の 6 割と次郎君の所持金の 4 割は等しく, 2 人の所持金の差は 300 円でした. 太郎君の所持金を求めなさい.

(3) 長さ 200 m, 時速 54 km で走る上り電車 A と, 長さ 150 m, 時速 72 km で走る下り電車 B の先頭がすれちがってから, 電車の最後尾どうしが離れるまでにかかる時間は何秒ですか.

(4) 2つの整数 $a$，$b$ について，$a$ を $b$ 回かけた数の一の位を $(a, b)$ という記号で表すことにします．例えば $(2, 4)$ は，2 を 4 回かけた $2\times2\times2\times2=16$ の一の位より，$(2, 4)=6$ となります．また，$((2, 4), 3)$ は，$((2, 4), 3)=(6, 3)$ となるので，$6\times6\times6=216$ の一の位より，$((2, 4), 3)=6$ となります．このとき，$((7, 3), x)=1$ となる 2 けたの整数 $x$ の中で，もっとも小さい整数を求めなさい．

(5) 下図は AB＝2 cm，BC＝4 cm の長方形 ABCD に，おうぎ形 ODE を書きこんだものです．また，点 O は長方形の辺 BC の真ん中の点です．このとき，おうぎ形 ODE の面積を求めなさい．ただし，円周率は 3.14 とします．

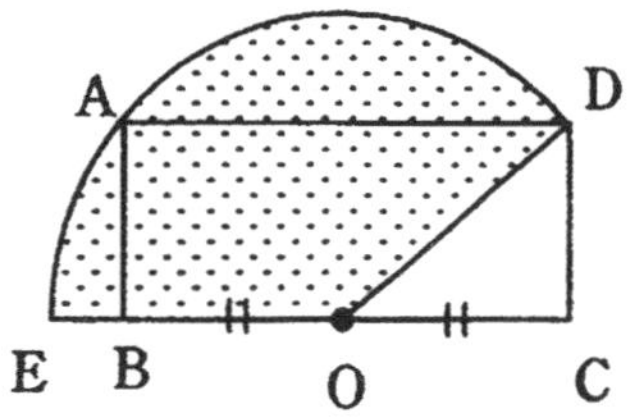


(6) 0 を含めた互いに異なる 1 けたの数字が書かれた 4 枚のカード [0]，[ア]，[イ]，[ウ] があります．この 4 枚のカードの中から 3 枚のカードを使ってできる 3 けたの整数をすべてノートに記録していきます．記録した 3 けたの整数の和を計算したところ 9016 になりました．4 枚のカードに書かれた数字の和 ア＋イ＋ウ の値はいくつですか．

3　3つの立体，円柱Ａ，直方体Ｂ，直方体Ｃがあります．
円柱Ａは，底面の半径が4 cm，高さが20 cmです．
直方体Ｂは，たてが10 cm，横が20 cm，高さが5 cmです．
直方体Ｃは，たてが10 cm，横が20 cm，高さが$x$ cmです．
図１は，円柱Ａに直方体Ｂを底面が重なるように合体させたものです．
図２は，直方体Ｃをななめにして，円柱Ａと合体させたものです．
図３は，図２のようすを真横から見たものです．
このとき，次の各問いに答えなさい．ただし，円周率は3.14とします．

(1) 図１において，円柱Ａと直方体Ｂを合体させた立体の体積を求めなさい．

(2) 直方体Ｃの高さ$x$を求めなさい．

(3) 図２において，円柱Ａと直方体Ｃを合体させた立体の体積を求めなさい．

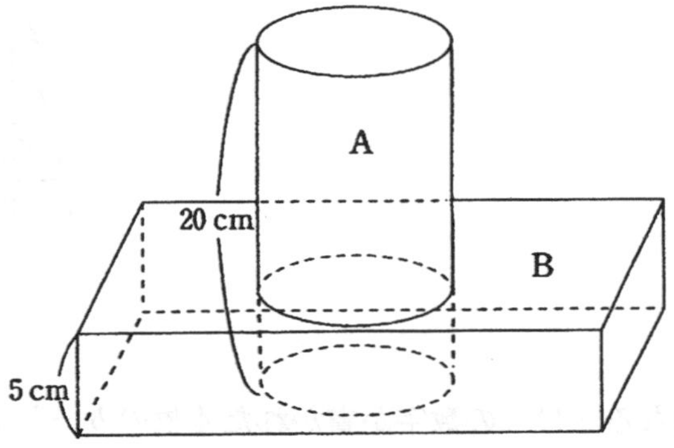

図１

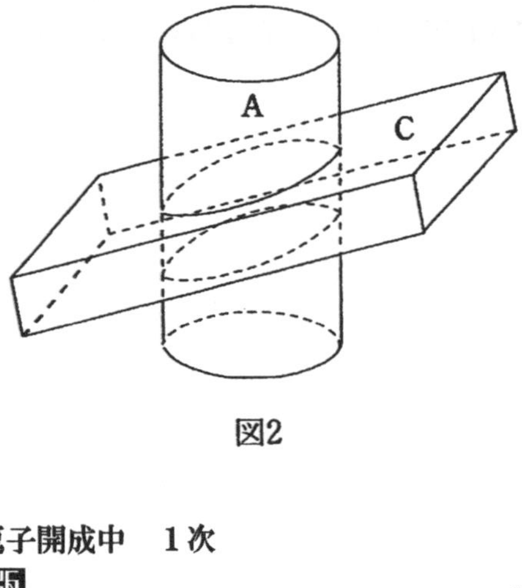

図2

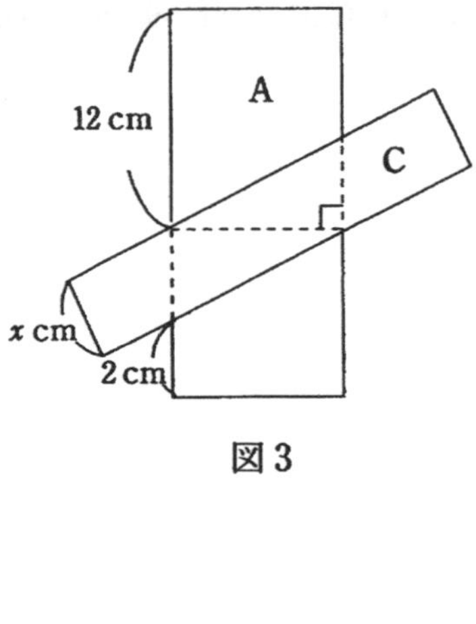

図３

《計算余白》

4 あるクラスで毎日放課後，巨大なボードに何人かの生徒が色紙をはり付ける作業をしています．その内容は次の通りです．

・ ボードを装飾《そうしょく》するために，１日にはり付ける色紙の枚数はどの生徒も同じで，全員が１日分の色紙をはり終えた時点でその日の作業は終了します．
・ もともと教室には2700枚の色紙がありますが，作業を開始する日から，毎日，同じ枚数の色紙を作業前に担任の先生が追加していきます．
　例えば，毎日，色紙を10枚追加するとした場合，作業初日は2710枚の色紙が教室にあることになります．
・ 教室にある色紙がすべてなくなった時点で，装飾したボードは完成とします．

(1) 毎日，10人の生徒で作業を行いました．１人の生徒が１日にはり付ける色紙を11枚，毎日，担任の先生が追加する色紙を20枚とすると，作業を開始してから何日目に装飾したボードは完成しますか．

(2) 次に，１人の生徒が１日にはり付ける色紙の枚数と，毎日，担任の先生が追加する色紙の枚数を(1)の条件から変えたところ，次のようになることがわかりました．ただし，１人の生徒が１日にはり付ける色紙の枚数をＸ枚とします．
・ 14人の生徒で作業をすると，15日目に各人がちょうど色紙をＸ枚はり終えたときに，装飾したボードは完成します．
・ 8人の生徒で作業をすると，30日目に各人がちょうど色紙をＸ枚はり終えたときに，装飾したボードは完成します．

このとき，次の各問いに答えなさい．

① Ｘの値を求めなさい．

② 最初6人の生徒で何日間か作業を進め，途中から生徒を5人増やし11人で作業を行いました．すると30日目に各人がちょうど色紙をＸ枚はり終えたときに，装飾したボードは完成しました．最初6人の生徒だけで作業を行ったのは何日間ですか．

《計算余白》

5 底面の半径が同じ2種類の円柱A,Bがたくさんあります．円柱Aは青色で高さが1cm，円柱Bは赤色で高さが2cmになっています．太郎君と花子さんは，これらの円柱の両方またはいずれか一方のみを積み上げて，色々な模様の円柱を作ろうとしています．2人の会話文を読み，次の各問いに答えなさい．

花子：1種類の円柱だけ積み上げても色が変わらないからつまらないけど，2種類の円柱を使って積み上げていくと，いろいろな模様の円柱が作れておもしろいね．
太郎君，1種類または2種類の円柱を使って，高さ5cmの円柱は全部で何種類できるかわかる？

太郎：ちょっと待って．今計算するから...
え～っと，全部で（ ア ）種類できるね．
では今度は花子さん，高さ6cmの円柱は全部で何種類できるかわかる？

花子：ちょっと待って．少し時間をちょうだい．
え～っと，全部で（ イ ）種類できるのね．

太郎：花子さん，高さが5cmや6cmだったらぼくでも計算できるけど，10cmになったらすごく計算が大変になりそうだね．

花子：そうだね... わたしわかったかも...
一番下に何色の円柱を置くかを考えれば，さっきまでの計算結果が生かせると思うの．それをうまい具合に繰り返せば，そんなに時間がかからないはずよ．
太郎君，高さ10cmの円柱は全部で何種類できるかわかる？

太郎：・・・ ぼくもわかったかも...
花子さんの考え方で計算してみると... 全部で（ ウ ）種類だ！

(1)（ ア ）に入る数字を求めなさい．

(2)（ イ ）に入る数字を求めなさい．

(3)（ ウ ）に入る数字を求めなさい．ただし，答えだけではなく，途中の考え方も書きなさい．

《計算余白》

# 理　科

注　意

1．問題は【1】～【4】（1～8ページ）まであります。
2．試験時間は40分です。
3．解答は解答用紙に記入し，解答用紙だけ提出しなさい。
4．答えを直すときは，きれいに消してから新しい答えを書きなさい。
5．図やグラフをかく場合は，ていねいにはっきりとかきなさい。必要ならば定規を使ってもかまいません。

| 受験番号 | | 氏名 | |
|---|---|---|---|

(2021－J1)

【1】惑星探査《わくせいたんさ》に関する次の文章を読み，下の問いに答えなさい。

地球は，太陽系と呼ばれる天体の集団に所属しています。A 太陽系は，太陽とその周りを公転する 8 個の惑星から成ります。太陽以外の恒星《こうせい》の周りを公転する惑星も，すでに数多く発見されており，こうした惑星探査の研究が昨年度ノーベル物理学賞を受賞したことで話題になりました。惑星は，もはや太陽系に限られた特別なものではなく，こうした太陽系の外側にある惑星は系外惑星と呼ばれています。

系外惑星は恒星と比べてとても暗く，直接観測することは難しいので，例えば天体現象の一つの「食《しょく》」を利用した，食検出法《しょくけんしゅつほう》を用いて探します。食検出法とは，明るい恒星の前を暗い惑星が通過する間は，恒星の明るさがわずかに暗く見えることを利用して惑星を検出する方法です。図 1 には，観測者から系外惑星が恒星の周りを公転し，恒星が暗く見えるようすがかかれています。惑星の有無を調べる場合，多くの恒星を，主に宇宙望遠鏡（宇宙に打ち上げた望遠鏡）で見張り，B 恒星の明るさが変化した場合，その恒星は惑星を持っている可能性が高いと判断できるのです。

以下の問題では，宇宙空間にいる観測者は，図 1 のように惑星が公転する面上にいるものとし，恒星が持っている惑星は，常に 1 個だけであるものとして考えます。また，観測者から恒星までの距離《きょり》は，惑星と恒星の距離に比べて十分大きく，惑星は恒星よりも小さいものとして考えます。

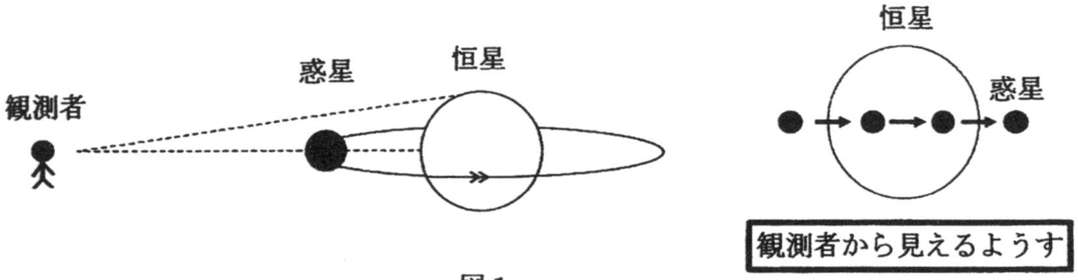


図 1

（1）下線部 A について，太陽系の惑星の中で最も外側を回るものを漢字で書きなさい。

（2）下線部 B について，惑星を持っていると断定できない理由は，恒星の前面を，公転する惑星ではない何かが偶然《ぐうぜん》通過した可能性なども考えられるためです。どのような現象が観測できれば，恒星が暗くなった原因が，公転する惑星の食によるものであると判断できますか。20 字程度で答えなさい。ただし，観測する場所や使用する望遠鏡は同じものであるとします。

（3）実際に惑星を1つ持つ恒星を観測した場合，縦軸《たてじく》に恒星の明るさ，横軸に時刻を取ったときのグラフの形はどのようになりますか。最も適するものをア～エから選び，記号で答えなさい。ただし，グラフには惑星が恒星の周りを1回転だけ公転したときの時間分だけかかれています。

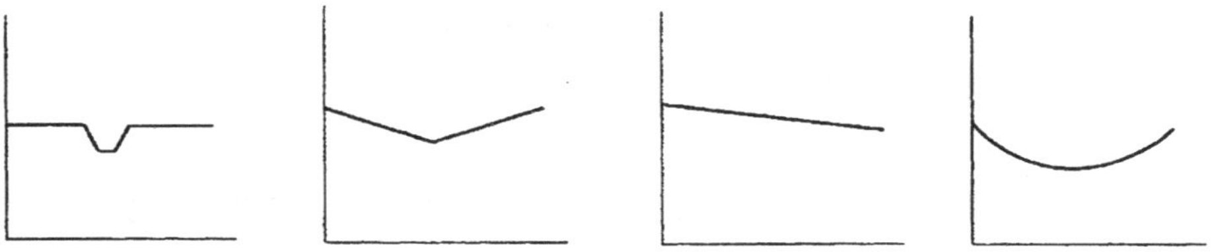

ア　　イ　　ウ　　エ

（4）惑星が恒星の前を通過するとき，恒星は本来の明るさと比べて暗く見えます。この暗くなった割合〔%〕の最大の値を，最大減光率といいます。恒星や惑星は，本来は球の形をしていますが，観測者から見ると，図 1 のように円として見えます。このときに見える円の半径は，球の半径と等しく，それぞれの円の面積の比を計算することによって，最大減光率を求めることができます。

① 太陽系から十分遠く離《はな》れた地点から，食検出法で木星を検出するとします。このとき，観測者からみた木星による太陽の最大減光率は何%になりますか。ただし，太陽の半径は木星の半径の 10 倍，惑星や恒星はすべて球体とし，木星は真っ暗で光っていないものとします。必要であれば，円周率は3として計算しなさい。また，答えが割り切れない場合には，小数第1位を四捨五入して整数で答えなさい。

② 食検出法に関して書かれた次のア～エのうち，正しいものをすべて選び，記号で答えなさい。

ア．宇宙望遠鏡で恒星を観測する方が良い理由は，天気の影響《えいきょう》を受けないようにするためや，空気が光を散らしたり，吸収してしまうことを避《さ》けるためである。

イ．食検出法では，半径の大きな惑星ほど発見しにくい。

ウ．ある惑星 x を持つ恒星 X と，ある惑星 y を持つ恒星 Y の最大減光率が等しいとき，惑星 x と惑星 y の大きさは必ず等しい。

エ．惑星が公転するようすを，図1のような位置関係ではなく惑星が公転する面の真上から観測する場合，原理的にこの方法では惑星を発見できない。

【2】物質の密度について，下の問いに答えなさい。ただし，密度とは，ある体積あたりの重さのことです。例えば，ある物質の 1 cm³（または 1 mL）あたりの重さが 2 g の場合は，密度は 2 g/cm³（または 2 g/mL）となります。

（1）次のア～カの物質 1 g について，大気圧のもと 0℃での体積が大きい順にア～カの記号を用いて答えなさい。

ア．水素　　イ．氷　　　　　ウ．二酸化炭素

エ．水　　　オ．アンモニア　カ．空気

（2）下の表は，物質A～Dの体積と重さを表したものです。各物質の密度が大きい順にA～Dの記号を用いて並びかえなさい。

| | 体積 | 重さ |
|---|---|---|
| 物質A | 200 cm³ | 1760 g |
| 物質B | 7.0 L | 26.6 kg |
| 物質C | 0.10 mL | 420 mg |
| 物質D | 8.0 m³ | 3200 kg |

（3）液体の物質Eを 30.0 cm³ 測り取り，ビーカーに入れました。ビーカーに入れると同時に物質Eは徐々《じょじょ》に蒸発したため，ビーカーに物質Eを入れた時間を0秒として，物質Eの重さ〔g〕と測定した時間〔秒〕の記録をとりました。右図は，横軸《よこじく》に「測定した時間〔秒〕」，縦軸《たてじく》に「物質Eの重さ〔g〕」をとり測定した結果を表したものです。物質Eの密度は何 g/cm³ ですか。ただし，答えが割り切れないときは，小数第3位を四捨五入しなさい。

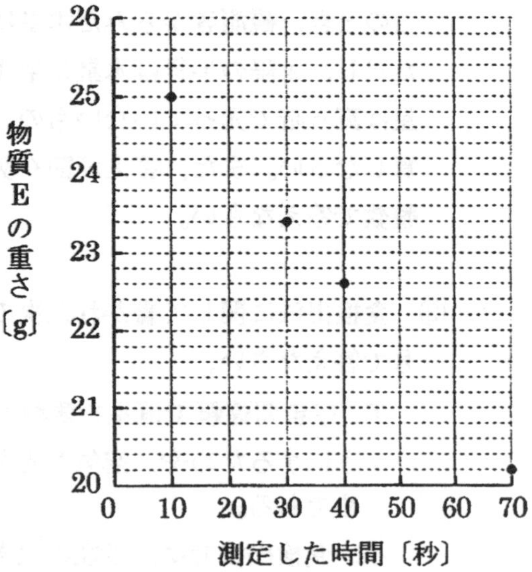


（4）エタノール 180 mL と水 90 mL を十分に混ぜた溶液《ようえき》の密度は 0.90 g/mL でした。この溶液の体積は何 mL ですか。ただし，エタノールの密度は 0.80 g/mL，水の密度は 1.00 g/mL とします。また，答えが割り切れないときは，小数第1位を四捨五入して整数で答えなさい。

（5）物質Ｆが溶《と》けた濃度《のうど》30%，密度 1.2 g/mL の水溶液《すいようえき》125 mL と，物質Ｆが溶けた濃度 60%，密度 1.5 g/mL の水溶液 500 mL を十分に混ぜました。この溶液の濃度は何%ですか。ただし，答えが割り切れないときは，小数第１位を四捨五入して整数で答えなさい。

（6）密度 1.05 g/cm$^3$ のプラスチック G と密度 0.80 g/cm$^3$ のプラスチック H を混ぜることで，水と同じ密度 1.00 g/cm$^3$ の混合プラスチック 40 cm$^3$ をつくりたい。プラスチック G は何 cm$^3$ 必要ですか。ただし，答えが割り切れないときは，小数第１位を四捨五入して整数で答えなさい。また，プラスチック G とプラスチック H を混ぜることによる体積減少はないものとします。

【3】光が異なる物質間を進むとき，その境目で光が折れ曲がることがあります。この現象をくっ折といいます。レンズと光の性質に関する下の問いに答えなさい。

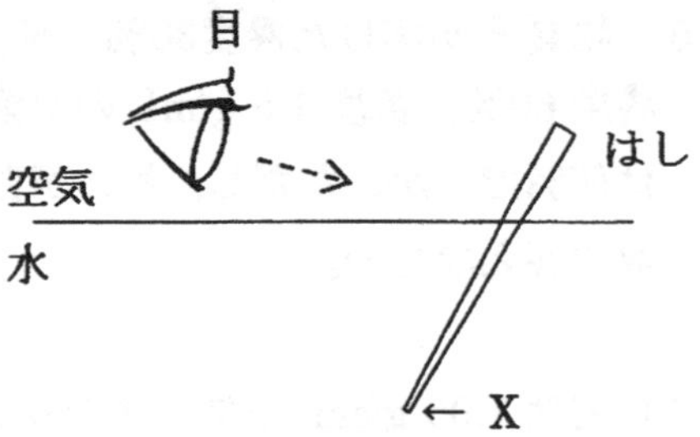


図1

（1）図1のように，はしをななめに水の中へ入れました。水の外（空気中）にいる人から見ると，はしの先端《せんたん》Xの水面からの深さや，水の中に入ったはしの長さはどのように見えますか。実際の深さやはしの長さと比べて正しいものを次のア～エから選び，記号で答えなさい。

ア．深い位置にあるかのように長く見える。

イ．深い位置にあるかのように短く見える。

ウ．浅い位置にあるかのように長く見える。

エ．浅い位置にあるかのように短く見える。

（2）凸レンズには，入ってきた光を一点に集めようとするはたらきがあります。図2のように，凸レンズの中心から左側20 cmの位置にろうそくを置き，凸レンズを通った光がスクリーン上に集まるようにスクリーンの位置を左右に動かしたところ，実物のろうそくの3倍の大きさの像がはっきりとスクリーン上に写りました。

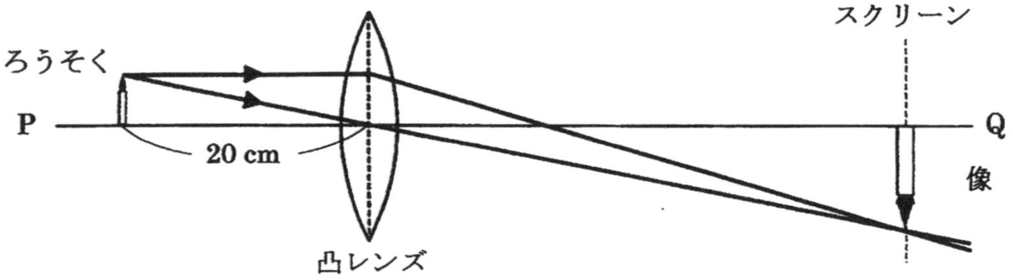


図2

① 凸レンズの中心を通る光軸《こうじく》（図2の直線PQ）に対して平行に入った光が，凸レンズを通ったあとに集まる点を何といいますか。

② 凸レンズの中心からスクリーンまでのきょりは何cmですか。

③ 凸レンズの中心から①の点までのきょりは何cmですか。

④　ろうそくを動かしても凸レンズの光軸に対して平行に入ってきた光はくっ折をして必ず①の点を通り，レンズの中心を通った光は直進します。像の大きさを実物のろうそくと等倍の大きさにするには，ろうそくの位置を現在の位置から左右のどちらに何 cm 動かせばよいですか。また，そのときのスクリーンの位置は凸レンズの中心から何 cm の位置ですか。

⑤　凸レンズの上半分を黒い紙でおおうと，像の様子はどうなりますか。正しいものを次のア～エから選び，記号で答えなさい。

ア．全体がぼやけて見える。　　イ．全体が暗くなって見える。

ウ．上半分だけの像が見える。　　エ．下半分だけの像が見える。

（3）人の目にある水晶体（凸レンズ）で屈折された光が眼球の後方にあるもう膜（スクリーン）上に集まったとき，人は物をはっきりと認識します。うまく外からの光をもう膜上に集めることができない場合，眼鏡などにたよってもう膜上に光が集まるように光の通り道を調節します。下の図は，物がはっきり見える人（図 3）と，遠くのものがぼやけて見える人（図 4）の目に入った光の通り道の模式図です。図 5 のように，図 4 の人が自分に合った眼鏡をかけたとき，物をはっきり見ることができました。図 3, 図 4 を参考にし，このとき眼鏡に入った光の通り道の続きを解答欄《かいとうらん》の図（図 5 と同じ）に作図しなさい。ただし，図 2～5 は，実際には光がレンズに入るときと出るときに 2 回くっ折をしますが，レンズを通るときに 1 回だけくっ折するようなかき方をしています。解答もそれにならって作図するものとします。

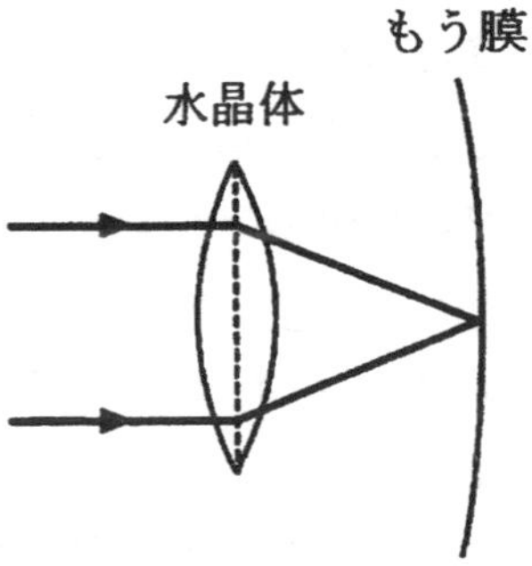


図 3

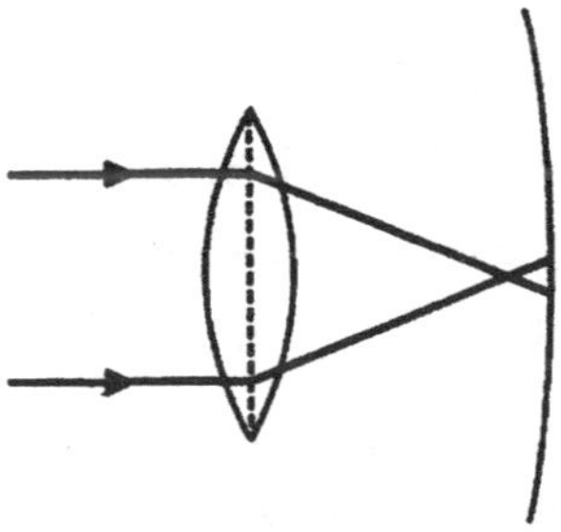

図 4

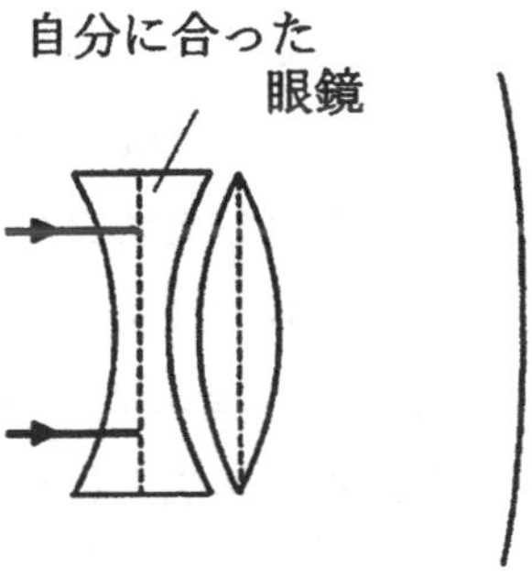


図 5

【4】健一君は研究旅行で沖縄《おきなわ》県に行くことになり，沖縄県の農業について調べ，文章にまとめました。文章Ⅰ，Ⅱを読み，下の問いに答えなさい。

Ⅰ　沖縄県の代表的な農産物として知られているのがAツルレイシです。最近では，九州や関東でも多く作られるようになり，スーパーの野菜売り場でも「ゴーヤ」，「ニガウリ」の名前で沖縄県産以外のものもよく見かけるようになりましたが，やはり沖縄県が出荷量全国第1位です。また，小さい花をさかせるキク（コギク）も全国で1，2位を争う出荷量です。コギクのさいばいは，沖縄県では1974年ごろから始まりました。キクは暗期（1日の夜の時間）がある一定の長さより長くなりはじめると花がさく性質があるので，自然では（　B　）ころに花をさかせるのが一般的です。沖縄県では，お正月や3月のお彼岸《ひがん》にコギクを全国に出荷できるように，夜に電灯《でんとう》をつけ，花にさく時期をかん違《ちが》いさせる電照さいばいをおこなっています。

（1）文中下線部Aのツルレイシと同じ単性花のものを次のア～オからすべて選び，記号で答えなさい。

ア．カボチャ　　イ．アブラナ　　ウ．タンポポ　　エ．オクラ　　オ．ヘチマ

（2）文中空らんBには春，夏，秋，冬のどの季節が入りますか。

Ⅱ　現在沖縄県はツルレイシなどのたくさんの農産物を県外へ出荷しています。しかし，以前はウリミバエ（右図）というC外来生物が，ウリ科の作物に大きな被害《ひがい》をあたえていたため，ウリミバエ拡散防止のために農産物を県外に出荷することができませんでしたが，以下の方法でたくさんの農作物の県外出荷が可能になり，沖縄県の農業の発達につながりました。ウリミバエは成虫のオスとメスが交びした後，メスがウリなどの果実に卵をうみつけ，ふ化した幼虫がその果実を食べてしまうのです。ウリ科の植物のツルレイシもその例外ではありません。当初ウリミバエの駆除《くじょ》には人工的に合成された殺虫剤《さっちゅうざい》が用いられました。しかし殺虫剤の利用にはいくつかD問題点があったので，不妊虫放飼法《ふにんちゅうほうしほう》という方法で長い年月をかけてウリミバエを駆除したのです。その方法は，まず人間が育てた多数のオスのウリミバエのEさなぎに一定量の放射線を照射して，人工的に子孫を残せない不妊《ふにん》オスというものをつくります。不妊オスの成虫は，自然界にいる野生オスと同様に野生メスと交びすることが可能で，その（　F　）は卵と正常に受精することができるのですが，その受精卵は正常に成長せずに確実に死めつしてしまうのです。その性質を利用してウリミバエを根絶させようという試みです。

オス,メス各 84 万個体，計 168 万個体の成虫（第 0 世代とする）がいる地域を仮定します。メスの成虫が産んだ卵からふ化する子（次世代）のオスとメスの比は 1：1 で，この地域はメスの成虫 1 個体が平均 2 個体の子（次世代）を残すことがわかっています。野生メスは不妊オスと野生オスを選ばずにどちらか 1 回だけ交びするため，この地域に 84 万個体の不妊オスを放すと，不妊オスと野生オスの比は 1：1 になり，84 万個体の野生メスのうち，半数は不妊オスと交びをするので子を残せませんが，半数は野生オスと交びをして子（次世代）を残せることになります。下の表は，各世代ごとに 84 万個体の不妊オスを放し続けた場合の野生個体の変化をまとめたものです。このあと第 5 世代ではメスの個体数が 1 未満となり，この地域には次世代が残らないことになります。実際は,この方法を 20 年以上続け，農薬を使わずに 1993 年にウリミバエを根絶することができました。

| 世代 | 放した不妊オス数 | 個体数（野生オス） | 個体数（野生メス） | 各世代で放した不妊オスと各世代の野生オスの比 |
|---|---|---|---|---|
| 第 0 世代 | 84 万　個体 | 84 万　個体 | 84 万　個体 | 1 ： 1 |
| 第 1 世代 | 84 万　個体 | 42 万　個体 | 42 万　個体 | X ： 1 |
| 第 2 世代 | 84 万　個体 | Y 万　個体 | Y 万　個体 | Z ： 1 |
| 第 3 世代 | 84 万　個体 | 2 万　個体 | 2 万　個体 | 42 ： 1 |
| ⋮ | ⋮ | ⋮ | ⋮ | ⋮ |

（3）文中下線部 C の外来生物を次のア～オから 2 つ選び，記号で答えなさい。

ア．ハブ　　イ．マングース　　ウ．キジ　　エ．ヒアリ　　オ．タヌキ

（4）文中下線部 D の問題点として考えられることを答えなさい。ただし，殺虫剤は人体への影響《えいきょう》は無いものとします。

（5）文中下線部 E のさなぎの時期がある生物を次のア～オから 2 つ選び，記号で答えなさい。

ア．セミ　　イ．コオロギ　　ウ．カ（蚊《か》）　　エ．トンボ　　オ．カブトムシ

（6）文中空らん F に当てはまる語句を答えなさい。

（7）表の X ，Y ，Z に当てはまる数字を答えなさい。

問題は以上

2021(R3) 逗子開成中　1次
K 教英出版

# 社　会

注　意

1．問題は１ページから 13 ページまであります。
（問１から問 29 まであります。）

2．試験時間は４０分です。

3．解答は解答用紙に記入し、解答用紙だけ提出しなさい。

| 受験番号 | | 氏名 | |
|---|---|---|---|

(2021－J1)

次の文章を読み、あとの問いに答えなさい。

国際連合の専門機関である世界保健機関が①パンデミック（世界的大流行）に相当すると表明したように、2020年は新型コロナウィルス感染症《かんせんしょう》が②世界各国で大流行しました。その結果、人的な被害《ひがい》だけでなく消費も落ち込み、③貿易が縮小するなど社会・経済にもさまざまな影響《えいきょう》を与《あた》えました。日本でも④政府によって法律にもとづく「緊急《きんきゅう》事態宣言」が出されるとともに、⑤各地方自治体においても飲食店の営業自粛《じしゅく》や⑥人の移動の制限要請《ようせい》など、感染拡大を防止するための施策《しさく》が取られ、⑦私たちの日常生活は大きく変化することになりました。学校が休校になったのもそのうちの１つです。こうした中で、教育や学校の役割やあり方が問い直されるようになりました。学校の入学時期の変更や教育の格差の問題などが議論されていたことは記憶《きおく》に新しいでしょう。教育とは、人類の文化遺産を次世代に伝達・継承《けいしょう》する営みであり、人間生活を営む上で欠かすことのできないものです。今回は教育と学校の歴史をふりかえってみたいと思います。

先ほどの定義にもとづけば、教育は文字や数が生まれるはるか昔から人間社会にあったと言えるでしょう。例えば、⑧日本の旧石器時代や縄文時代には日常生活に必要なふるまいはもちろん、狩《か》りや採集に必要な知識や道具の製作方法なども人から人へ、世代から世代へと伝達され、抜歯《ばっし》や屈葬《くっそう》の風習など文化的な営みが共有されていることからも文化遺産の伝達・継承がおこなわれてきたことが分かります。⑨農耕社会が成立した弥生時代になると、かんがい技術や金属器の製作など、より高度な知識や技術が必要になりました。これらの知識・技術は主に渡来人によってもたらされました。朝鮮半島から⑩文字が伝わると多くの情報が保存されるようになり、日本社会はさらなる発展をとげました。

⑪７世紀半《なか》ばから、日本では唐を手本とした律令にもとづく国づくりが進められました。権力を天皇に集中させて役人たちがそれを支えるしくみが整うと、中央には役人を養成する教育機関として大学が設置され、大学で学び、試験に合格した者が役人となるしくみがつくられました。大学では渡来人によってもたらされた儒教の経典や数学、法律などが教えられ、平安時代には⑫中国の歴史や漢文学もさかんに学ばれました。⑬奈良時代から平安時代にかけての教育機関は主に貴族の子どもなど一部の人々のみを対象としていましたが、空海が設置した綜芸種智院《しゅげいしゅちいん》のように庶民《しょみん》にひらかれた学校も一部にはありました。⑭10世紀後半、藤原氏が政治の権力をにぎるようになるとともに律令体制が崩壊《ほうかい》すると、役人を養成する大学も存在意義を失っていきました。

中世になり、政治の主役が貴族から武士にかわると、（　１　）制度と呼ばれる土地をなかだちとした主従関係にもとづく社会がつくられました。武士たちはこの関係を維持《いじ》するために武芸にはげむとともに、多くの有力武士は統治者としての知的能力や教養を身につけるため、古典や歌などの文芸も学びました。このように⑮武士には「文武兼備《けんび》」が求められたのです。鎌倉時代に幅《はば》広い書籍《しょせき》を収集して基礎が築かれた金沢文庫や⑯室町時代に⑰栃木県に再興された足利学校は、武家社会における重要な学びの場となりました。

⑱江戸時代になると、大きな戦《いくさ》のない平和な時代が二百数十年にわたって続きました。その中で幕府直属の教育機関が東京の湯島につくられたり、武士の教育の場として各藩が学校

をつくったりしたほか、町人や農民も（　２　）で日常生活に必要な読み、書き、そろばんを学びました。また、⑲吉田松陰が山口県につくった松下村塾《しょうかそんじゅく》や、シーボルトが長崎県につくった鳴滝塾《なるたきじゅく》など国学や洋学などの学問を教える私塾も各地につくられました。このように、江戸期には階級をこえて社会全体に学習習慣が定着するようになり、当時の日本の識字率は世界でも上位であったと言われています。

明治時代になると新政府は国民皆学《かいがく》を目指し、教育の近代化に乗り出しました。⑳1872年には（　３　）が出され、６歳以上の男女全員に教育を受けさせることになり、日本各地に小学校の整備が進みました。㉑長野県にある旧開智学校は㉒文明開化の時期につくられた学校建築です。1880年代に入り㉓内閣制度が創設されると、小学校・中学校などからなる学校体系が整備され、また、1900年には法律の改正によって公立の小学校の授業料が原則として廃止されました。

教育の普及《ふきゅう》は、㉔工業化が進む日本社会をになう人材の育成に効果をあげました。しかし、一方で、1890年に（　４　）が発布されて以降「忠君愛国」※が学校教育の基本であることが示され、その後、学校で使用する教科書も国が定めたもの以外使用できなくなるなど、学校教育への国家による統制が強まりました。その結果、教育は天皇制の強化をはかる役割も背負わされるようになったのです。昭和に入り、㉕戦争が激化するとこの傾向《けいこう》はますます強まり、1941年には小学校が国民学校に改められ、「忠君愛国」の国家主義的な教育が推進されました。また、㉖当時日本の支配下にあった朝鮮や台湾でも「日本国民」が一体となって戦争に向かう体制を整えるため、日本語教育が徹底《てってい》されました。

戦後、GHQによる民主化改革がおこなわれるなかで教育の改革も進みました。㉗民主的な憲法のもとでX教育の機会均等や男女共学の原則などをもりこんだ教育基本法が制定され、義務教育期間が（　５　）年間と定められたほか、学校教育法によって現在に続く学校制度が整えられました。一方で戦前の教育の基盤《きばん》となった（　４　）は国会において失効が決議されました。こうして、戦後の学校教育は「国家のための教育」から「個人の権利としての教育」へと生まれ変わったのです。その後、高度経済成長期を背景に日本の高等教育への進学率も高まり、今では98%以上が高校に進学し、大学進学率も50%を上回るようになるなど、Y誰もが当たり前に義務教育を受け、多くの人が高校、大学へと進学する時代となりました。日本国憲法は普通教育を受けさせる義務を規定するとともにZ能力に応じて、ひとしく教育を受ける権利も保障しています。みなさんには中学に入ってからもさまざまなことを経験し、学び、有意義な学校生活を過ごしてほしいと願っています。

※「忠君愛国」：君主（ここでは天皇のこと）に忠誠を誓《ちか》い、国を愛すること

問１　下線部①について、人類の歴史の中で人々は多くの感染症とたたかってきました。中でも、14 世紀ごろにヨーロッパで大流行したペストは当時のヨーロッパの総人口の約 3 分の 1 におよぶ死者を出したといわれています。19 世紀にドイツに留学して医学を学び、ペスト菌《きん》や破傷風の血清療法《りょうほう》を発見した医学者を次のア～エから一つ選び、記号で答えなさい。

ア．志賀潔《しがきよし》　　イ．森鷗外《もりおうがい》　　ウ．北里柴三郎　　エ．野口英世

問 2　下線部②に関連して、2020 年は東京オリンピックが開催《かいさい》される予定でした。以下のＡ～Ｄは過去 30 年以内に夏季オリンピックがおこなわれた都市がある国について説明したものです。これを読み、あとの問いに答えなさい。

Ａ：日本に初めてキリスト教を伝えた人物はこの国出身の宣教師であった。戦国時代の日本と交流を持ったが、江戸幕府の鎖国政策によってこの国の船は日本への来航が禁止された。

Ｂ：2012 年にオリンピックが開催されたこの国の首都の郊外《こうがい》にある天文台は、経度 0 度線が通過している。

Ｃ：南アメリカ大陸で初めてオリンピックを開催したこの国は、地下資源が豊かであり、日本へも輸出されている。

Ｄ：この国は 1997 年にＢから返還《へんかん》された地域への介入《かいにゅう》を強めつつあり、この地域において 50 年にわたり資本主義の体制を維持するという［　　　］がゆらぐのではないかと懸念《けねん》されている。

Ⅰ．Ａの位置を右の地図中ア～エから一つ選び、記号で答えなさい。

Ⅱ．Ｂについて、経度 0 度線のことを一般《いっぱん》に何と呼びますか。漢字５字で答えなさい。

Ⅲ．Ｃについて、下の資料はある資源の日本の輸入先上位 3 か国とその割合を示したものです。ある資源とは何ですか。漢字で答えなさい。

| 順位 | 国名 | 割合 |
|---|---|---|
| 1位 | オーストラリア | 57.3% |
| 2位 | C | 26.3% |
| 3位 | カナダ | 6.2% |

（『日本国勢図会《ずえ》2020/21』より作成。データは 2019 年）

Ⅳ．Ｄについて、説明文中の［　　　］に入る語句を漢字５字で答えなさい。

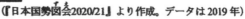

問３　下線部③に関連して、以下の問いに答えなさい。

Ⅰ．次のＸ～Ｚは主な貿易港の貿易品目上位３品目と貿易額を示したものです。貿易港の名称《めいしょう》の組み合わせとして正しいものをア～カから一つ選び、記号で答えなさい。

**Ｘ**

| 輸出品目 | 割合 | 輸入品目 | 割合 |
|---|---|---|---|
| 半導体等製造装置 | 6.7% | 衣類 | 8.9% |
| 自動車部品 | 6.5% | コンピュータ | 5.3% |
| コンピュータ部品 | 5.4% | 肉類 | 4.6% |
| 輸出総額 | 5,823,726百万円 | 輸入総額 | 11,491,331百万円 |

**Ｙ**

| 輸出品目 | 割合 | 輸入品目 | 割合 |
|---|---|---|---|
| 自動車 | 26.3% | 液化ガス | 8.4% |
| 自動車部品 | 16.7% | 石油 | 7.8% |
| 内燃機関 | 4.3% | 衣類 | 7.1% |
| 輸出総額 | 12,306,759百万円 | 輸入総額 | 5,084,883百万円 |

**Ｚ**

| 輸出品目 | 割合 | 輸入品目 | 割合 |
|---|---|---|---|
| 半導体等製造装置 | 8.1% | 通信機 | 13.7% |
| 科学光学機器 | 6.2% | 医薬品 | 12.3% |
| 金（非貨幣用） | 5.7% | コンピュータ | 8.8% |
| 輸出総額 | 10,525,596百万円 | 輸入総額 | 12,956,021百万円 |

（『日本国勢図会 2020/21』より作成。データは2019年）

ア．Ｘ－名古屋港　　Ｙ－東京港　　Ｚ－成田国際空港
イ．Ｘ－名古屋港　　Ｙ－成田国際空港　　Ｚ－東京港
ウ．Ｘ－東京港　　Ｙ－名古屋港　　Ｚ－成田国際空港
エ．Ｘ－東京港　　Ｙ－成田国際空港　　Ｚ－名古屋港
オ．Ｘ－成田国際空港　　Ｙ－東京港　　Ｚ－名古屋港
カ．Ｘ－成田国際空港　　Ｙ－名古屋港　　Ｚ－東京港

Ⅱ．日本の貿易に関して述べた次のＡ・Ｂの正誤の組み合わせとして正しいものをア～エから一つ選び、記号で答えなさい。

Ａ：現在、日本の最大の貿易相手国（輸出入の合計額がもっとも多い国）は中華人民共和国である。

Ｂ：1860年代の開国後の日本は主に生糸や茶などを外国から輸入した。

ア．Ａ：正しい　Ｂ：正しい　　イ．Ａ：正しい　Ｂ：誤り
ウ．Ａ：誤り　Ｂ：正しい　　エ．Ａ：誤り　Ｂ：誤り

問４　下線部④に関連して、以下の問いに答えなさい。

Ⅰ．国会で法律案を議決する際、衆議院が可決した法律案を参議院が受け取った後、ある一定期間内に議決をしない場合、衆議院は再議決権を行使することができます。ある一定期間内とは具体的に何日以内ですか。数字で答えなさい。

Ⅱ．新型コロナウィルス感染症への対策をおこなうため、政府は補正予算を組んで対応しました。各省庁の要求を調整し、内閣が国会に提出する予算案の原案をつくる役割を担《にな》っている省庁を次のア～エから一つ選び、記号で答えなさい。

ア．経済産業省　　イ．総務省　　ウ．財務省　　エ．金融《きんゆう》庁

問5　下線部⑤について、以下の問いに答えなさい。

Ⅰ．大阪市や横浜市などに代表される、地方自治法にもとづいて行政上の特例が認められ、住民生活にかかわる事務の一部を都道府県から任された人口 50 万人以上の都市を何といいますか。漢字6字で答えなさい。

Ⅱ．日本国憲法が規定する「地方自治の本旨《ほんし》」には、各地方の地域住民の意思と参加にもとづいて政治がおこなわれるべきだという「住民自治」と、法に違反《いはん》しない範囲《はんい》で中央政府からある程度独立した団体が行政をおこなうべきだという「団体自治」の 2 つの側面があります。「団体自治」の原理にもとづく事例を次のア～エから一つ選び、記号で答えなさい。

ア．自分たちの住むP市の市長や市議会議員を住民が直接選挙によって選ぶ。

イ．不正が発覚した市長に対し、住民たちが必要な署名を集めてリコール請求《せいきゅう》をおこなう。

ウ．感染症の拡大防止のために県がおこなった休業要請に応じた店に、県が独自の予算を組んで休業補償《ほしょう》をおこなう。

エ．ある市にダムを建設することついて、賛成か反対かを市民に問うために住民投票を実施《じっし》する。

問6　下線部⑥に関連して、日本の運輸・交通に関する各問いに答えなさい。

Ⅰ．次の資料は国内の旅客輸送全体に占める鉄道・自動車・国内航空・旅客船の割合の変化を示したものです。鉄道にあたるものをア～エから一つ選び、記号で答えなさい。

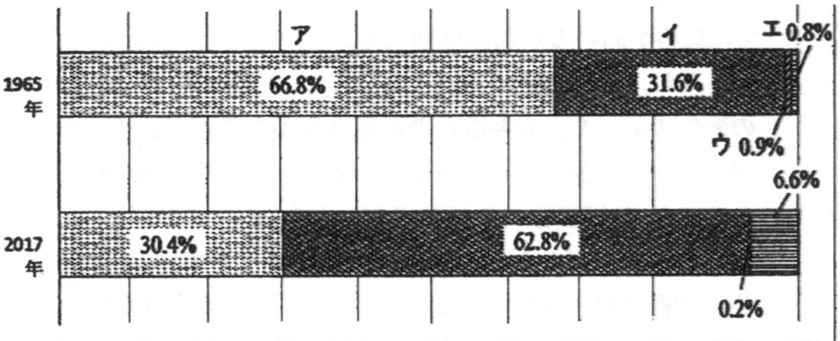


(『数字で見る日本の 100 年　改訂第7版』より作成。「輸送人キロ」のデータを割合に換算《かんさん》)

※ 輸送人キロ：運んだ旅客数（人）にそれぞれの乗車した距離《きょり》（キロ）をかけたもの

※ 割合は四捨五入しているため、必ずしも合計が 100%になっていない

Ⅱ．日本の交通網《もう》について述べた次の文のうち、下線部が**誤っているもの**をア～エから一つ選び、記号で答えなさい。

ア．日本初の高速道路は愛知県と兵庫県を結ぶ名神高速道路である。

イ．青森県と北海道の間に建設された青函トンネルは全長が世界で最も長い海底鉄道トンネルである。

ウ．明石海峡《かいきょう》大橋と大鳴門《おおなると》橋の開通によって本州と四国が淡路島経由でつながった。

エ．東京から大阪に向かうために東海道新幹線に乗車すると天竜川・富士川・大井川の順に河川を通過する。

Ⅲ．近年、環境への意識の高まりから、トラックなど自動車でおこなわれている貨物輸送を船や鉄道を組み合わせた輸送手段に転換《てんかん》する動きが注目されています。この輸送手段の転換を何といいますか。カタカナで答えなさい。

問７　下線部⑦に関連して、昨年の一時期、マスクの価格が急上昇《じょうしょう》しました。これに興味をもったＡくんは「価格の決まり方」について先生に質問しました。この２人の会話文を読み、各問いに答えなさい。

先生：価格というのは商品に対する需要《じゅよう》量と供給《きょうきゅう》量のバランスによって決まるんだよ。
Aくん：需要量とは買う量、供給量とはつくる量のことですよね。
先生：その通り。ここではそう考えて大丈夫だよ。では、価格と需要量と供給量の関係をみていこう。例えば、商品の価格が高いと需要量と供給量はどうなるかな？
Aくん：価格が高いと（　ａ　）は減りますよね。買いたくなくなりますから。逆に企業《きぎょう》としては価格が高い方が利益は増えるから（　ｂ　）は増えると思います。
先生：そうだね。逆に価格が安いと（　ａ　）が増えて（　ｂ　）は減る。このように価格の変化によって、需要量と供給量は変化するんだ。そして、価格は需要量と供給量がちょうど一致《いっち》するところに落ち着く。これを均衡《きんこう》価格というんだよ。
Aくん：なるほど。均衡価格より価格が安いと（　ａ　）の方が（　ｂ　）より多いから（　ｃ　）状態ですね。だから企業はもっと価格を上げて利益を増やそうとするわけですね。逆に均衡価格より価格が高いと（　ａ　）を増やさないといけないから価格が下がるのか…。あっ、それでちょうど均衡価格に落ち着くわけですね！
先生：よく分かったね。ちなみに均衡価格は価格以外の条件が変わることによって変化することもあるんだ。
Aくん：なるほど。経済は奥《おく》が深いなぁ。先生、ありがとうございました！

Ⅰ．会話文中の（　ａ　）～（　ｃ　）に入る語句の組み合わせとして正しいものをア～エから一つ選び、記号で答えなさい。

ア．（ａ）：需要量　（ｂ）：供給量　（ｃ）：商品が不足している

イ．（ａ）：供給量　（ｂ）：需要量　（ｃ）：商品が不足している

ウ．（ａ）：需要量　（ｂ）：供給量　（ｃ）：商品が余っている

エ．（ａ）：供給量　（ｂ）：需要量　（ｃ）：商品が余っている

# 国語解答用紙

（2021 J1）

受験番号

氏名

得点

※150点満点
（配点非公表）

【一】

問一

①

②

③

④

⑤

⑥

⑦

⑧ って

⑨

⑩

⑪

⑫

⑬ る

⑭

⑮

問二

①

②

③

問三

【二】

問一

A

B

C

問二

問三

↓

↓

↓

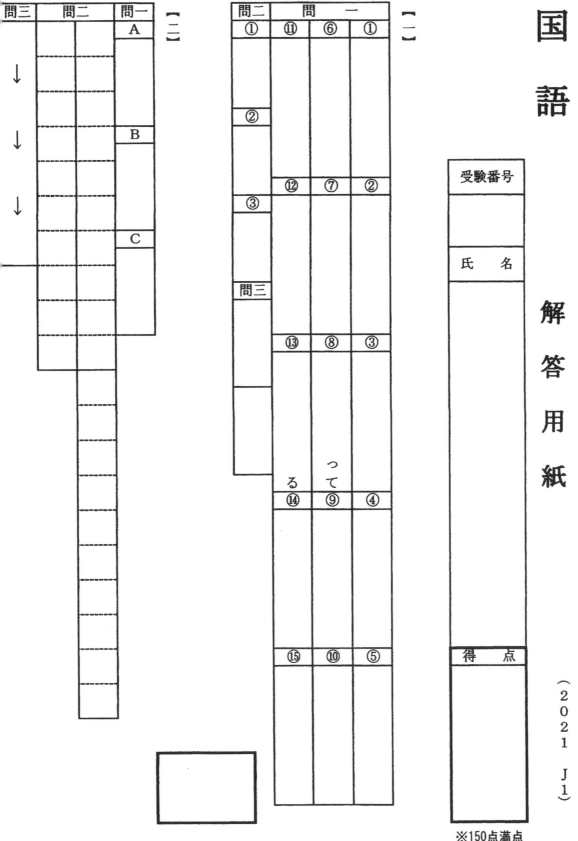

5

(3)

受験番号

氏名

得点

※150点満点
(配点非公表)

【3】

スクリーンの位置：
凸レンズの中心から（　　　）cm の位置

(2)⑤

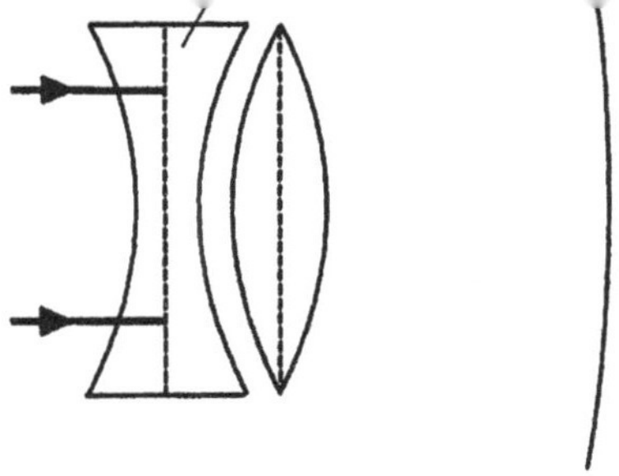

【4】

| | | | |
|---|---|---|---|
| (1) | (2) | (3) | |
| (4) | | (5) | |
| (6) | (7) X： | Y： | Z： |

| 受　験　番　号 | 氏　　　名 |
|---|---|
| | |

| 得　　点 |
|---|
| ※100点満点<br>（配点非公表） |

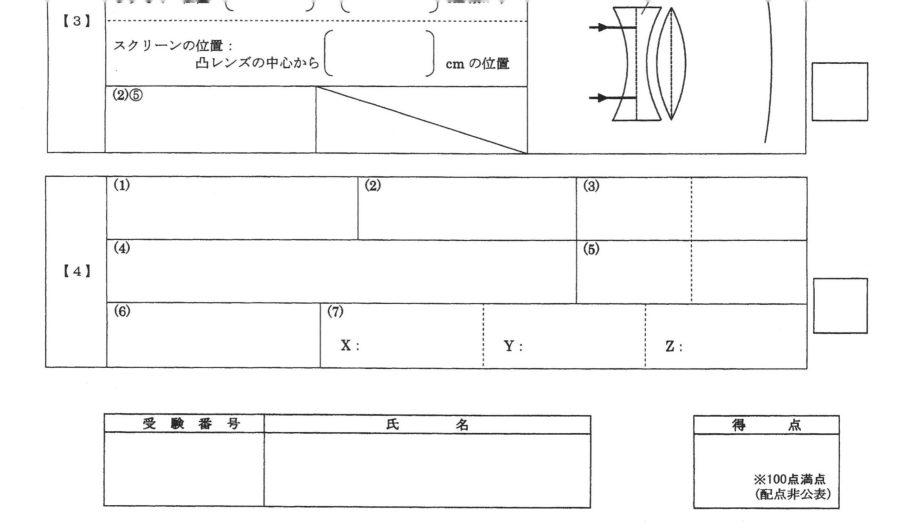

| | | | | | | | |
|---|---|---|---|---|---|---|---|
| 問20 | | | | | | | |
| 問21 | | | | | | | |
| 問22 | | 問23 | Ⅰ | | Ⅱ | 記号 | 語句 |
| 問24 | | 問25 | | 問26 | 年 | 問27 | |

| | | | | | | |
|---|---|---|---|---|---|---|
| 問28 | 1 | | 2 | | 3 | |
| | 4 | | 5 | | | |

| | | |
|---|---|---|
| 問29 | 日本国籍の生徒の通学目的 | |
| | 日本国籍を有しない生徒の通学目的 | |

| | | | |
|---|---|---|---|
| 受験番号 | | 氏名 | |

※100点満点
（配点非公表）

# 社　会　　解　答　用　紙

(2021−J1)

| | | | | | | | | | | | |
|---|---|---|---|---|---|---|---|---|---|---|---|
| 問1 | | | | | | | | | | | |
| 問2 | Ⅰ | | Ⅱ | | | | | | Ⅲ | | |
| | Ⅳ | | | | | | | | | | |
| 問3 | Ⅰ | | Ⅱ | | 問4 | Ⅰ | 日 | Ⅱ | | | |
| 問5 | Ⅰ | | | | | Ⅱ | | | | | |
| 問6 | Ⅰ | | Ⅱ | | Ⅲ | | | | | | |
| 問7 | Ⅰ | | Ⅱ | | | | | | | | |

| | | | | | | | | | | | |
|---|---|---|---|---|---|---|---|---|---|---|---|
| 問8 | | 問9 | | | | | | | | | |
| 問10 | 出土した鉄剣と鉄刀にそれぞれ（① ）大王の名前を表すと考えられる文字が刻まれていたことから、 | | | | | | | | | | |
| | （② ）ことが分かる。 | | | | | | | | | | |
| 問11 | a | | b | | 問12 | | | | | | |
| 問13 | | 問14 | | 問15 | Ⅰ | | Ⅱ | | | | |
| 問16 | | 問17 | Ⅰ | 市 | Ⅱ | 川 | Ⅲ | | | | |
| 問18 | Ⅰ | → → → | Ⅱ | | | | | | | | |
| 問19 | Ⅰ | | Ⅱ | 地形 | | | | | | | |
| | Ⅲ | | | | | | | | | | |

【解答

理科

# 解　答　用　紙

(2021 - Ｊ1)

| | | | |
|---|---|---|---|
| 【1】 | (1) | | |
| | (2) | | |
| | (3) | (4)① % | (4)② |

| | | | |
|---|---|---|---|
| 【2】 | (1) > > > > > | | |
| | (2) > > > | (3) g/$cm^3$ | |
| | (4) mL | (5) % | (6) $cm^3$ |

| | | | | |
|---|---|---|---|---|
| | (1) | (2)① | (2)② cm | (2)③ cm |

【解答

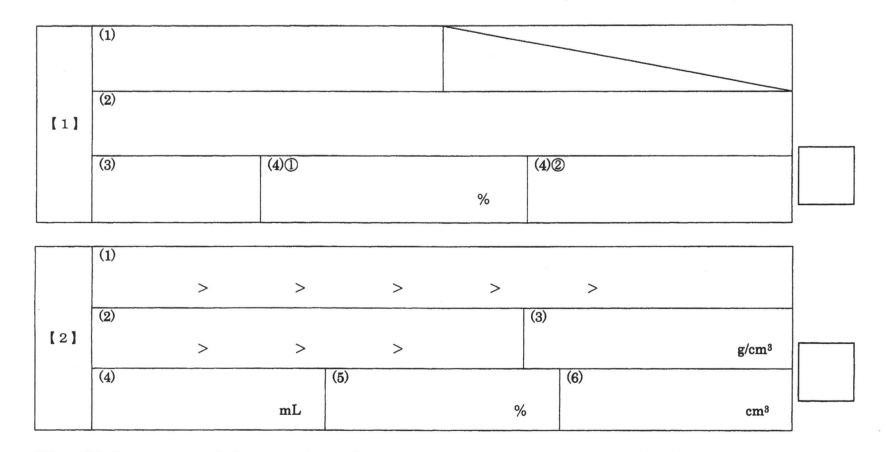

# 2021 年度　１次入試　算数　解答用紙

| | | | | | | |
|---|---|---|---|---|---|---|
| 1 | (1) | | (2) | | (3) | |

| | | | | | | |
|---|---|---|---|---|---|---|
| 2 | (1) | | (2) | | (3) | |
| | (4) | | (5) | | (6) | |

| | | | | | | |
|---|---|---|---|---|---|---|
| 3 | (1) | | (2) | | (3) | |

| | | | | | | |
|---|---|---|---|---|---|---|
| 4 | (1) | | (2)① | | (2)② | |

| | | | | |
|---|---|---|---|---|
| | (1) | | (2) | |
| | | | | |

【解答

問　六

【三】

問一

問二

問三

問四

問五

問六

問　七

Ⅱ. 会話文中の下線部について、次のうち、商品やサービスの需要量が一定であっても供給量が変化することによってその商品やサービスの価格に影響を与える事例をア～エから一つ選び、記号で答えなさい。

ア. あるスーパーは閉店まぎわに日持ちしない食料品の価格を下げた。

イ. ある年はトマトが豊作だったため、トマトの価格が下がった。

ウ. タピオカが流行したため、タピオカドリンクの価格が上がった。

エ. あるホテルは観光客が多く訪れる夏休みや年末年始の宿《しゅく》泊《はく》料金を上げた。

問 8　下線部⑧について、この時代の日本で用いられた道具に関して述べた次のA・Bの正誤の組み合わせとして正しいものをア～エから一つ選び、記号で答えなさい。

A： 縄文時代には石器だけでなく動物の骨や角《つの》などをけずった道具もつくられた。

B： モースは群馬県岩宿の関東ローム層から打製石器の破片を発見した。

ア. A：正しい　B：正しい　　イ. A：正しい　B：誤り

ウ. A：誤り　　B：正しい　　エ. A：誤り　　B：誤り

問 9　下線部⑨について、弥生時代の社会や生活について述べた次の文のうち、**誤っているもの**をア～エから一つ選び、記号で答えなさい。

ア.『漢書』地理志の記述から、紀元前1世紀ごろの日本は100国ほどの「くに」に分かれていたと考えられる。

イ. 銅鐸《どうたく》に人々が脱穀《だっこく》をしているようすが描《えが》かれていることから、稲作がおこなわれていたと考えられる。

ウ. 表面に「漢委奴国王」と記された金印が発見されたことから、日本と中国の交流があったと考えられる。

エ. 周りを堀《ほり》や柵《さく》で囲まれた集落が多くみられることから、争いがなく平和で安定した社会が築かれていたと考えられる。

問 10　下線部⑩に関連して、埼玉県の稲荷山《いなりやま》古墳から出土した鉄剣《てっけん》と熊本県の江田船山《えたふなやま》古墳から出土した鉄刀に刻まれている名前は同じ人物を表していると考えられています。この２つの鉄剣・鉄刀が出土したことによって明らかになった5世紀ころの日本の政治のようすを以下のようにまとめました。（　①　）にはカタカナを入れ、（　②　）には前後につながるように説明文を入れなさい。

| |
|---|
| 出土した鉄剣と鉄刀にそれぞれ（　①　）大王の名前を表すと考えられる文字が刻まれていたことから、（　　②　　）ことが分かる。 |

問 11　下線部⑪に関連して、以下の文は唐を手本にしたこの時期の日本の土地制度についての説明です。（　a　）・（　b　）に適する語句を漢字で答えなさい。

| |
|---|
| 6年ごとに作成される戸籍《こせき》にもとづいて6歳《さい》以上の男女に（　a　）を支給し、税が課された。（　a　）は売買などが認められず、支給された人が死ぬと国に返還しなければならなかった。それはこの土地制度が（　b　）の原則にもとづいていたからである。 |

問 12　下線部⑫について、中国の歴史について述べた次の文のうち、下線部が**誤っているもの**をア～エから一つ選び、記号で答えなさい。

ア．唐の都の長安は国際的な都市として発展し、平城京のモデルにもなった。

イ．モンゴル民族のチンギス＝ハンは国号を元と定め、中国を支配した。

ウ．日本が鎖国体制をとる中で、清は長崎を通じて貿易をおこなった。

エ．第二次世界大戦後、毛沢東率いる共産党を中心に中華人民共和国が成立した。

問 13　下線部⑬に関連して、奈良・平安時代の文化について述べた次の文のうち、**誤っているもの**をア～エから一つ選び、記号で答えなさい。

ア．わが国で最も古い歌集である『万葉集』は万葉がなを用いて書かれている。

イ．天平文化とは聖武天皇がおさめていた時代の年号に由来する名前である。

ウ．平安時代に紫式部は、かな文字を用いて『竹取物語』を著した。

エ．平安時代には、念仏を唱《とな》えれば極楽浄土《ごくらくじょうど》に行けるという教えが広まった。

問 14　下線部⑭について、次のうち 10 世紀におきたできごとをア～エから一つ選び、記号で答えなさい。

ア．平将門の乱がおきた。　　　　イ．後白河上皇が院政をおこなった。

ウ．最後の遣唐使が派遣された。　エ．平清盛が太政大臣になった。

問 15　下線部⑮に関連して、以下の問いに答えなさい。

Ⅰ．武士たちの道徳や知力を求める姿勢は家訓《かくん》として代々引きつがれました。武家の家訓の中には戦国時代、戦国大名たちが自分の領地を支配するための方針やきまりとなったものも多くあります。次の資料のように大名たちが領地を支配するために用いたきまりを何といいますか。漢字で答えなさい。

> 一．今川家の家臣はかってに他国から嫁《よめ》をとったり、あるいは婿《むこ》にとったり、勝手に他国へ娘を嫁にやることを、今後は禁止する。（「今川仮名目録」）

Ⅱ．文武兼備の教えは江戸時代の武士にも求められました。次の資料は幕府が大名たちの統制を目的に出した法令の一部です。この法令を何といいますか。漢字で答えなさい。

> 一．武士は文武と弓馬の道をもっぱら心がけること。
> 一．諸国の城は、補修するといっても必ず届け出ること。まして城の新築は絶対にしてはならない。

問 16　下線部⑯について、室町時代について述べた次の文のうち、正しいものをア～エから一つ選び、記号で答えなさい。

ア．８代将軍の時代に、京都の北山に書院造で有名な銀閣が建てられた。

イ．産業や商業が発達し、運送業者の馬借や車借が活やくした。

ウ．足利義満の時代に、将軍のあとつぎをめぐり 11 年にわたる戦乱がおこった。

エ．織田信長によって足利義政が京都から追放され、室町幕府は滅《ほろ》んだ。

問 17　下線部⑰に関連して、以下の問いに答えなさい。

Ⅰ．栃木県は内陸県であり、かつ県庁所在地の都市名が県名とは異なっているという特徴《とくちょう》があります。これと同じ特徴を持つ、近畿地方にある県の県庁所在地名を漢字で答えなさい。

Ⅱ．足利学校は「坂東《ばんどう》の大学」と呼ばれ、海外にまでその名をとどろかせました。「坂東」とは関東地方の古い言い方です。同じように「坂東にある第一の川」として「坂東太郎」の異名を持つ河川の名称を漢字で答えなさい。

Ⅲ．栃木県は畜産《ちくさん》業もさかんです。右の資料はある家畜の都道府県別飼育頭数・羽数の上位3位までの道県を示したものです。ある家畜とは何ですか。次のア～エから一つ選び、記号で答えなさい。

| 順位 | 都道府県名 | 頭数・羽数 |
|---|---|---|
| 1位 | 北海道 | 80.1万 |
| 2位 | 栃木県 | 5.2万 |
| 3位 | 熊本県 | 4.4万 |

(『日本国勢図会 2020/21』より作成。データは2019年)

ア．乳用牛　　イ．肉用牛

ウ．豚《ぶた》　　エ．肉用若鶏《わかどり》

問 18　下線部⑱について、以下の問いに答えなさい。

Ⅰ．次のア～エのできごとを、おきたのが古い順に並びかえなさい。

ア．徳川吉宗が将軍になった。　　イ．大塩平八郎の乱がおきた。

ウ．生類あわれみの令が出された。　　エ．島原・天草一揆がおきた。

Ⅱ．江戸時代に測量や天文学を学び、日本全国を測量して正確な日本地図である『大日本沿海輿地《よち》全図』の作成にあたった人物は誰ですか。漢字で答えなさい。

問 19　下線部⑲に関連して、以下の問いに答えなさい。

Ⅰ．吉田松陰について述べた次の文中の（　a　）・（　b　）に入る語句の組み合わせとして正しいものをア～エから一つ選び、記号で答えなさい。

> 吉田松陰は松下村塾を開き、長州藩で後に奇兵隊を組織する（　a　）らを育てたが、当時の大老井伊直弼らの対外政策を批判した結果処刑《しょけい》された。この出来事を（　b　）という。

ア．（a）：高杉晋作　　（b）：蛮社の獄

イ．（a）：高杉晋作　　（b）：安政の大獄

ウ．（a）：大久保利通　　（b）：蛮社の獄

エ．（a）：大久保利通　　（b）：安政の大獄

Ⅱ．山口県の秋吉台にみられる、石灰岩などで構成された大地が雨水などによって侵食《しんしょく》されてできた地形を何といいますか。カタカナで答えなさい。

Ⅲ．長崎県の面積は全都道府県中37位ですが、海岸線の総延長の長さは北海道についで2位となっています。その理由を説明しなさい。

問 20　下線部⑳について、次の資料は明治期の小学校の就学率（学校に通う人の割合）の推移を示したものです。この資料を見ると、1870～80 年代の就学率が非常に低いことが分かります。その理由（要因）として考えられることを、下の資料と本文から読み取れることをふまえて説明しなさい。

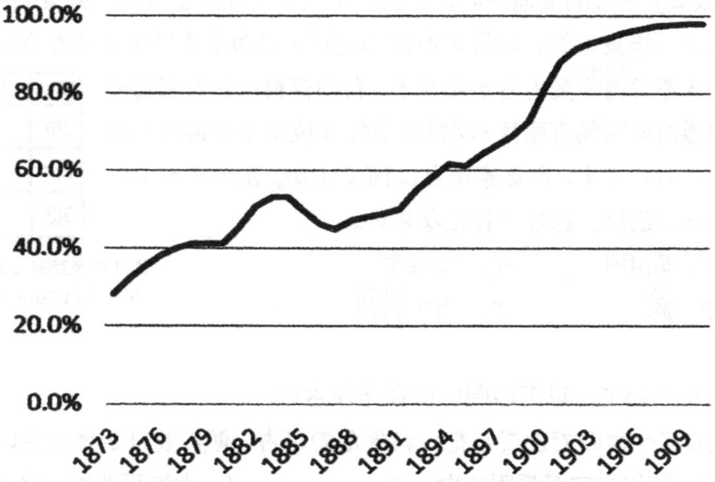


（文部科学省ホームページより作成。データは学齢《がくれい》児童の男女の就学率の平均値である。）

問 21　下線部㉑に関連して、次の資料は東京都中央卸売《おろしうり》市場におけるレタスの取り扱《あつか》い数量上位５県の月別の取り扱い数量を示したものです。この資料から読み取れる長野県のレタスの生産・出荷の特徴を、その生産方法を可能にする気候的要因をふまえて説明しなさい。

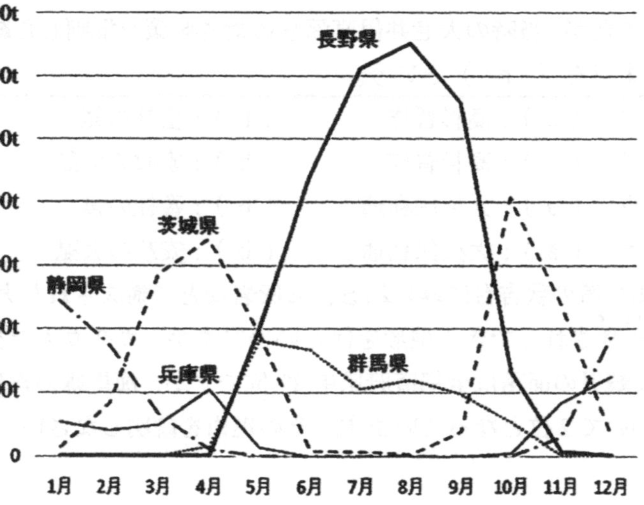


（「東京都中央卸売市場・市場統計情報（月報・年報）」より作成。データは 2019 年）

問22　下線部㉒について、この時期、学問の重要性を説いた書物がベストセラーとなりました。「天は人の上に人をつくらず…」という有名な書き出しで始まる本の著者で、現在の慶應義塾《けいおうぎじゅく》大学の設立者でもある人物は誰ですか。漢字で答えなさい。

問23　下線部㉓に関連して、以下の問いに答えなさい。

Ⅰ．現代の日本の内閣について述べた次の文のうち、**誤っているもの**をア～エから一つ選び、記号で答えなさい。

ア．日本では複数の政党が連立を組み、内閣を組織する場合がある。

イ．国務大臣の過半数は国会議員でなければならない。

ウ．参議院で不信任決議案が可決されると、内閣は必ず総辞職する。

エ．最高裁判所長官の指名は内閣の仕事である。

Ⅱ．日本の歴代首相について述べた次の文のうち、下線部が**誤っているもの**をア～エから一つ選び、記号で答えなさい。また、その誤っている語句を正しく直し、解答らんに記入しなさい。

ア．犬養毅首相は五・一五事件で海軍将校らによって暗殺された。

イ．岸信介首相は1951年に日米安全保障条約に調印した。

ウ．原敬首相は日本ではじめて本格的な政党内閣を組織した。

エ．田中角栄首相は中国と日中共同声明を発表した。

問24　下線部㉔に関連して、工場などで働く人たちが団結して労働条件の改善を目指すための組織を何といいますか。漢字４字で答えなさい。

問25　下線部㉕に関連して、1939年に始まった戦争について述べた次の文のうち、正しいものをア～エから一つ選び、記号で答えなさい。

ア．ドイツがポーランドに侵攻《しんこう》したことをきっかけに始まった。

イ．日本軍が南満州鉄道の線路を爆破《ばくは》したことをきっかけに始まった。

ウ．日本が真珠湾を奇襲攻撃《きしゅうこうげき》したことをきっかけに始まった

エ．オーストリアの皇太子夫妻暗殺事件をきっかけに始まった。

問26　下線部㉖に関連して、台湾が日本の植民地となったのは西暦何年か答えなさい。

問27　下線部㉗について、日本国憲法について述べた次の文のうち、**誤っているもの**をア～エから一つ選び、記号で答えなさい。

ア．日本国憲法では、天皇は日本国と日本国民統合の象徴と位置づけられている。

イ．日本国憲法では、環境権や知る権利などが基本的人権として明記されている。

ウ．日本国憲法を改正する場合には、国民投票で過半数の賛成が必要である。

エ．日本国憲法では、国会は国の唯一の立法機関であると定められている。

問28　本文中の（　１　）～（　４　）に適する語句を漢字で答えなさい。また、（　５　）に適する数字を答えなさい。

問29　二重下線部X～Zに関連して、教育基本法第4条1項《こう》に「すべて国民は、ひとしく、その能力に応じた教育を受ける機会を与えられなければならず、人種、信条、性別、社会的身分、経済的地位又《また》は門地《もんち》によって、教育上差別されない。」と規定されているように、すべての人々に教育機会を提供し、学びの場を保障することは極めて重要です。この教育の機会均等を実現するために設置された教育機関の1つが夜間中学です。夜間中学とは、市町村が設置する中学校において、夜の時間帯に授業がおこなわれる公立中学校の夜間学級のことです。夜間中学では現在、年齢《ねんれい》や国籍《こくせき》を問わずさまざまな人たちが学んでいます。夜間中学に通っている人たちはどのような目的をもって通っていると考えられますか。日本国籍の生徒と日本国籍を有しない生徒、それぞれについて説明しなさい。その際、次の資料①～④をふまえ、また、それぞれの年齢別の生徒数の割合にも注目して説明すること。

**資料①　夜間中学ってどんなところ？**

□週5日間《しゅういつかかん》、毎日授業《まいにちじゅぎょう》があります。
□昼間《ひるま》の中学校《ちゅうがっこう》と同《おな》じ教科《きょうか》を勉強《べんきょう》します。
□教員免許《きょういんめんきょ》を持《も》っている公立中学校《こうりつちゅうがっこう》の先生《せんせい》が教《おし》えてくれます。
□全《すべ》ての課程《かてい》を修了《しゅうりょう》すれば中学校卒業《ちゅうがっこうそつぎょう》となります。

**資料②　夜間中学の年齢別生徒数の割合**

日本国籍の生徒

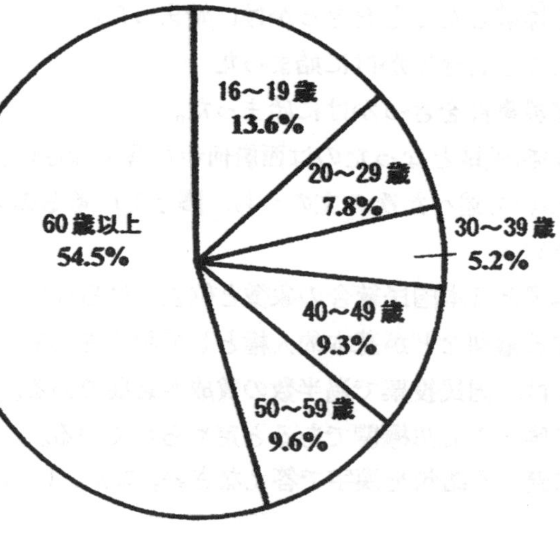


※夜間中学に通う日本国籍の生徒の総数（345名）を100%とした場合の割合。

日本国籍を有しない生徒

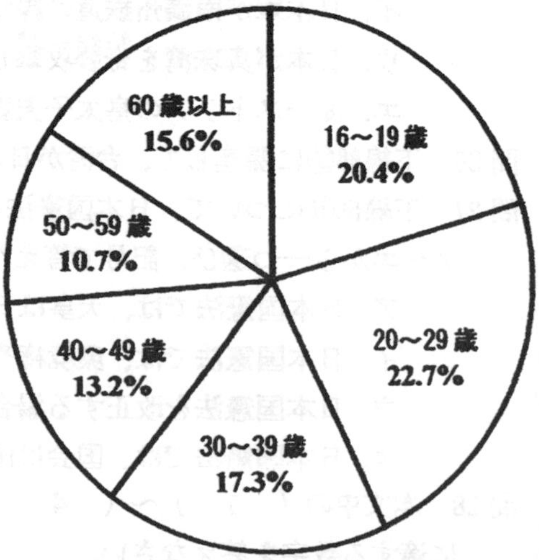


※夜間中学に通う日本国籍を有しない生徒の総数（1384名）を100%とした場合の割合。

**資料③　夜間中学入学理由（上位３項目）**

日本国籍の生徒

| | 理由 | 割合 |
|---|---|---|
| 1 | 中学校の学力を身に付けたいため | 38.3% |
| 2 | 中学校教育を修了しておきたいため | 20.0% |
| 3 | 高等学校に入学するため | 19.4% |

日本国籍を有しない生徒

| | 理由 | 割合 |
|---|---|---|
| 1 | 日本語が話せるようになるため | 47.3% |
| 2 | 読み書きができるようになるため | 18.4% |
| 3 | 高等学校に入学するため | 15.7% |

**資料④　夜間中学の在学生へのインタビュー**

私は戦争の為《ため》に学校で学ぶことができませんでした。勉強は若いうちにするべきです。今勉強ができるかんきょうの方々、こうかいのないようにまなんで下さい。

・夜間中学の好きなところは？　― いくつになっても学べるところ。

・卒業したらやりたいことは？　― ヘルパーの資格を取ってみたい。健康でいられたら高校にも行きたい。心理の勉強もしてみたい。

・入学して良かったと思うことは？― 毎日が楽しい。

・あなたにとって夜間中学とは？　― 私が輝《かがや》ける場所

<70代・女性>

（資料①・④は文部科学省「夜間中学のご案内」より作成。資料②③は文部科学省「令和元年度夜間中学等に関する実態調査」より作成）

問題は以上です

逗子開成中学校　１次

# 国語

注意

１、問題は【一】から【三】まで、ページ数は１ページから１４ページまであります。

２、試験時間は５０分です。

３、解答は解答用紙に記入し、解答用紙だけ提出しなさい。

４、字数制限のある問題では、句読点やかっこ、その他の記号も一字として数えます。

５、答えを直すときは、きれいに消してから新しい答えを書きなさい。

６、問題文には、設問の都合で、文字・送りがななど、表現を改めたところがあります。

| | |
|---|---|
| 受験番号 | |
| 氏名 | |

（２０２０―Ｊ１）

【一】 次の各問に答えなさい。

問一 次の①～⑮の各文の――線部のカタカナを漢字で書き、――線部の漢字の読み方をひらがなで書きなさい。

① 学校のゾウショを点検する。　② キソクに従って行動する。　③ 機械をソウサして組み立てる。

④ 重要な情報をキロクする。　⑤ ジュウタク街に店をかまえる。　⑥ 一心フランに走った。

⑦ 父はケイシ庁に勤めている。　⑧ 人の命はトウトいものだ。　⑨ 紙が燃えてハイになった。

⑩ 問題はブンカツして考えよう。　⑪ 淡い色の服が好みだ。　⑫ 大枚をはたいて車を買う。

⑬ それは師の教えに背く行為だ。　⑭ 唐突な質問に困惑する。　⑮ 道が縦横無尽に広がる。

問二 次の①～⑤の会話文の内容を表す慣用句に用いられる言葉の組み合わせを、後の語群A・Bからそれぞれ一つずつ選び、記号で答えなさい。ただし、同じ記号を二度以上用いてはならない。

① 「ちょっと待て。敵は君の行動を調査して準備しているはずだ。今行くのは危険だぞ。」

② 「私はインド映画が好きなんだけど、なかなか理解してくれる人がいないんだ。え？　君も好きなのか。」

③ 「少し前にテレビで放映されてから店に来る人が急増してね。今とても忙しくて大変なんだよ。」

④ 「彼は最近めきめきと実力を伸ばしているね。本当にめざましい活躍ぶりでみんながほめているよ。」

⑤ 「商品がまだできあがっていないのに、君はもう売る方法を考えているのかい？」

語群A

| | | | | | |
|---|---|---|---|---|---|
| ア 狸《たぬき》 | イ 馬 | ウ 虫 | エ 鰻《うなぎ》 | オ 猿 | カ 猫 |

語群B

| | | | | | |
|---|---|---|---|---|---|
| あ 登る | い 取る | う 合う | え 借りる | お 飛ぶ | か 乗る |

【二】 次の文章を読んで、後の各問に答えなさい。なお、設問の都合上、本文は省略されているところがある。

「個人的なことは、政治的である」というあまりにも有名な＊1スローガンがあります。たとえば、被《こうむ》っている様々な差別や抑圧に対して、自分たちの意識を覚醒《かくせい》し変革するとともに、社会を変えていこうとする黒人解放運動、女性解放運動、障害者解放運動、性的少数者の解放運動がこのスローガンのもとでこれまで展開されてきています。社会における彼らの立場はそれぞれ異なっているのですが、自らを運動の主体として位置づけていくとき、このスローガンは基本といえるでしょう。

なぜ個人的なことが政治的なのでしょうか。見方を少し変えてみます。被差別の状況にある人々にとって、差別は具体的にどこで起きるのでしょうか。確かに差別や抑圧の原因は、社会全体の構造や国家体制、また人々が一般的に持ってしまっている意識やある知識への＊2信奉《しんぽう》など、個人の私的な世界を超えたところで息づいているのかもしれません。しかし現実に差別が起こり、抑圧を感じ、どうしようもない〝生きづらさ〟を感じるのは、その人にとって具体的で、個人的であり私的な空間においてなのです。

俺は外で働いているのだから、家事や子育て、教育、親の面倒など家のことはすべてお前の責任だと、①家に帰れば、何もしない夫がいるとします。妻はそれが自分の役割とばかりに、〝家のこと〟を懸命にこなしていくとしても、さまざまな問題が生じ、妻一人では対応も解決もできないことが多いのです。そのとき「俺は関係ない、お前が悪いのだ」と夫が妻を非難し責め立てるのは、食卓であったり居間であったり寝室であったり、まさに私的で個人的な空間においてであり、夫婦という極めて親密で個人的な関係性のなかにおいてなのです。

でもうみなさんもおわかりのように、家族や家庭の問題は、妻である女性一人ですべて解決できるようなものではないのです。それを俺はお前の夫だから、私はあなたの妻だからと個人的で親密な関係性の世界に閉じこもり考え続けようとする限り、②〝生きづらさ〟はそこで増殖《ぞうしょく》し悪化していくのです。

そうではなく、もし彼らが問題に直面し、それをどう解決していけばいいかを考えるうえで、夫婦関係や家族関係、親の介護そのものを見直し、たとえば「男はソト、女はウチ」という伝統的で＊3因習《いんしゅう》的な性別役割を信奉していた自分の姿に気づくとすれば、どうでしょうか。まさに問題そのものの原因が、自分たちの日常、個人的で私的な関係性にあったことがわかり、それを徐々にでも変革していこうとするかもしれません。そのとき、彼らはすでに目の前にいるあなたと私という私的で親密な関係での了解を超えて、相手を理解しようとしているのです。

「自分を愛してくれているけれども子どもや親、私のことをわかってくれていないあなた」という了解から「〝男は外で働き、家族を養って一人前の男なんだ、だからとにかく働け〟という因習的な男性役割に過剰《かじょう》に囚《とら》われた、その意味で男性の〝生きづらさ〟を抱え込んでしまっている世の中の多くの男性の一人として、かわいそうなあなた」という了解へと変わっているのです。

つまり私たちは、③私的で親密な関係性という「囚われ」に気づき、それをいったんカッコに入れることで初めて、個人的な世界に息づいているさまざまな「政治性」に批判的なまなざしを向けることができるようになるのです。

では、どのようにすれば親密性の「囚われ」に気づけるのでしょうか。（中　略）

まず私たちの関心やアンテナを自分が生きている日常や親密な関係の人々の世界だけに閉じ込めることなく、世界を超えて広げることが必須となります。

考えてみればすぐわかるように、私たちが普段生きているとき、具体的に出会う人々よりも出会わない人の数の方が圧倒的に多いのです。とすれば出会わない人々と自分が「今、ここ」で生きているとはどういうことなのかなどを考え、「見たことのない、会ったことのない他者」が同じ時間を生きていることへの想像力を鍛え他者理解のセンスを磨《みが》くことは、けっこう面白い営みではないでしょうか。

言い換えれば、それは自分の日常の「外」で生きている人々の「リアル」への関心の喚起《かんき》であり豊かな想像力を養うことなのです。そして、自分が普段出会わない人々の「リアル」への関心と想像力を磨きながら、彼らと自分がどのように生きていけばいいかを考え始めることこそ、「個人的なこと」に息づいている「政治性」と私が向き合えるようになる瞬間なのです。

そのうえで、普段よく出会っている人たちと生きている日常がいったいどのような世界なのかを、私たちは、今一度ふりかえって考え直してみる営みが必要でしょう。たとえば先にあげた夫婦のケースで言えば、④妻が夫を〝かわいそうな男性〟として見えてくるのがこの瞬間なのかもしれません。（中　略）

ところで、こうした他者が生きている「リアル」への関心や想像力を磨き高めるのは何のためでしょうか。これからも何度も行われる選挙で棄権《きけん》しないで投票するためでしょうか。もちろんそのことも含まれると思います。しかし、もっと重要な目的があると私は思っています。

端的に言えば、その目的とは、私たち自身が親密な人々との関係のなかで幸せに生きていけることであり、同時に私たちが知らない多くの他者と共に幸せに生きていけることなのです。（中略）

仮に見知らぬ他者の「幸せ」をなんとか実現したいと思っても、私個人では、どんなにがんばってみても、できるはずのないことがいっぱいあると思います。そのとき、私は、到底無理だからとあきらめて自分自身の「幸せ」だけを考えればいいのでしょうか。

いやそうではなく、私個人の行動だけではできなくても、世の中にある他の方法をいろいろと考え、他者が生きている世界と繋《つな》がることで、見知らぬ他者の「幸せ」を実現するための手がかりや道筋を見つけ出すことができるのではないでしょうか。

「政治的であること」。それは私という人間が常に他者を理解したいと思い、他者への X をより豊かにして、他者の「幸せ」への関心や興味を閉ざさないことなのです。

本書を書いている今、ちょうどアメリカでは次の大統領を選ぶ手続きが進んでいます。選挙の結果、次期大統領に選ばれた人物は、アメリカが世界で最強だと訴え強いアメリカを取り戻そうとしています。別に最強だと信じ、最強になりたければどうぞと私は思いますが、最強になるための仕方が、どうしようもなく問題です。彼はアメリカの大衆にまずは自分たちの「幸せ」だけを考えろと声高に叫び、異質な他者を排除しようとします。たとえば隣国からの不法な移民流入を防ぐために、隣国との国境に巨大な壁を築き、その費用を隣国に払わせると言うのです。

他者を排除し、自分たちだけの「幸せ」を求めることこそが民主主義だという人物の主張がアメリカで多くの共鳴を得ていること自体、驚きですが、⑤私は、彼が主張する壁の建設こそ、私たちが「政治的であろう」とすることを端的に邪魔する、まさに「壁」だと思うのです。

（好井裕明『「今、ここ」から考える社会学』ちくまプリマー新書）

注
＊1　スローガン……団体や運動の主義や主張を簡潔に言い表した言葉。
＊2　信奉……ある主義や宗教などを最上のものと信じてあがめること。
＊3　因習的……古いしきたりにとらわれ、新しい考え方を取り入れようとしないさま。

問一　――線部①「家に帰れば、何もしない夫」とあるが、この「夫」はなぜ「何もしない」のか。それを説明したものとして最も適切なものを次のア～エから一つ選び、記号で答えなさい。

ア　夫が、家事は女性の仕事であるという日本の社会で常識とされてきた考え方にとらわれているから。
イ　夫は、男性が外で働くのと同じ分だけ女性は家事で補うべきだという合理的な考えを持っているから。
ウ　妻が、女性が家事をすべきだという考え方が国際的に時代遅れだということに気づいていないから。
エ　夫は、日本の伝統的な考え方のもとに育ってきたために家事の経験がなく、家事は何もできないから。

問二　――線部②「〝生きづらさ〟はそこで増殖し悪化していく」とあるが、このようになるのはなぜか。それを説明した次の文の（　）に当てはまるように、適切な言葉を三十字以上四十字以内で答え、文を完成させなさい。

今感じている〝生きづらさ〟の原因は、（　　　　）から。

問三　――線部③「私的で親密な関係性という『囚われ』に気づき、それをいったんカッコに入れる」とあるが、「いったんカッコに入れる」とはどうすることか。それを説明した次の文の（　）に当てはまる漢字二字の熟語を、本文中で用いられている言葉以外で答え、文を完成させなさい。

> 自分たちの生活を、一度（　　　　）的に見ること。

問四　――線部④「妻が夫を〝かわいそうな男性〟として見えてくる」とあるが、どういう点において「かわいそう」なのか。それを示した部分を「〜という点。」につながる形で本文中から四十五字以内で適切に抜き出し、最初と最後の五字を答えなさい。

問五　[ X ] に適切な言葉を本文中から漢字三字で抜き出して答えなさい。

問六　――線部⑤「私は、彼が主張する壁の建設こそ、私たちが『政治的であろう』とすることを端的に邪魔する、まさに「壁」だと思う」とあるが、なぜこのように言えるのか。わかりやすく説明しなさい。ただし、次の点に注意すること。

注意点１　……　筆者の述べる「政治的であること」とはどういうことかを説明すること。

注意点２　……　「壁の建設」が何を意味するものなのかを説明すること。

問七　次のア〜エについて、本文の内容を説明したものとして適切なものには○、適切でないものには×で答えなさい。

ア　社会とは個人の集まりであるので、社会全体の問題を解決していくためにはまず個人がそれぞれに起こっている問題を解決しなければならない。

イ　「政治的である」ことは、自分と同じように社会のさまざまな問題によって苦しんでいるまだ見知らぬ他者も、その苦しみから解放してあげたいと思うことである。

ウ　他者の「リアル」に関心を持つのは、私的な関係の世界の中にいては考えつかない問題解決の手がかりが隠されている可能性があるからである。

エ　日本よりも世界で起こっていることにまず目を向けることで政治に対する興味が湧き、これから何度も行われる選挙で棄権をせずに投票をすることができる。

【三】　次の文章を読んで、後の各問に答えなさい。

　京の武家の娘であるなつめは両親を火事で亡くし、江戸に引き取られた。家族で食べていた菓子の味を江戸で探すうちに江戸の菓子舗《かしほ》照月堂の市兵衛（ご隠居さん）と出会う。なつめは、今は息子に店を譲《ゆず》っている市兵衛や、照月堂の人々、そして照月堂の菓子と触れ合う中で、家族で食べていた思い出の味を自分で再現したいと思うようになり、まだ菓子職人としてではないが、そこで働かせてもらえることになった。次の場面は店の職人の辰五郎が、照月堂の職人になった経緯をなつめに話す場面である。

「俺がご隠居さんに初めて会ったのは、もう十五年前のことだ。親父が病に倒れたのはその一年前でね」
と、辰五郎は静かに切り出した。

辰五郎の父松之助が＊1心の臓の病により、蕎麦《そば》打ちができなくなったのは、辰五郎が十歳の冬であった。

松之助はいずれ辰五郎に店を継がせるつもりで、それまでの間、店を人に預けることにしたのだという。だが、その男が（1）とんだ食わせ者で、結局、店を乗っ取られた上、辰五郎も追い出されたのであった。

病人の父を世話しながら、辰五郎は本郷の長屋で暮らし始めたが、店を手放さねばならなくなって得たわずかな金は、医者の診察代と薬代でどんどん消えていった。

父の世話がある以上、＊2年季奉公に出るわけにもいかない。

＊3口入屋《くちいれや》に通い、日雇いの仕事を世話してもらった。だが、蕎麦打ち以外、身につけた技もない少年にできる仕事はそれほど多くない。

（とにかく、お父つぁんがよくなってもらうまではこらえるんだ）

だが、松之助が倒れてから一年後の冬、ついに金は尽きた。

寒さが身に沁《し》みるその日、辰五郎は下ばかり見ながら歩いていた。仕事にありつけず、銭《ぜに》の一枚でも落ちていないか、胸を占めるのはあさましい気持ち。

必死だった。何も持って帰らなければ、父は何も食べられない。だが、辰五郎自身、ここ数日まともに食べてはいなかった。

そのせいだろう、辰五郎は気づかぬうちに、①一軒家の板塀《いたべい》に寄りかかって尻をついていた。どれくらいそうしていたのか、気がつくと、地面に人影が映っている。

「どうしたんだい？」

男にしては柔らかい感じの声であった。

辰五郎は顔を上げようとしたが、腹が減りすぎていたせいか、寒さに凍《こご》えていたせいか、首が動かない。その様子を見た男はその場にしゃがみ込み、辰五郎の顎《あご》に手をかけ、上を向かせた。

目の中に、父より少し年長と見える羽織《はおり》姿の男が入ってきた。同時に、ふわりと甘いにおいがした。

「喉《のど》、渇《かわ》いてねえか」

男は辰五郎に訊《き》いた。渇いてるか渇いてないか分からなかったが、口も利けなかったので黙っていると、男は勝手に竹筒を取り出して、辰五郎の口に宛《あて》がってくれた。

辰五郎は口の中に入ってくる水を、少し噎《む》せながら飲んだ。少し生ぬるく感じたのは、辰五郎の体が冷え切っていたせいかもしれない。

礼を言うこともできなかったが、ひとまず辰五郎が落ち着くと、男は懐《ふところ》から紐《ひも》でくくられた紙包みを取り出した。

紐をほどいて包みを取ると、白くて丸いものが現れた。男はそれを一つつまむと、

「これを食ってみてくれ」

そう言って、一口大にちぎったものを辰五郎の口の中に押し込んだ。それは、中に甘い漉《こ》し餡《あん》の入った饅頭《まんじゅう》であった。

辰五郎の舌に、これまで知らなかった味わいがふんわりと広がっていった。

菓子屋で売っている甘い菓子を食べたことはなかったが、水菓子(果物)や飴《あめ》くらいは食べたことがある。だが、これほど繊細な甘みにはこれまで縁がなかった。

餡は口の中でねっとりととろけ、喉の奥を通っていった。水で喉をしめしていたせいで、つかえることもなかった。

一口目を腹に収めると、すきっ腹の虫が驚いたのか、音を立てて鳴いた。

「急いで飲み込むなよ。ゆっくりと食うんだ」

言われるまでもなかった。いくら腹がすいているとはいえ、こんなにうまいものを一気に食べてしまうなど、もったいなくてできなかった。辰五郎は飴を舐《な》めるように口の中で饅頭を味わった。

ゆっくりと大事に食べたつもりだったが、辰五郎は勧められるまま、三つの饅頭をぺろりと平らげてしまった。

甘くておいしいものは②心と体双方の力を回復してくれた。

「ごちそうさまでした、旦那《だんな》さん」

腹いっぱいになったわけではなかったし、饅頭もまだ残っていたが、それ以上、貪《むさぼ》り食うわけにはいかない。そう思って手を引っ込めた辰五郎に、

「礼を言うのは、こちらだよ」

と、男は言った。

「これは、うちの店の饅頭なんだ。お前さんがあんまりうまそうに食ってくれるので、見ているこちらも仕合《しあわ》せな気分になったよ」

そう言われて、辰五郎は菓子の感想を述べていなかったことに気づいた。

「ほ、本当においしかったです。こんなにうまいもんを食ったのは、俺、初めてです。ああ、もっといいこと言いたいんだけど、俺、うまく言えなくて」

もどかしさに苛《いら》立ちながら言うと、男は（２）朗らかに笑った。

「何も言わなくていいんだよ。どう思ったかは、ちゃんと顔に出るもんだからね」

男は残っていた饅頭を包み直すと、それを辰五郎の膝の上に置いた。

「私は駒込《こまごめ》千駄木《せんだぎ》坂下町《さかしたちょう》にある照月堂の市兵衛という。よければ訪ねてきてくれ。また、今みたいな顔を見せてくれるとありがたい」

市兵衛と名乗った菓子屋は、ただの一度も、菓子をやるとか食べさせてあげるとは言わなかった。③食べていただく、という心の用い方が、そういう言葉遣《づか》いになっていることを知ったのは、辰五郎が市兵衛の弟子になってからのことだ。

市兵衛は座り込んでいた辰五郎を立たせると、そのまま去っていった。

辰五郎はその後ろ姿から目をそらすことができなかった。市兵衛の姿が見えなくなってからも、ずっとその場から動くことができなかった。

市兵衛がいた場所、去って行った方角には、ほんのりと温もりが漂っているように感じられた。

辰五郎は市兵衛からもらった照月堂の饅頭を、その日、持ち帰って父の松之助にも食べさせた。

「観音様がくれたんだ」
と言う辰五郎の言葉に、松之助は黙ってうなずいた。
その頃の松之助は、もうものをしっかりと噛んで飲み込むことも難しいほど悪くなっていたのだが、照月堂の饅頭はゆっくりとだが、丸ごと一つ自力で食べ終えた。
「ああ、ありがてえ……」
饅頭を授《さず》けてくれた観音さまに感謝のつもりだったのだろう、松之助は床《とこ》の中で手を合わせていた。その目じりからは、涙が一筋伝っていった。
それから二日の後、松之助は亡くなった。
饅頭を食べた後は、もう何も食べ物を受け付けなかったので、松之助が最後に食べたのが照月堂の饅頭だったことになる。
——立派な蕎麦打ち職人になれ。
それが口癖だった父に、自分の打った蕎麦を食べさせてやれなかったことが、辰五郎の心残りになった。だが、父が亡くなった今となっては、蕎麦打ちの職人を目指そうという気持ちにもなれない。
独りぼっちになった辰五郎が駒込千駄木坂下町に出向いたのは、あの市兵衛と名乗った男が本当にこの世に存在するのか、疑う気持ちからである。
(④あれは、ほんとに観音さまの化身だったんじゃねえか)
時が経てば経つほど、現実のこととは思えぬようになっていた。その一方で、あの饅頭の味わいはしっかりと舌が記憶しており、それが夢だったとは思えない。
とにかく、事の真偽を確かめたくて、辰五郎は駒込へ行った。
千駄木坂の下に、照月堂という菓子舗は確かにあった——。

辰五郎の話が終わった時、茶屋の女中に二杯目を注いでもらったお茶も空になっていた。
「それで、辰五郎さんは菓子職人になったのですね」
「ああ。俺には菓子といやあ、あの時、ご隠居さんからもらった饅頭なんだ。あの時の饅頭みてえな菓子を、お客さんに食ってもらいてえ」
辰五郎の言葉に、なつめは大いに納得してうなずいていた。
「よく分かります。上等の＊4京菓子を作れる技を持っていながら、どうしてそれに背を向けるのだろうと、少し不思議に思っていたのですが……」
辰五郎には⑤辰五郎の目指す菓子の道がある。それを聞かされた今、なつめの胸は自分でも思いがけないほど熱くなっていた。

（篠綾子『望月のうさぎ　江戸菓子舗照月堂』ハルキ文庫）

注　＊1　心の臓……心臓のこと。
＊2　年季奉公……一定の年数の間、住み込みで働くこと。
＊3　口入屋……仕事を仲介する職業。
＊4　京菓子……茶会や行事の際に出される高級な献上菓子。

問一　〰〰線部（1）「とんだ食わせ者で」・（2）「朗らかに笑った」の本文中での意味として最も適切なものを、次の選択肢ア～エからそれぞれ一つ選び、記号で答えなさい。

（1）
ア　見た目通りの悪人で
イ　想像もつかないほど穏やかな人で
ウ　意外にも油断できない人物で
エ　なんとも非情な人物で

（2）
ア　冷ややかに笑った
イ　明るく晴れやかに笑った
ウ　困った様子で笑った
エ　ゆっくり静かに微笑んだ

問二　——線部①「一軒家の板塀に寄りかかって尻をついていた」とあるが、このときの辰五郎の様子についての説明として最も適切なものを次の選択肢ア～エから一つ選び、記号で答えなさい。

ア　自分が今日一日を生きのびることができる方法をどうしても見つけられず、途方に暮れている様子。

イ　父を苦しい境遇に追いやった男に仕返しをする方法をずっと考え続けることに、疲れきっている様子。

ウ　父の薬を買うお金さえも得られず、もう他に方法がないために観音様に必死に祈っている様子。

エ　どうにかして父に食べさせようとしていたものの、寒さと空腹で動けなくなり、疲れ果てている様子。

問三　——線部②「心と体双方の力を回復してくれた」とあるが、「心の回復」とはどういう心の状態から回復したのか。回復する前の心の状態を示す表現を本文中から十字以内で抜き出しなさい。

問四　——線部③「食べていただく、という心の用い方」とあるが、この「心の用い方」が最もよく現れている市兵衛の言葉を本文中から一つの会話文（「～」）で抜き出し、会話文内の最初と最後の三字を答えなさい。

問五　——線部④「あれは、ほんとに観音さまの化身だったんじゃねえか」とあるが、辰五郎が市兵衛のことを「観音さまの化身」だと思ったのはなぜか。わかりやすく説明しなさい。

問六　――線部⑤「辰五郎の目指す菓子の道」とあるが、それはどのようなものか。説明しなさい。

問七　次の会話文は、本文の内容についてのものである。会話文内の［　　］に十五字以内で言葉を入れなさい。

先生「本文の終わりに、『なつめの胸は自分でも思いがけないほど熱くなっていた』ってあるけど、なぜだと思う？」
A君「辰五郎の話を聞いて、市兵衛の優しさに感動したんじゃないかな。」
先生「そうだよね。それと、もう一つあると思うんだけど、どうかな。少し前を見てみようか。なつめは辰五郎の話に大いに納得してうなずいているよね。人の話に大いに納得できるのはどういう時かな？」
B君「そうだなあ。わかりやすい時とか、具体的にイメージできる時とか。自分にもあてはまる時もそうかも。」
A君「なるほど。あ、なつめと辰五郎には共通点があるよ。なつめは両親を亡くし、そこで菓子を通じて市兵衛と出会っているよね。」
先生「そう。そして、『それを聞かされた今、』とあるから……。」
B君「そうか。辰五郎の思いを聞いて、なつめも［　　］という思いを強くしたということなんだね。」

《問題は以上です》

# 算　数

## 注　意

1．試験時間は50分です．

2．問題は1から5（1ページから9ページ）まであります．
試験開始後，抜け落ちているページがないか，印刷が不鮮明《ふせんめい》なページがないか確認してください．不備がある場合は監督者《かんとくしゃ》に申し出てください．

3．定規・コンパス・筆記用具以外の使用は認めません．

4．問題用紙や解答用紙を折ったり切ったりして，問題を解くためのヒントとなる形に変形することを禁止します．

5．解答用紙への記入上の注意
- 考え方を書く指示がある問題以外は，答えだけを書いてください．
- 答えに単位が必要な問題は，必ず単位をつけて答えてください．
- 答えが分数になる場合は，それ以上約分できない一番簡単な分数で答えてください．また，仮分数は帯分数に直してください．
- 図やグラフをかいて答える問題に対し，定規・コンパスを忘れた場合は手がきでていねいにかいてください．

| | | | |
|---|---|---|---|
| 受験番号 | | 氏名 | |

(2020-J1)

1 次の □ にあてはまる数を求めなさい．

(1) $(2+3\times8)\div3-4\div9\div(7\times2-4)\times15=\square$

(2) $7\frac{1}{2}-2\frac{4}{5}\times\left(2\frac{3}{4}\div10\frac{1}{2}+\frac{1}{3}\right)=\square$

(3) $\left(6.3-2\frac{1}{2}\right)\div(3-0.125\div\square\times24)=2$

2 次の各問いに答えなさい．

(1) 7 で割っても 6 で割っても 5 余る 3 けたの数の中で，最小の数を求めなさい．

(2) 210 個の玉を A , B , C の 3 つの箱に入れました．箱の中の玉の数を調べたところ，B の箱には A の箱の 1.4 倍の玉が，C の箱には A の箱の 0.8 倍よりも 2 個多い玉が入っていました．このとき，C の箱には何個の玉が入っていますか．

(3) 5 つの文字 A , A , B , B , C の中から 3 つの文字を選んで，一列に並べました．全部で何通りの並べ方がありますか．

(4) 1 辺の長さが 10 cm の正方形 ABCD の中に，右の図のように頂点 B を中心とするおうぎ形と 2 本の直線を描きました．
斜線部アと斜線部イの面積の差を求めなさい．
ただし，円周率は 3.14 とします．

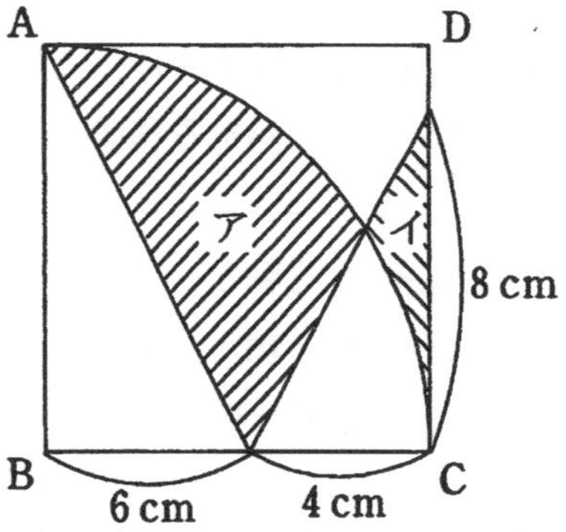


(5) ある仕事を完成させるのに，A 君一人だけだと 3 時間かかります．最初，A 君が一人でこの仕事をはじめ，途中から B 君と二人で 50 分間作業したところ，2 時間 30 分で完成しました．この仕事を B 君一人だけで完成させるのにかかる時間を求めなさい．

(6) 図 1 のように，3 つの面にA，B，C の文字が書かれた立方体の展開図があります．
図 1 と図 2 の展開図を組み立てたとき，同じ立方体になるように，図 2 の展開図に文字 B と C を向きに気をつけて書き入れなさい．

図 1

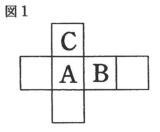




図 2

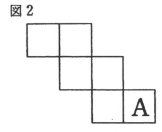

3 図1の正三角形ABCに対し，次の①～③の操作を行って，正三角形を移動します．

図1
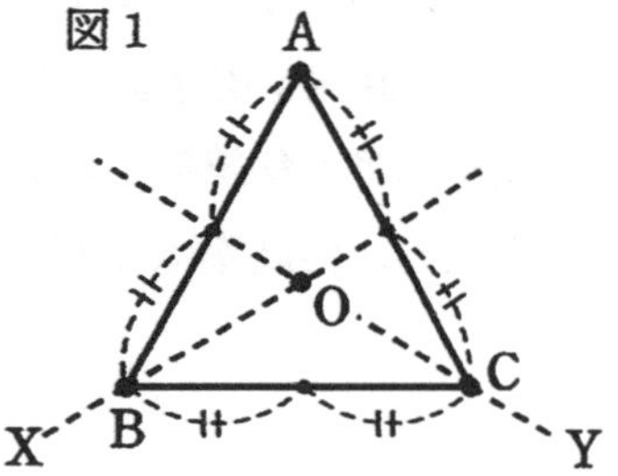


① 直線Xを軸として，正三角形ABCを裏返す．
② 直線Yを軸として，正三角形ABCを裏返す．
③ 点Oを回転の中心として，正三角形ABCを右回りに120°回転させる．

ただし，③で正三角形を回転させても直線X，Yの位置は動かないものとします．
たとえば，図1の正三角形に ③→① の順に操作を行うと，次のようになります．

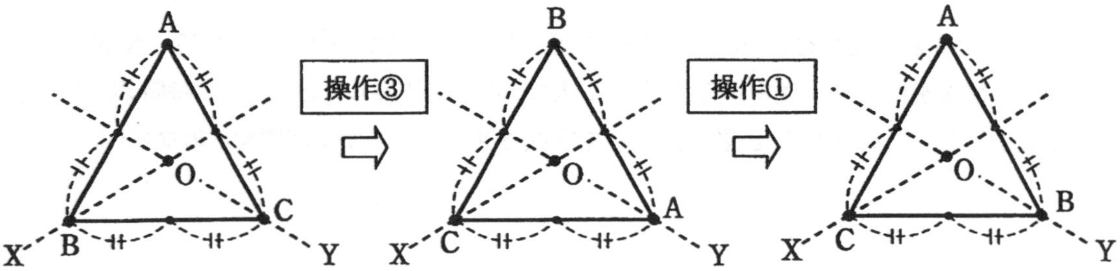


従って，③→① の順に操作をした後に，図2のア，イ，ウの位置にくる正三角形の頂点は，ア がA，イ がC，ウ がB になります．

図2
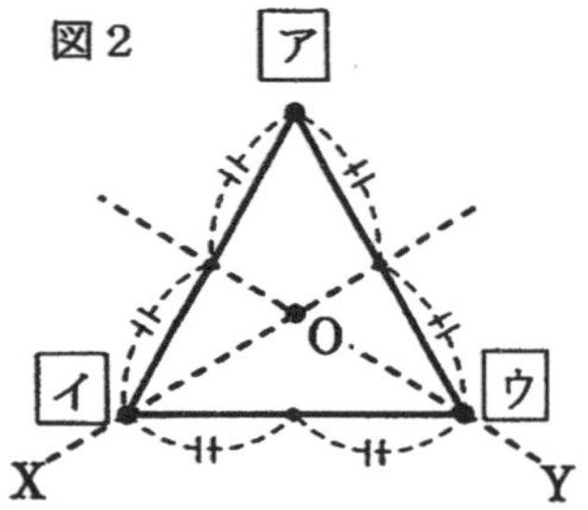


このとき，次の各問いに答えなさい．

(1) 図1の正三角形ABCに対して ①→②→③ の順に操作を行った後，最後に各頂点はどこに移りますか．図2の正三角形ア，イ，ウの位置にくる頂点を答えなさい．

(2) 図1の正三角形ABCに対して ②→③→③ の順に操作を行った後，さらにあと2回操作を行ったところ，各頂点ははじめの位置（図1の位置）にもどりました．どの操作を2回行ったか ○→○ の形で答えなさい．ただし，同じ操作を繰り返し行ってもよいものとします．

(3) 図1の正三角形ABCに対して，いずれかの操作を3回行ったところ，各頂点ははじめの位置（図1の位置）にもどりました．どの操作を3回行ったか ○→○→○ の形ですべて答えなさい．ただし，同じ操作を繰り返し行ってもよいものとします．

《計算余白》

4 1辺が 4 cm の正方形 ABCD があります．辺 AB 上にある点 X から辺 BC 上にある点 Y に向けて点 P が発射され，次のルールに従って点 P はまっすぐ進むものとします．

＜ルール＞
1．点 P は各辺にあたると図 1 のようにはねかえる．
2．点 P は頂点 A , B , C , D のいずれかにあたると止まる．
3．点 P は発射されてから止まるまで一定の速さで進む．

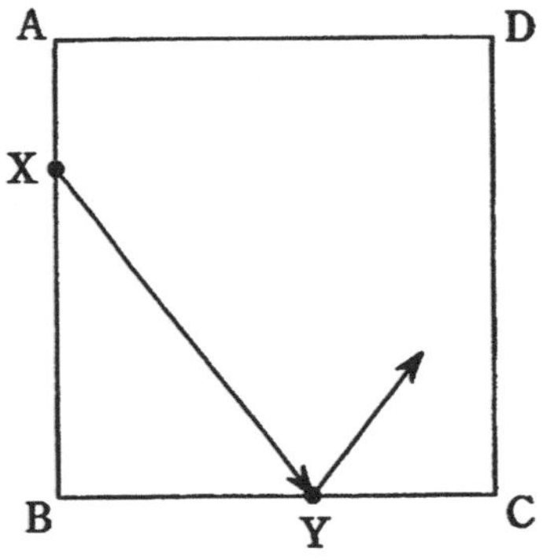


図 1

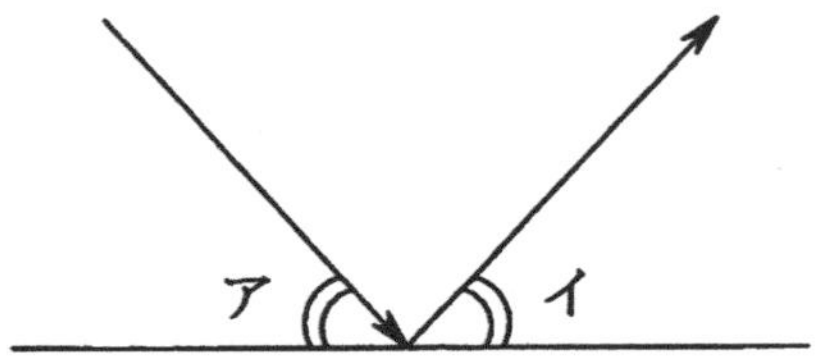


角アと角イは同じ大きさ

(1) AX＝3 cm , BY＝1 cm とします．点 P が発射されてから 5 回目に辺にあたるとき，どの辺にあたりますか．また，5 回目に辺にあたった点 P の位置から最も近い頂点および，その頂点から点 P までの距離を求めなさい．

AX＝1 cm , BY＝1.6 cm とします．点 P は点 X から点 Y に到達するのに 1.7 秒かかりました．このとき，(2)，(3)の問いに答えなさい．

(2) 点 P が発射されてから 3 回目に辺にあたるとき，どの辺にあたりますか．また，3 回目に辺にあたった点 P の位置から最も近い頂点および，その頂点から点 P までの距離を求めなさい．

(3) 点 P が発射されてから点 P はどの頂点に何秒後に止まりますか．

《計算余白》

5 東京駅と逗子駅をつなぐ線路があり，途中にＡ駅とＢ駅があります．Ａ駅またはＢ駅の利用者のうち，東京駅方面に向かう電車に乗る人を「上り利用者」，逗子駅方面に向かう電車に乗る人を「下り利用者」と呼ぶことにします．また，Ａ駅とＢ駅の利用者を，2日続けて調査したところ，次のような結果になりました．

調査1日目

Ａ駅の利用者は1600人で，そのうち「上り利用者」は500人でした．また，Ａ駅とＢ駅の利用者の数の比は8:7で，Ａ駅とＢ駅の「下りの利用者」の数の比は10:9でした．

調査2日目

Ａ駅とＢ駅の利用者の数の比は7:6で，Ａ駅とＢ駅の「上り利用者」の数の比は11:10，Ａ駅とＢ駅の「下り利用者」の数の比は6:5でした．

このとき，次の各問いに答えなさい．ただし，駅の利用者とは，その駅から電車に乗る人を指します．

(1) 調査1日目のＡ駅とＢ駅の「上り利用者」の数の比を求めなさい．

(2) 調査2日目のＡ駅の「上り利用者」とＡ駅の「下り利用者」の数の比を求めなさい．

(3) 調査2日目のＡ駅の利用者の数は，1570人以上，1600人以下でした．このとき，調査2日目のＢ駅の「下り利用者」の数を求めなさい．ただし，答えだけではなく，途中の考え方も書きなさい．

《計算余白》

# 理　科

注　　意

1．問題は【1】～【4】（1～8ページ）まであります。
2．試験時間は40分です。
3．解答は解答用紙に記入し，解答用紙だけ提出しなさい。
4．答えを直すときは，きれいに消してから新しい答えを書きなさい。
5．図をかく場合は，ていねいにはっきりとかきなさい。

| 受験番号 | | 氏名 | |
|---|---|---|---|

【1】次の文を読み，下の問いに答えなさい。

私たちの血液を全身に送り出す強力なポンプの役割をしているのが心臓です。心臓から出た血液は，まず大動脈を通ります。心臓から全身へ向かう血管を動脈といいます。動脈は枝分かれをくりかえすことでどんどん細くなり，赤血球がやっと通れるほどの細い血管になります。この血管を＜　1　＞と呼びます。血液は運んできたものを＜　1　＞でやりとりし，再び心臓へ向かいます。心臓へもどる血管を静脈といい，動脈と異なり＜　2　＞を持っています。静脈は合流をくりかえし，大静脈をへて心臓にたどりつきます。

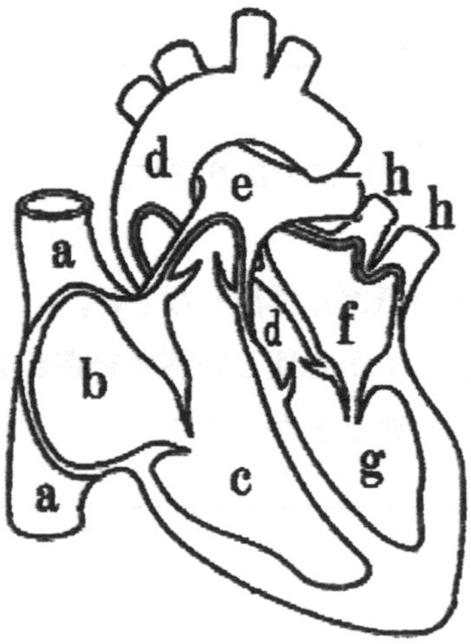

図1

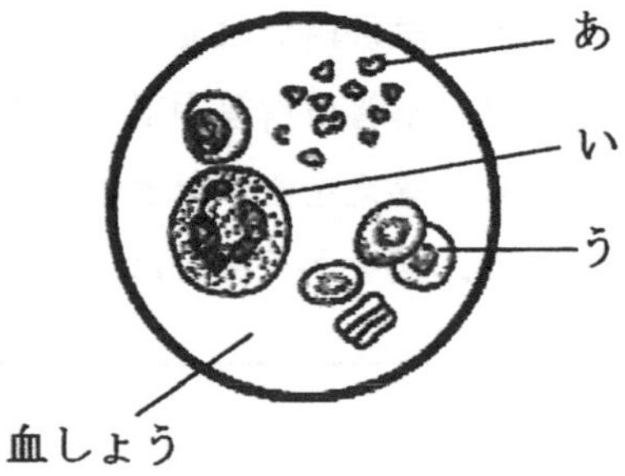

図2

（1）文中の空欄《くうらん》＜　1　＞，＜　2　＞に当てはまる語句を答えなさい。

（2）心臓には4種類の血管がついており，それぞれが心臓の4つの部屋につながっています。図1に示すbの部屋と，eの血管の名前をそれぞれ答えなさい。ただし，図1はヒトの心臓の断面図で，体の正面から見たものです。

（3）心臓につながる4種類の血管のうち，最も厚いじょうぶなつくりをしているものを図1のa，d，e，hから選び，記号で答えなさい。

（4）全身からもどってきた酸素の少ない血液は，肺にいって酸素を受け取って心臓にもどってきてから全身に送り出され，肺にもどってきます。その流れを図1のa〜hの記号を使って表しなさい。ただし，肺をスタートとし，全身は書かなくてよい。

解答例）　肺 → a → b → c → d → e → f → g → h → 肺

（5）図2は，血液をけんび鏡で見たものを表しています。見られた血液の4つの成分について表にまとめました。①～③の正しい組み合わせを次のア～カから選び，記号で答えなさい。

| 成分 | 1 $mm^3$ 中の数 | じゅ命 | 特ちょう |
|---|---|---|---|
| ① | 4000～9000個 | 3～21日 | 体内にしん入してきた異物を食べる。 |
| ② | 20万～40万個 | 7～10日 | 出血したときに止血にかかわる。 |
| ③ | 400万～500万個 | 120日 | ヘモグロビンを持っている。 |
| 血しょう | 水が90%をしめ，さまざまなものを運ぶ。 | | |

ア．①　あ　②　う　③　い　　イ．①　あ　②　い　③　う
ウ．①　う　②　あ　③　い　　エ．①　う　②　い　③　あ
オ．①　い　②　あ　③　う　　カ．①　い　②　う　③　あ

（6）次の図3は，心臓を中心に私たちの血液の流れを簡単に表したものです。実際には存在しない血管（→）をア～スから3つ選び，記号で答えなさい。

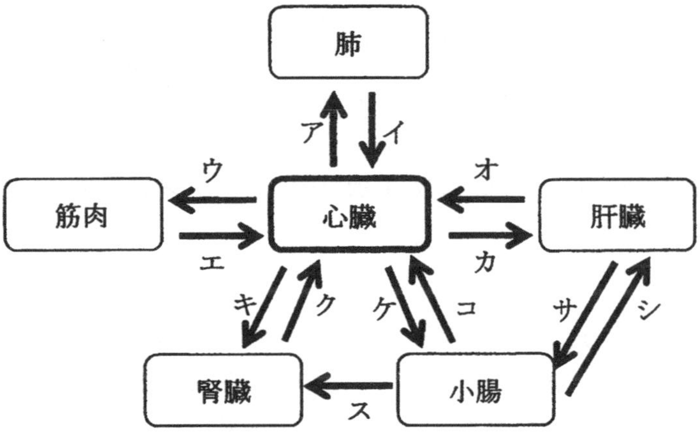


図3

（7）次の文章は，ヒトの心臓・血管のつくりやはたらきを説明したものです。下線部が2つとも正しいものをア～オから1つ選び，記号で答えなさい。

ア．心臓は横かく膜よりも下側に，肝臓よりも上側にある。

イ．ヒトの心臓は4室あるが，カエルは3室，コイは1室ある。

ウ．心臓の拍動数は大人で1分間に約70回で，運動をすると遅くなる。

エ．動脈は主に体の内部深いところを通り，静脈は主に体の表面近くを通る。

オ．肺動脈には酸素の少ない血液が流れており，肝静脈には最もきれいな血液が流れている。

【2】地震《じしん》に関する下の問いに答えなさい。

地震が発生すると，小さなゆれを速く伝えるＰ波という波と，大きなゆれをゆっくり伝えるＳ波という波の２つの波が同時に発生します。ある地点で地震を観測したとき，速く伝わるＰ波がはじめて届いてから，ゆっくり伝わるＳ波がはじめて届くまでの時間を，初期微動継続時間《しょきびどうけいぞくじかん》といいます。複数の地点で地震を観測したとき，震源（地震が発生した地下の場所）からの距離《きょり》が遠い地点ほど初期微動継続時間は長くなり，初期微動継続時間と震源からの距離の間には比例の関係が成り立ちます。

（１）ある地震が発生したとき，縦軸《たてじく》に「震源からの距離」，横軸に「地震が発生してから経過した時間」をとりグラフを作成しました。震源からある距離Ｘだけ離れた地点で観測したときの「Ｐ波」，「Ｓ波」が伝わるようすと「初期微動継続時間」を正しく表したグラフをア～エから選び，記号で答えなさい。

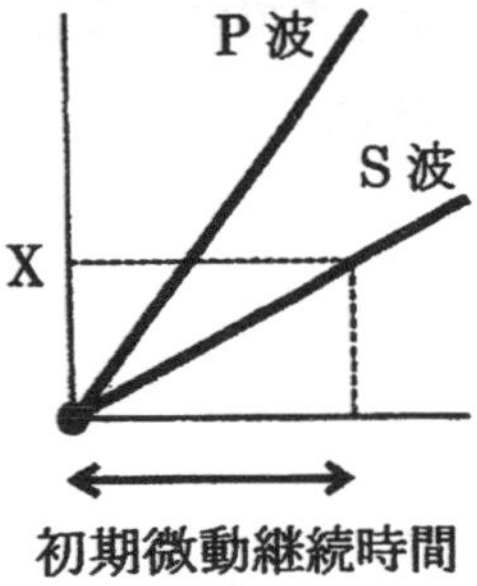

ア

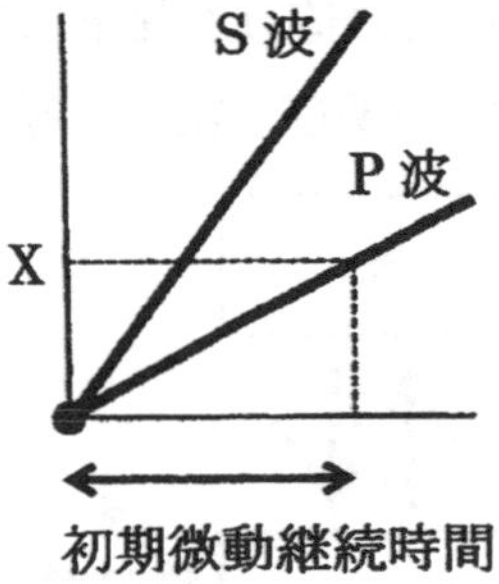

イ

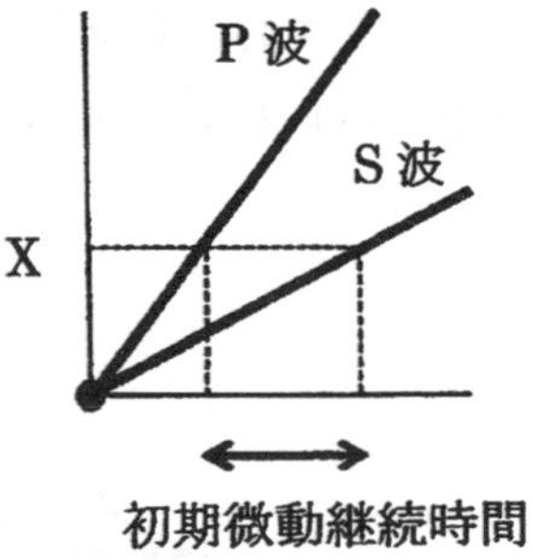

ウ

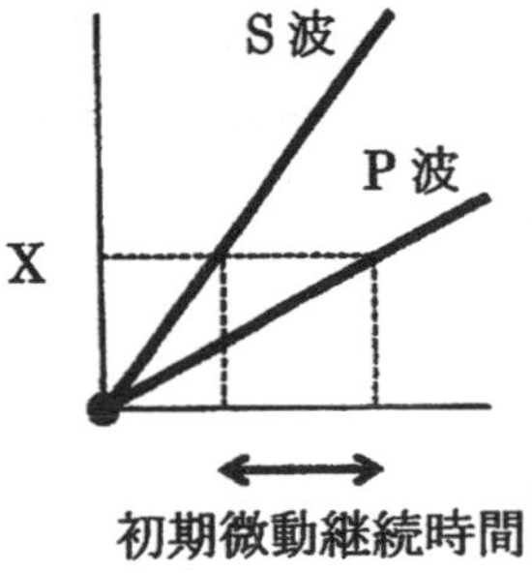

エ

（２）図１のように，震源の真上にあたる地表（地球の表面）の点は震央と呼ばれます。ある地震が発生したとき，震央での初期微動継続時間が３秒，震央から40 km離れた地点Ｚ（地表の点）での初期微動継続時間は５秒でした。ただし，Ｐ波やＳ波が伝わる速さは，どの場所でもそれぞれ一定であるとします。答えが割り切れない場合は，小数第１位を四捨五入して整数で答えなさい。

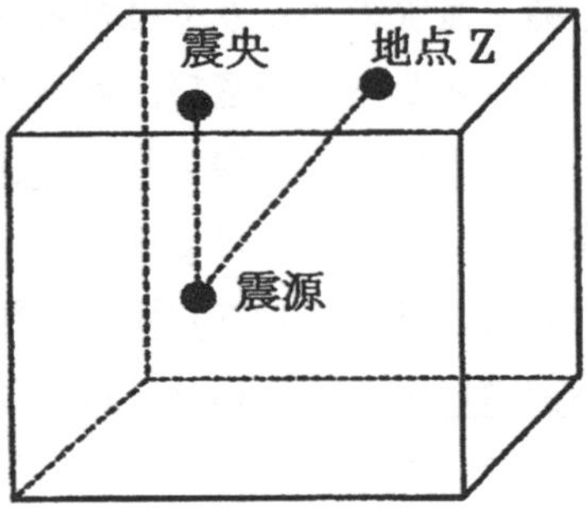

図１

① この地震について，震源から地点Zまでの距離は何 km ですか。ただし，地点Zと震央の間に高低差はないものとします。

② この地震が発生してから，P波が震央に5秒後に到達《とうたつ》しました。P波の伝わる速さは何 km/秒ですか。

③ S波がはじめて地点Zに到達するのは，この地震が発生してから何秒後ですか。

（3）地震はときに大きな災害を引き起こしますが，地震が起こることによって明らかになることもあります。たとえば，地震の波が伝わるようすをくわしく調べることで，地球の内部の構造がわかってきました。その結果，地球の内部は，岩石を主な成分とする部分（図2のA）と，鉄を主な成分とする部分（図2のB）に分かれていることがわかりました。

地球を半径6000 km の球とし，地球の中心からAの部分とBの部分の境界までの距離は3000 km，Bの部分の形も球であるとします。

また，球の体積は 4 ×（球の半径）×（球の半径）×（球の半径） で求められるものとします。答えが割り切れない場合は，小数第1位を四捨五入して整数で答えなさい。

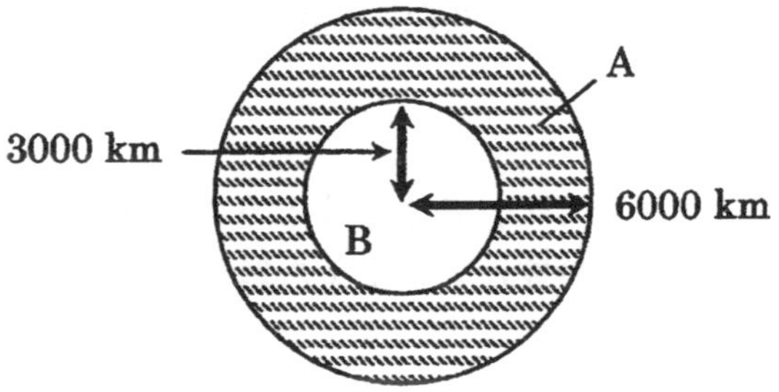


地球

図2

① 地球の体積は何億 $km^3$ ですか。

② Aの部分の体積はBの部分の体積の何倍ですか。

③ Bの部分の1 $km^3$ あたりの重さは，Aの部分の1 $km^3$ あたりの重さの3倍であるとします。Aの部分の重さはBの部分の重さの何倍ですか。

【3】様々な気体に関する下の問いに答えなさい。

（1）食塩をりゅう酸に入れた試験管を加熱すると，気体Aが発生しました。この気体Aを別の試験管で集めました。気体Aが水に溶《と》けた水溶液《すいようえき》は，塩酸とよばれます。

① 気体Aの発生方法として，最も適するものを次のア～エから選び，記号で答えなさい。ただし，試験管などを支える器具は省略しています。

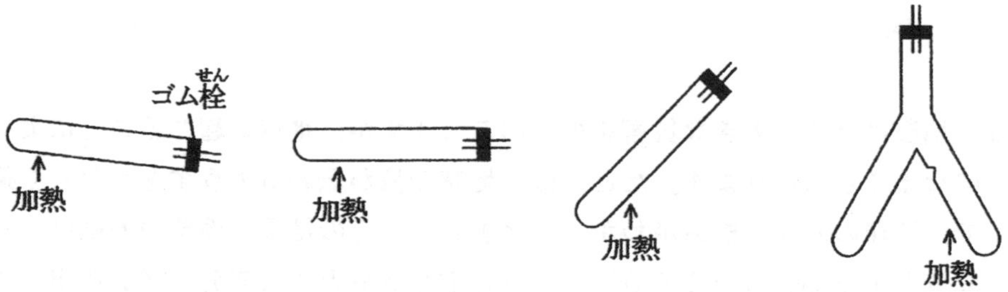


ア　　イ　　ウ　　エ

② 気体Aは何という気体ですか，漢字で答えなさい。

（2）塩化アンモニウム（固体）と水酸化カルシウム（固体）を入れた試験管を加熱すると，気体Bが発生しました。この気体Bを別の試験管に集めました。気体Bの水溶液はアルカリ性を示します。また，気体Bは虫刺《さ》され用の薬の成分としても利用されています。

① 気体Bの発生方法として，最も適するものを次のア～エから選び，記号で答えなさい。ただし，試験管などを支える器具は省略しています。

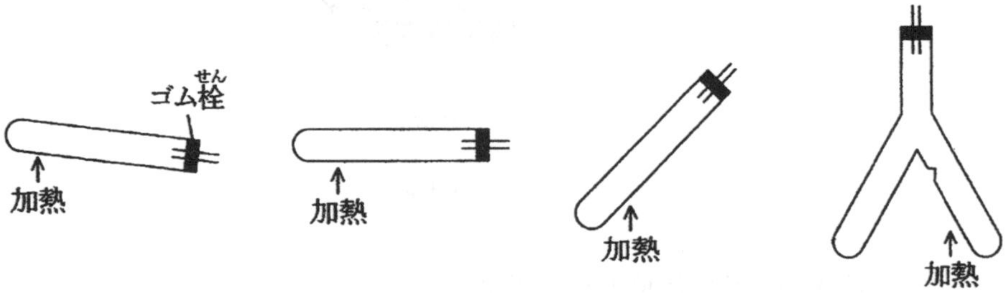


ア　　イ　　ウ　　エ

② 発生した気体Bの集め方として最も適するものを次のア～オから選び，記号で答えなさい。ただし，試験管などを支える器具は省略しています。

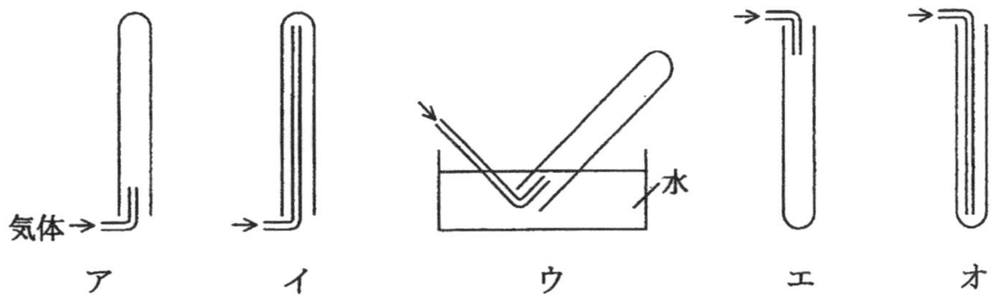


石灰石に塩酸を加えると二酸化炭素が発生します。また，ろうそくやアルコールを燃やすことでも二酸化炭素を発生させることができます。二酸化炭素に関する（3）～（4）に答えなさい。

（3）図1のように長さが違《ちが》うろうそくに火をつけて，ガラスの容器で上からおおいました。しばらくすると，炎《ほのお》はA，B，Cの順に消えました。なぜ長いろうそくから炎が消えたのか，「二酸化炭素」という言葉を使って35字以内で答えなさい。

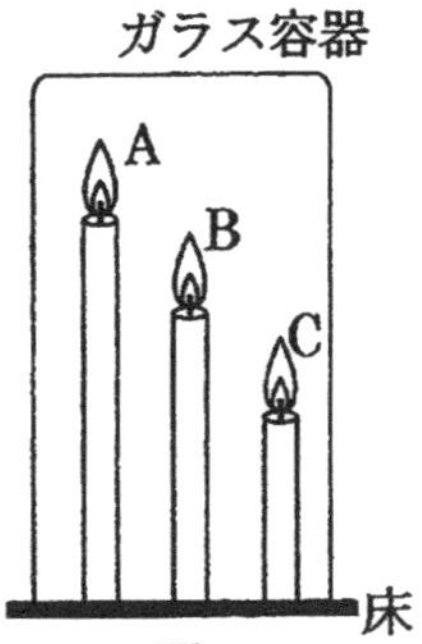

図1

（4）試験管6本にそれぞれXgの石灰石を入れました。各試験管に，ある濃《こ》さの塩酸をそれぞれ10mL，20mL，30mL，40mL，50mL，60mL加えたときに発生した二酸化炭素の体積を測定しました。図2は，横軸《よこじく》に「加えた塩酸の体積〔mL〕」，縦軸《たてじく》に「発生した二酸化炭素の体積〔mL〕」をとり，この実験結果を点で表したものです。

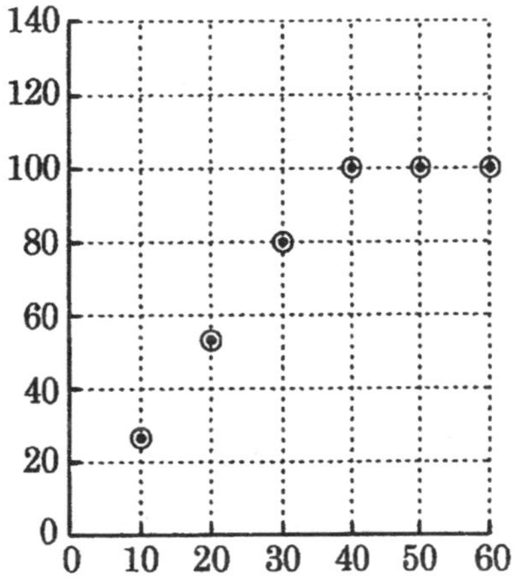

図2

① Xgの石灰石をちょうど反応させるためには，塩酸は何mL必要ですか。ただし，小数第2位を四捨五入して小数第1位まで答えなさい。

② 使用する塩酸に純水を加えて，体積を2倍にしました。このうすめた塩酸を使用して，重さを0.6倍にした石灰石に少しずつ塩酸を加えました。この実験で塩酸は100mLまで加えました。この実験で予想される加えた塩酸の体積と発生した二酸化炭素の体積との関係をグラフにかきなさい。

【4】電熱線を用いて電流の強さの変化と発熱のようすについて調べました。下の問いに答えなさい。

〔実験〕

材質が同じで，断面積（太さ）や長さが異なる電熱線a，b，c，dがあります。かん電池と電流計を用意し，図1のように，端子《たんし》X-Y間に電熱線をつないだ回路をつくりました。電流の流れにくさを表す数値を抵抗《ていこう》といいます。表1はそれぞれの電熱線の断面積と長さ，および端子X-Y間へ電熱線を1つずつつないだときの電流計の読みを示しています。ただし，図の電熱線は電気用図記号を表しており，実際の大きさとは関係ありません。

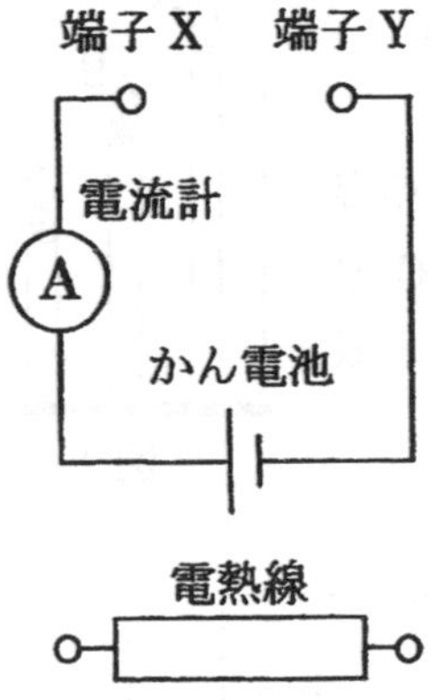


図1

表1. 電熱線のデータ

| | 断面積〔$mm^2$〕 | 長さ〔cm〕 | 電流計の読み〔mA〕 |
|---|---|---|---|
| 電熱線a | 1 | 40 | 50 |
| 電熱線b | 1 | 20 | 100 |
| 電熱線c | 1 | 10 | 200 |
| 電熱線d | 2 | 10 | 400 |

（1）電熱線の断面積が同じで長さが2倍，3倍になると，電流計の読みは$\frac{1}{2}$倍，$\frac{1}{3}$倍になります。一方で，長さが同じで断面積が2倍，3倍になると，電流計の読みは2倍，3倍になります。このことから，電熱線cの抵抗を1とすると，電熱線bの抵抗は2になります。電熱線a，dの抵抗はそれぞれいくらになりますか。整数または分数で答えなさい。

（2）図2のように，端子X-Y間に電熱線b，cを直列つなぎでつないだところ，電流計の読みが「断面積1 $mm^2$，長さ30 cmの電熱線」を1つつないだときと同じ値を示しました。電流計の読みは何mAですか。答えが割り切れない場合は，小数第1位を四捨五入して整数で答えなさい。

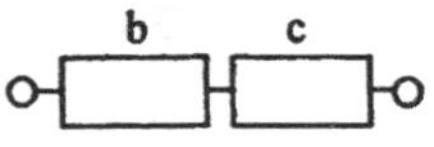


図2

（3）図３のように，端子 X-Y 間に電熱線 c，d と，同じ材質でできた電熱線 Z をあらたに用意し，組み合わせてつないだところ，電流計の読みは 200 mA になりました。電熱線 Z の断面積および長さのデータとして正しい組み合わせを，次のア～カからすべて選び，記号で答えなさい。

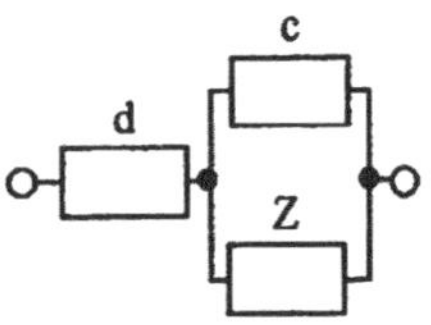

図３

ア．断面積：$2\ \mathrm{mm}^2$，長さ：5 cm　　イ．断面積：$2\ \mathrm{mm}^2$，長さ：20 cm
ウ．断面積：$4\ \mathrm{mm}^2$，長さ：20 cm　　エ．断面積：$4\ \mathrm{mm}^2$，長さ：10 cm
オ．断面積：$5\ \mathrm{mm}^2$，長さ：50 cm　　カ．断面積：$5\ \mathrm{mm}^2$，長さ：8 cm

（4）電熱線の発熱のようすについて調べました。断面積や長さの異なる次のア～エの電熱線のうち，2 つの電熱線を組み合わせて回路をつくり，電流を流したところ，以下のことがわかりました。

・電流が強く流れるほど，電熱線の発熱量は多い。
・2 つの電熱線に流れる電流の強さが同じ回路のときは，抵抗が大きい電熱線のほうが発熱量は多い。
・2 つの電熱線に流れる電流の強さが異なる回路のときは，抵抗が小さい電熱線のほうが発熱量は多い。

ア．太くて長い電熱線　　イ．太くて短い電熱線
ウ．細くて長い電熱線　　エ．細くて短い電熱線

① 直列つなぎにおいて，最も発熱量が多い電熱線として正しいものを上のア～エから選び，記号で答えなさい。

② 並列つなぎにおいて，最も発熱量が多い電熱線として正しいものを上のア～エから選び，記号で答えなさい。

# 社　会

注　意

１．問題は問１から問２７まであります。
　　（１ページから10ページまであります。）
２．試験時間は４０分です。
３．解答は解答用紙に記入し、解答用紙だけ提出しなさい。

| 受験番号 | | 氏名 | |
|---|---|---|---|

(2020－J1)

次の文章を読んで、各問いに答えなさい。

平成28年（西暦《せいれき》2016年）、当時の天皇（現在の上皇）が退位の意向《いこう》をにじませるお気持ちを国民にむけて表明されました。明治より天皇の在位は即《そく》位から※1崩御《ほうぎょ》までと決まっており、どのように退位を実現すべきか議論されましたが、特例法によって退位が実現しました。天皇の生前退位は①光格《こうかく》天皇以来のことです。そして平成31年4月30日をもって平成は幕《まく》を閉《と》じ、翌日から令和となりました。日本初の年号（元号）は大化ですが、その後701年の（　1　）という年号から日本はずっと年号を制定しています。（　1　）という年号は律令にその名を残しています。昭和から平成へと年号が変わったのは②日本国憲法が制定されてから初めてのことでした。③法律では、年号は（　2　）で定めると規定《きてい》されています。（　2　）とは内閣がつくるきまりです。内閣は、有識者《ゆうしきしゃ》や当時の衆参両院の正副議長から意見を聞き、最終的に閣議で年号を決定しました。それではこの約30年にわたる平成をさまざまな面からふり返ってみましょう。

上皇は天皇在任中、最初に④徳島県を訪れて以降、全国各地をご訪問されました。⑤北海道をご訪問された際には、稚内《わっかない》にある「9人の乙女《おとめ》の像」に献花《けんか》されました。この像は、かつて日本領であった⑥南樺太《からふと》にソ連軍が侵攻《しんこう》し、身の危険がせまっている中ぎりぎりまで郵便電信局で勤務し亡くなられた電話交換手《こうかんしゅ》の女性たちを広く世間に知ってもらうためにつくられました。このように上皇は太平洋戦争で犠牲《ぎせい》となった人々に祈りをささげる旅をされました。その旅は日本国内だけでなく、フィリピンや⑦ベトナムなど海外にもおよびました。日本は明治以降大きな戦争を経験しましたが、上皇は「平成が戦争のない時代として終わろうとしていることに、心から※2安堵《あんど》しています」とおっしゃられました。上皇が平和への思いを強く持たれていたことを感じさせるお言葉に、多くの国民が心を動かされました。

平成は災害が多い時代でした。平成2年、⑧雲仙《うんぜん》普賢岳《ふげんだけ》の噴火《ふんか》によって多くの命が犠牲となりました。この時上皇は、避難所《ひなんじょ》の床《ゆか》に膝《ひざ》をついて被災者《ひさいしゃ》を見舞《みま》われました。上皇は、平成9年⑨「全国豊かな海づくり大会」にご出席の際、開催《さい》地の⑩岩手県大槌町《おおづちちょう》にあるホテルにご滞在《たいざい》されました。このホテルは平成23年の東日本大震災で被災し、職員の方々も犠牲となりました。その後、上皇は再びこのホテルをご訪問され、ホテルの職員を励《はげ》まされました。このように上皇は、常に被災地の人々に心を寄せられました。

天皇は、ご公務《こうむ》ではないご旅行もされます。平成26年の足尾銅山ご訪問において、上皇は、鉱毒の沈殿《ちんでん》や遊水池を視察され、鉱毒問題解決に尽力《じんりょく》した（　3　）が明治天皇に手渡そうとした直訴状《じきそじょう》をじっくり読まれていたそうです。このように、上皇の天皇在任中のご旅行は、社会問題や環境問題に関するものが多くありました。

次に日本の政治や経済をふり返ってみましょう。平成元年に⑪消費税が導入されました。消費税は、所得税のような⑫累進課税《るいしんかぜい》と違《ちが》い、所得に関係なく平等に課されます。また、西暦（　4　）年に男子普通選挙が実現して以来、平成の時代までおこなわれていた⑬中選挙区制を廃《はい》し、新たな選挙制度が導入されました。この目的の一つは、アメリカや⑭イギリスのように⑮二大政党制にし、政権交代を可能にさせるためでしたが、⑯自民党を中心とした長期政権が続いています。現在の安倍首相は、小泉内閣の官房長官時代に⑰朝鮮民主主義人民共和国を訪問し、両国による初の首脳《しゅのう》会談という⑱歴史的な出来事に立ち会っています。

国際社会をふり返ってみましょう。平成が始まった1989年はアメリカを中心とする資本主義の国々と⑲ソ連を中心とする社会主義の国々が対立していた⑳冷戦が終わった年です。同時に、冷戦終結により民族や㉑宗教などの対立が表面化し、テロ事件が多発するようになりました。日本も国際貢献《こうけん》としてカンボジアやソマリアなどに㉒自衛隊を海外に派遣《はけん》するようになりました。また平成は、アジア各国の経済が成長してきた時代でもあります。その代表が㉓中華人民共和国で、国内総生産も日本を抜いて第二位の経済大国となりました。そして世界の経済大国であるアメリカと中国の間では、㉔貿易摩擦《まさつ》が生じています。

平成の時代は㉕環境問題に関する国際会議が多く開催《かいさい》されましたが、環境問題に関心をもたない国や地域もあります。これに対しスウェーデンの少女グレタ=トゥーンベリさんは、自分たちが大人になっても暮らしていけるよう気候変動に真剣《しんけん》に取り組んでほしいと国会の前で座りこみをおこない、これに賛同する若者が世界中で運動をおこしました。この運動の中心人物として、グレタさんは（　5　）平和賞候補《こうほ》として話題になりました。みなさんは令和という新しい時代を担《にな》っていく世代です。㉖令和の時代も平和で豊かに過ごすために持続可能な社会を実現できるよう国際社会と協力し、「かけがえのない地球」を守っていって下さい。

※1　崩御…天皇を敬《うやま》ってその死をいう語

※2　安堵…気がかりなことがとりのぞかれ、安心すること

問1　文中の空らん（　1　）～（　5　）にあてはまる語句を答えなさい。なお、空らんの（　4　）は数字で、（　5　）はカタカナで、それ以外は漢字で答えなさい。

問2　下線部①について、光格天皇（位1780～1812）の時代の出来事に関して述べた次のア～エのうち、誤っているものを一つ選び、記号で答えなさい。

ア．松平定信による寛政の改革が始まった。

イ．ロシアのラクスマンが根室に来航し通商を求めた。

ウ．昌平坂《しょうへいざか》学問所がつくられ、朱子学の講義がおこなわれた。

エ．近松門左衛門が人形浄瑠璃《じょうるり》の脚本《きゃくほん》を書いた。

問３　下線部②について、各問いに答えなさい。

Ⅰ．以下の日本国憲法の条文の空らん（　ａ　）～（　ｃ　）にあてはまる語句を漢字で答えなさい。

> **第１条**
> 天皇は、日本国の象徴《しょうちょう》であり日本国民統合の象徴であって、この地位は、（　ａ　）の存する日本国民の総意に基く。
>
> **第６条**
> 第一項
> 天皇は、（　ｂ　）の指名に基いて、内閣総理大臣を任命する。
> 第二項
> 天皇は、内閣の指名に基いて、最高裁判所の長たる裁判官を任命する。
>
> **第９条**
> 第一項
> 日本国民は、正義と秩序《ちつじょ》を基調とする国際平和を誠実に希求し、国権の発動たる戦争と、武力による威嚇《いかく》又《また》は武力の行使は、国際紛争《ふんそう》を解決する手段としては、永久にこれを放棄《ほうき》する。
> 第二項
> 前項《ぜんこう》の目的を達するため、陸海空軍その他の戦力は、これを保持しない。国の（　ｃ　）権は、これを認めない。

Ⅱ．上記の日本国憲法第６条に規定《きてい》されていることは、一般的に「天皇の○○○○」と呼ばれるものである。○にあてはまる漢字４字を答えなさい。

問４　下線部③に関連して、法律に関して述べた次のア～エのうち、誤っているものを一つ選び、記号で答えなさい。

ア．法律案は、国会議員だけでなく内閣からも提出できる。

イ．法律を改正する際は、衆議院を解散し、総選挙で国民に問う。

ウ．法律を制定する権限を立法権といい、これは国会のみが持っている。

エ．法律が憲法に違反していないかどうかを判断するのは裁判所である。

問５　下線部④に関連して、各問いに答えなさい。

Ⅰ．地図中Ｘの川の名称を漢字で答えなさい。

Ⅱ．Ｘの川の恵みにより徳島県の名産となり、江戸時代に重宝《ちょうほう》され、伝統工芸品にも使用されている染料の原材料を次のア～エのうち一つ選び、記号で答えなさい。

ア．紅花《べにばな》　　イ．漆《うるし》　　ウ．藍《あい》　　エ．楮《こうぞ》

Ⅲ．徳島県と対照的に、水不足に悩《なや》まされた香川県では古くからため池がつくられていた。その代表的なため池である満濃池《まんのういけ》の修築工事にたずさわったとされる、真言宗の開祖を漢字で答えなさい。

問6　下線部⑤について、各問いに答えなさい。

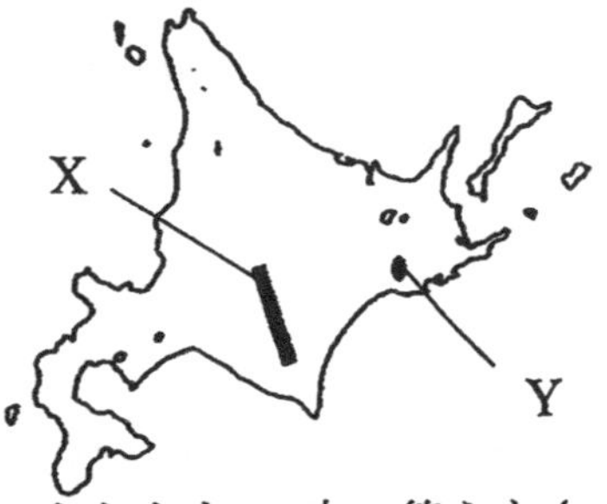


Ⅰ．地図中Xの山脈名を漢字で答えなさい。

Ⅱ．地図中Xの山脈は、二つのプレートがぶつかって形成された。このように、地殻《かく》が10数枚のプレートに分かれていて、それぞれがその下の物質の動きに乗ってぶつかったり、はなれたり、ずれたりするという考え方を何というか。カタカナ10字で答えなさい。

Ⅲ．地図中Yは日本最大の湿原である。名称を漢字で答えなさい。

Ⅳ．地図中Yの湿原に多数生息している特別天然記念物の鳥を次のア～エのうち一つ選び、記号で答えなさい。

　ア．タンチョウ　　　イ．トキ

　ウ．アホウドリ　　　エ．オジロワシ

Ⅴ．次の雨温図ア～エのうち、札幌はどれか。一つ選び、記号で答えなさい。

ア

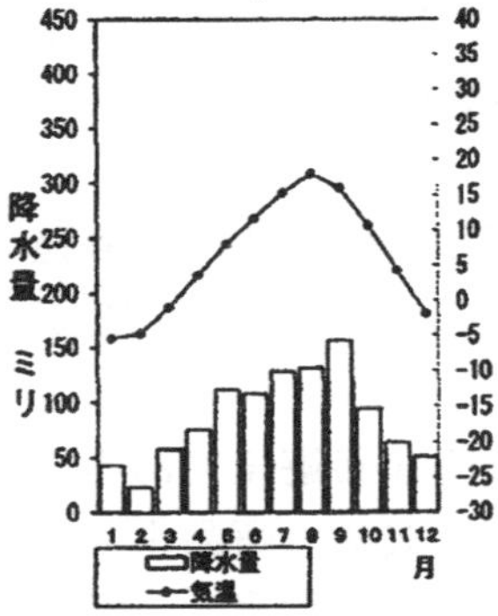


イ

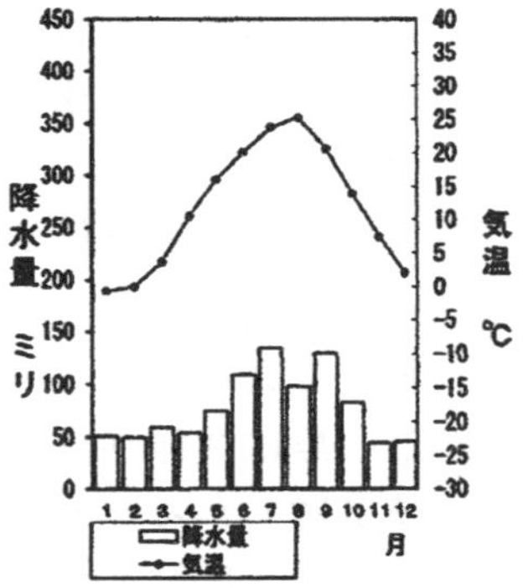


ウ

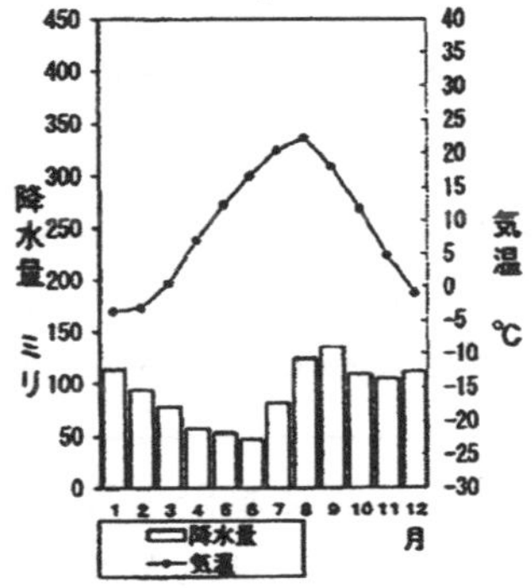


エ

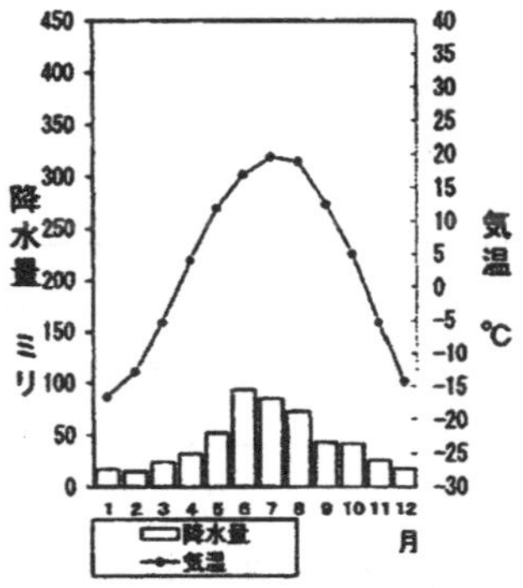


（『理科年表 2019』より作成）

問7　下線部⑥について、南樺太（樺太の南半分）が日本領となった条約名を答えなさい。

問８　下線部⑦に関連して、右の図はベトナムを流れるメコン川の河口付近である。図中の黒いまるで示されている地形を何というか、漢字で答えなさい。

問９　下線部⑧について、雲仙市の一部は諫早湾《いさはやわん》に面しているが、漁業をおこなっている人たちが中心となり、湾の開門を国に訴《うった》えた。このように国や地方自治体を訴える裁判を何というか、漢字で答えなさい。

問 10 下線部⑨に関連して、各問いに答えなさい。

Ⅰ．この大会では天皇・皇后両陛下や参加者による放流がおこなわれている。いけすなどで育てた稚魚《ちぎょ》を放流し、自然に育った魚をとる漁業を何というか、漢字で答えなさい。

Ⅱ．次の説明文は、さんま・まぐろ・さば・ぶりのいずれかである。まぐろにあてはまるものを次のア～エから一つ選び、記号で答えなさい。

ア．この魚は主に沖合漁業でとられる。暖流系の海域に生息し、茨城県や長崎県で水揚げ量が多い。健康ブームもあり、この魚の缶詰《かんづめ》が最近人気である。

イ．この魚は大きさによって名前が変わる出世魚で、養殖の歴史は古い。冬の日本海、とりわけ富山湾でとれるものは脂《あぶら》がのっており有名である。

ウ．この魚は遠洋漁業でとられる代表的な回遊魚である。かつては養殖が難しかったが、近年では養殖に成功し商品化されている。

エ．この魚は秋が旬《しゅん》である。寒流系の海域に生息し、根室の花咲《はなさき》漁港を中心に北海道での水揚げ量が多い。宮城県の気仙沼漁港も水揚げ量が多い。

問 11 下線部⑩に関連して、以下の詩は岩手県出身の宮沢賢治《みやざわけんじ》の「雨ニモマケズ」の一部である。

> ヒデリノトキハナミダヲナガシ（日照りのときは涙《なみだ》を流し）
> サムサノナツハオロオロアルキ（寒さの夏はおろおろ歩き）

この詩の中に出てくる「寒さの夏」の原因は、この地域に春から夏にかけて吹《ふ》く寒冷な北東風の影響と考えられる。この風を何というか、ひらがな３字で答えなさい。

問 12 下線部⑪について、2019 年 10 月より食料品などをのぞいた消費税率は何パーセントになったか、数字で答えなさい。

問 13 下線部⑫について、累進課税とはどのような課税方式か、説明しなさい。

# 国語

# 解答用紙

受験番号

氏名

得点

（2020 J1）

※150点満点
（配点非公表）

【一】

問一

① ② ③ ④ ⑤

⑥ ⑦ ⑧ い ⑨ ⑩

⑪ い ⑫ ⑬ く ⑭ ⑮

問二

① A B

② A B

③ A B

④ A B

⑤ A B

【二】

問一

問二

三

| | | | | | |
|---|---|---|---|---|---|
| 5 | (1) | A駅 ： B駅 ＝ ： | (2) | 上り ： 下り ＝ ： | |
| | (3) | | | | |

| | | | |
|---|---|---|---|
| 受験番号 | | 氏名 | |

| | |
|---|---|
| 得点 | ※150点満点<br>(配点非公表) |

| | | |
|---|---|---|
| (4) | A器 : B器 = : | |
| (5) | 下の : 上の = | |

【3】

(4)
①
mL

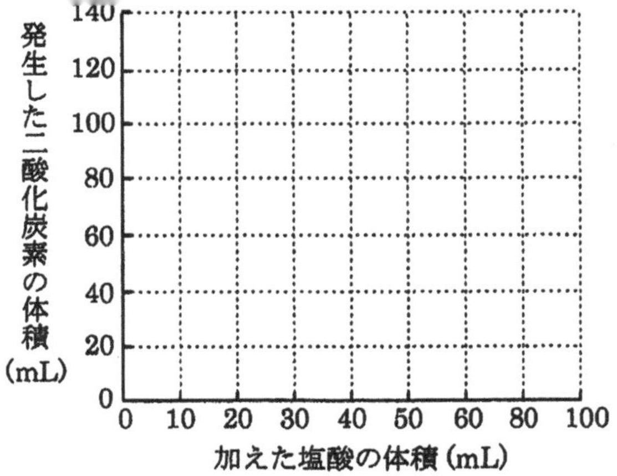


【4】

(1)
a
d

(2)
mA

(3)

(4)
①

(4)
②

| 受 験 番 号 | 氏 名 |
| --- | --- |
| | |

| 得 点 |
| --- |
| ※100点満点<br>(配点非公表) |

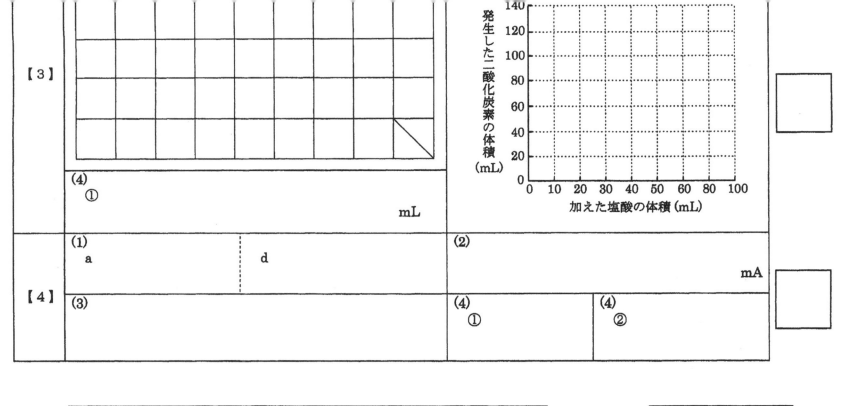

| | | | | | | | | |
|---|---|---|---|---|---|---|---|---|
| 問19 | Ⅰ | | Ⅱ | 平成　　　年 | Ⅲ | →　→　→ | | |
| | Ⅳ | ア | | イ | | ウ | | エ |
| 問20 | | 問21 | | 問22 | | | | |
| 問23 | （　　　）が始まり、（　　　）の指令により結成された。 | | | | | | | |
| 問24 | Ⅰ | | Ⅱ | 党 | | | | |
| 問25 | Ⅰ | | Ⅱ | | 問26 | 協定 | | |
| 問27 | Ⅰ | | | | | | | |
| | Ⅱ① | | | | | | | |
| | Ⅱ② | | | | | | | |

| | | | |
|---|---|---|---|
| 受験番号 | | 氏名 | |

※100点満点
（配点非公表）

# 社会　解答用紙

(2020−J1)

| | | | | | | |
|---|---|---|---|---|---|---|
| 問1 | 1 | | 2 | | 3 | |
| | 4 | | 5 | | | |
| 問2 | | | | | | |
| 問3 | I | a | | b | | c |
| | II | | | | | |
| 問4 | | 問5 | I | 川 | II | III |
| 問6 | I | 山脈 | II | | | |
| | III | 湿原 | IV | | V | |

| | | | | | | |
|---|---|---|---|---|---|---|
| 問7 | 条約 | 問8 | | 問9 | 裁判 | |
| 問10 | I | 漁業 | II | 問11 | 問12 | % |
| 問13 | | | | | | |
| 問14 | a | | b | | c | |
| 問15 | | | | | | |
| 問16 | | 問17 | | 問18 | 北緯 | 度 |

【解答

理科

# 解　答　用　紙

(2020 - J 1)

| | | | | |
|---|---|---|---|---|
| 【1】 | (1) ＜1＞ | | (1) ＜2＞ | |
| | (2) b | | (2) e | |
| | (3) | (4) 肺 → → → → → → → → → 肺 | | |
| | (5) | (6) | | (7) |

| | | | |
|---|---|---|---|
| 【2】 | (1) | | |
| | (2) ① km | (2) ② km/秒 | (2) ③ 秒 |
| | (3) ① 億 $km^3$ | (3) ② 倍 | (3) ③ 倍 |

| | | | | |
|---|---|---|---|---|
| | (1) ① | (1) ② | (2) ① | (2) ② |

# 2020年度　1次入試　算数　解答用紙

| | | | | | | |
|---|---|---|---|---|---|---|
| 1 | (1) | | (2) | | (3) | |

| | | | | | | | | |
|---|---|---|---|---|---|---|---|---|
| 2 | (1) | | (2) | | (3) | | (6) | 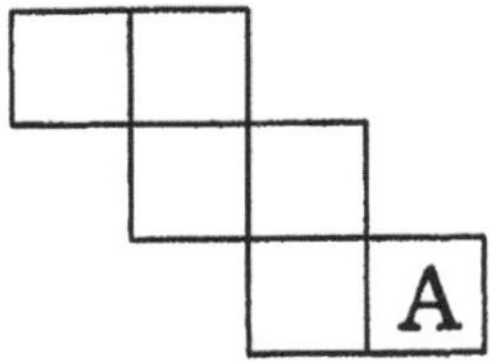 |
| | (4) | | (5) | | | | | |

| | | | | | | |
|---|---|---|---|---|---|---|
| 3 | (1) | ア | イ | ウ | (2) | |
| | (3) | | | | | |

| | | | | |
|---|---|---|---|---|
| 4 | (1) | 辺　　，頂点　　から　　　cm | (2) | 辺　　，頂点　　から　　　cm |
| | (3) | 頂点　　　に　　　　秒後 | | |

【解答

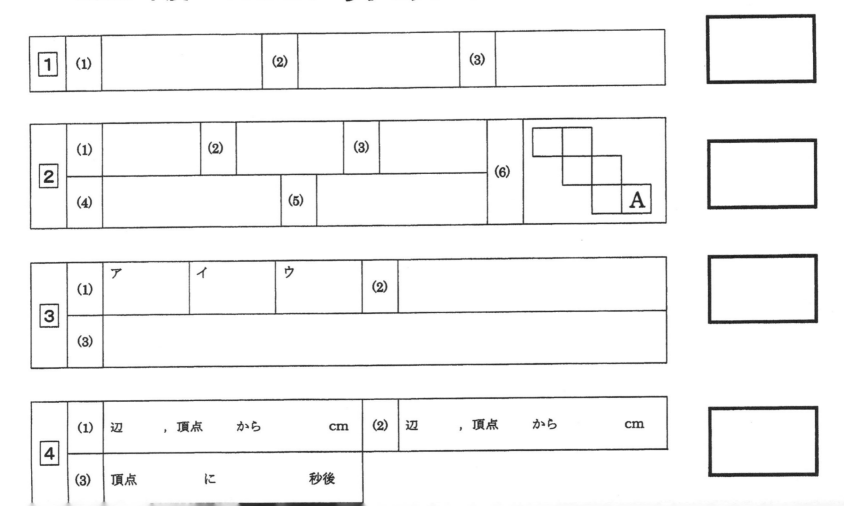

問六

問七
ア
イ
ウ
エ

【三】

問一
1
2

問二

問三

問四
「
〜
」

問五

問六

問七

問 14　下線部⑬に関連して、現在の選挙制度に関する次の説明文の空らん（　a　）～（　c　）にあてはまる語句を答えなさい。なお、（　a　）（　c　）は漢字で、（　b　）は数字で答えなさい。

> 現在の衆議院議員選挙は、（　a　）制と比例代表制の二つを並立しておこなわれている。（　a　）制では投票者は立候補者の名前を投票用紙に記入する。（　a　）制では各（　a　）の当選者数は（　b　）人である。これに対し比例代表制では投票者は（　c　）の名前を投票用紙に記入する。そして（　c　）の得票数に比例して議席が配分される。

問 15　下線部⑭に関連して、次の資料を見て問いに答えなさい。

働くことを目的に海外からイギリスに移住した人々の推移

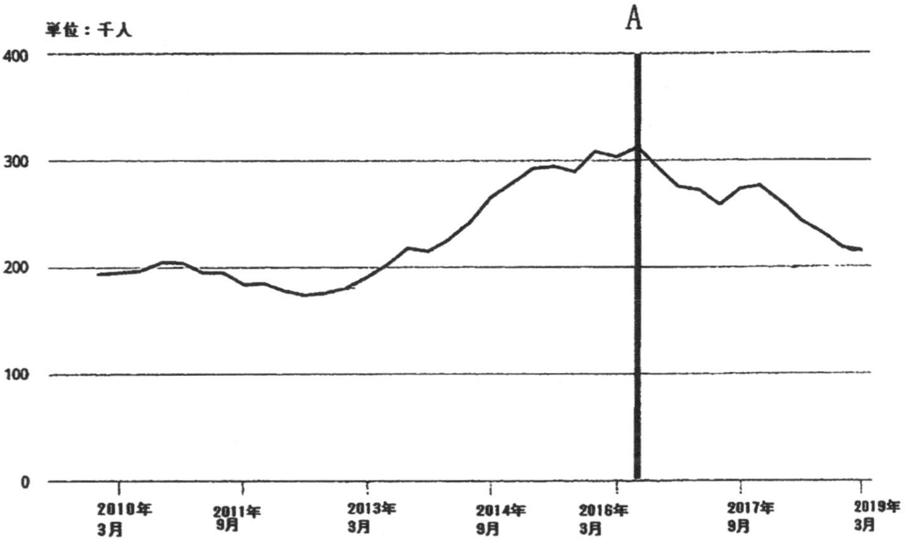


(Migration Statistics Quarterly Report August 2019 - Office for National Statistics をもとに作成)

グラフ中のAを境に、働くことを目的にイギリスに移住した人々が減っている。その理由は、働くことを目的にイギリスに移住しようとするEU加盟国の人々が減ったからである。Aは、イギリスで国民投票がおこなわれ可決された2016年6月である。この国民投票で問われた内容を答えなさい。

問 16　下線部⑮に関連して、アメリカは、民主党と、トランプ大統領が属している政党の二大政党制が長い間続いている。トランプ大統領が属している政党を次のア～エのうち一つ選び、記号で答えなさい。

ア．自由党　　イ．労働党　　ウ．保守党　　エ．共和党

問 17　下線部⑯に関連して、安倍首相の通算在任期間は歴代最長となったが、安倍首相も含《ふく》め、通算在任期間の長い首相の第四位まではすべて山口県出身である。この四人の内閣に関して述べた次のア～エのうち、正しいものを一つ選び、記号で答えなさい。

ア．伊藤博文内閣のときに、韓国を日本に併合した。

イ．佐藤栄作内閣のときに、所得倍増計画をとなえた。

ウ．桂太郎内閣のときに、板垣退助らが民撰議院設立の建白書を提出した。

エ．安倍晋三内閣のときに、集団的自衛権の行使容認を閣議決定した。

問 18　下線部⑰に関連して、朝鮮半島は 1948 年に南北に分かれて独立した。その時、国境線がひかれたのは北緯《い》何度付近か、数字で答えなさい。

問 19　下線部⑱に関連して、各問いに答えなさい。

Ⅰ．平成の時代に平城京遷都《せんと》1300 年をむかえた。右は琵琶《びわ》という楽器で、聖武天皇の死後、ある建物に収蔵《しゅうぞう》された。その建物を漢字で答えなさい。

Ⅱ．平成の時代に平安遷都 1200 年をむかえた。平安遷都 1200 年に相当する年は平成何年のことか、数字で答えなさい。

Ⅲ．平安遷都 1200 年に関連して、次の平安時代に起こった出来事ア～エを古いものから順番に並べ直し、記号で答えなさい。

ア．藤原頼通が平等院鳳凰《ほうおう》堂を建てた。

イ．保元の乱が起こった。

ウ．坂上田村麻呂が征夷大将軍に任命された。

エ．白河上皇が院政をはじめた。

Ⅳ．平成の時代に日清戦争、日露戦争、第一次世界大戦がそれぞれ 100 年をむかえた。次の説明文ア～エについて、日清戦争に関係していることには１を、日露戦争に関係していることは２を、第一次世界大戦に関係していることは３を、それぞれ数字で答えなさい。

ア．この戦争中にアメリカのウィルソン大統領が平和十四か条を発表した。

イ．この戦争の講和条約で日本は南満州鉄道の権利を獲得《かくとく》した。

ウ．この戦争の講和条約で日本は山東省の青島の利権を認められた。

エ．この戦争の賠償《ばいしょう》金をもとに八幡製鉄所がつくられた。

問 20　下線部⑲に関連して、日本がソ連との国交を回復した時の日本の首相を、次のア～エのうち一つ選び、記号で答えなさい。

ア．吉田茂　　イ．鳩山一郎　　ウ．岸信介　　エ．田中角栄問 21　下線部⑳に関連して、平成も終わるころ、冷戦終結につながった米ソ間の条約からアメリカが脱退手続きを進め、令和元年８月にその条約は失効した。その条約の名称を、次のア～エのうち一つ選び、記号で答えなさい。

ア．中距離《ちゅうきょり》核戦力（ＩＮＦ）全廃条約　　　イ．核拡散防止条約

ウ．核兵器禁止条約　　　エ．包括的《ほうかつてき》核実験禁止条約

問 22　下線部㉑に関連して、イスラム教徒が住民の多数をしめる地域を、次の地図中ア～エのうち一つ選び、記号で答えなさい。

問 23　下線部㉒について、自衛隊の前身《ぜんしん》は 1950 年に創設された警察予備隊である。当時の国際情勢のなかで、日本で警察予備隊が設置されることになった背景を一文で説明するとき、解答らんに記された文の空らんに適する語句を答えなさい。

問 24　下線部㉓について、各問いに答えなさい。

Ⅰ．次の資料は 2017 年の中華人民共和国の相手先別貿易をあらわしたものである。日本にあてはまるものを資料中ア～ウより一つ選び、記号で答えなさい。

主要国の相手先別貿易

| 輸出 | | | 輸入 | | |
|---|---|---|---|---|---|
| 国名 | 百万ドル | % | 国名 | 百万ドル | % |
| ア | 433,745 | 19.0 | 韓国 | 177,562 | 9.7 |
| 香港 | 281,918 | 12.4 | イ | 165,773 | 9.0 |
| イ | 137,529 | 6.0 | 台湾 | 155,353 | 8.5 |
| 韓国 | 103,042 | 4.5 | ア | 154,933 | 8.5 |
| ベトナム | 72,360 | 3.2 | ウ | 96,945 | 5.3 |
| ウ | 71,464 | 3.1 | オーストラリア | 92,808 | 5.1 |

（『日本国勢図会 2019/20』より作成　相手先には地域も含む）

Ⅱ．この国の政権を担っている政党の名称を漢字で答えなさい。

問 25　下線部㉔に関連して、各問いに答えなさい。

Ⅰ．アメリカとの貿易問題で、中国はレアアースの輸出規制《きせい》をほのめかした。レアアースは先端《たん》産業に欠かせないことから、「産業の（　　）」と呼ばれている。空らん（　　）にあてはまるものを次のア～エのうち一つ選び、記号で答えなさい。

ア．塩　　イ．空洞化　　ウ．米　　エ．ビタミン

Ⅱ．北米ではアメリカを中心に自由貿易協定を結んでいる。この自由貿易協定に加盟しているアメリカとカナダ以外の国を一つ答えなさい。

問 26　下線部㉕に関連して、2015 年の国連でおこなわれた環境問題に関する国際会議で、先進国だけでなくすべての国が温室効果ガスの削減《さくげん》に加わることを決めた協定を何というか、答えなさい。

問 27　下線部㉖に関連して、各問いに答えなさい。

Ⅰ．右のラベルはエコマークとよばれている。このマークが表示されている商品はどのような商品であることを意味するのか、説明しなさい。

Ⅱ．次の資料をみて、問いの①と②に答えなさい。

資料 A　　国別乳児死亡率と成人女性の識字率（2017）

| 国名 | 乳児死亡率 | 成人女性の識字率 |
|---|---|---|
| ニジェール | 48.3 | 22.6% |
| ギニア | 56.4 | 22.0% |
| ベナン | 63.5 | 22.1% |
| マリ | 65.8 | 22.2% |
| チャド | 73.4 | 14.0% |
| シエラレオネ | 81.7 | 24.9% |

| 国名 | 乳児死亡率 | 成人女性の識字率 |
|---|---|---|
| スロベニア | 1.7 | 99.6% |
| スペイン | 2.6 | 97.7% |
| ハンガリー | 3.8 | 99.1% |
| キューバ | 4.1 | 99.8% |
| セルビア | 5.0 | 98.2% |
| チリ | 6.3 | 96.7% |

（『世界国勢図会 2019/20』より作成）

資料 B

・ある薬の「使用上の注意」に書かれていた内容
「15 歳未満には服用させないで下さい。」

・はちみつの入った入れ物に書かれていた内容
「１歳未満の乳児にはあたえないで下さい。」

・ある粉ミルクの入れ物に書かれていた内容
「必ず 70 度以上のお湯で粉ミルクを溶《と》かして下さい。」

①資料 A から、女性の識字率と乳児死亡率の関係について読みとれることを答えなさい。なお、識字率とは、「15 歳以上の人口に対する、日常生活の簡単な内容についての読み書きができる人口の割合」のことであり、乳児死亡率とは、「生存出生児 1000 人のうち満 1 歳未満で死亡する確率」のことである。

②乳児死亡率を下げるにはどうしたらよいか、資料 A と資料 B をふまえながら、あなたの考えを述べなさい。

問題は以上です

K 教英出版